KB186240

보이지 않는 전쟁 @ WAR

보이지 않는 전쟁
@War

셰인 해리스 지음 | 진선미 옮김

YANG 양문 MOON

contents

나는 10년 이상 사이버보안 및 전자감시 분야를 다루어 온 언론인이다. 이 책을 쓰는 데 필요한 정보를 얻기 위해 1000차례 이상 인터뷰했으며 그 대상은 전현직 정부관료들과 군부인사, 기업 경영진과 직원, 주제별 전문가와 학자, 그리고 활동가 등을 망라한다. 지난 2년 동안은 이 책의 저술 작업에 본격적으로 매달려서 이들 중 특히 신뢰할 만한 정보를 가진 많은 사람들과는 다시 인터뷰했다. 물론 처음으로 인터뷰하는 사람들도 있었다. 사이버 관련 정책이나 작전 업무를 담당한 현직 정부관료 및 군부인사들과의 인터뷰에 특히 집중했다. 그들은 급변하는 이러한 영역의 핵심에 위치하고 있기 때문이다. 인터뷰에 시간을 내준 그들에게 감사한다. 그들이 제공해준 정보 덕분에 나는 정부가 아직 공개적으로 논의하길 꺼리는 주제에 대해서도 확신을 갖고 서술할 수 있었다.

　인터뷰한 사람늘 중 많은 수가 정보의 출저를 공개하는 데 농의했으며, 책의 본문이나 혹은 주석에 그들의 이름을 밝혔다. 그러나 그중에는 자신의 이름이나 소속 기관 혹은 기업을 밝히지 말도록 요청한 경우도 있었다. 국가안보와 관련된 기밀자료를 언급할 때는 아쉽지만 정보 출처를 상세히 밝혀서는 안 되는 경우도 있었다. 이 책을 쓰기 위해 인터뷰한 사람들 중에서 국가안보를 위태롭게 하거나 생명을 해칠 수 있는 정보를 노출한 경우는 한 사람도 없다고 생각한다. 그럼에도 익명으로 해달라는 이러한 사람들의 요청을 받아들일 수밖에 없는 데는 두 가지 이유가 있었다.

　첫째, 그들이 제공해주는 정보가 이야기 진행에 필수적이었으며, 다른 곳에서는 그 정보를 얻을 수 없거나 과장되었기 때문이다. 그리고 사이버전쟁이나 첩보활동과 관련해서 믿을 수 없을 정도로 많은 정보가 기밀로 처리되지 않거나 공개되어 있었다. 둘째, 그들은 자신들의 직장생활이나 개인의 자유에 위험이 생길 수 있다고 말했다. 사이버전쟁과 첩보활동에 대해 논의하면서 기밀정보를 폭로하거나 그와 비슷한 선까지 언급할 때는 정보제공자를 거명하기가 거의 어렵다. 이러한 정보를 논의한 사람의 이름이 밝혀진다면 그는 극비취급 허가증을 잃고 국가보안과 관련된 직장에서 일할 수 없게 될 것이다.

　그리고 그들은 법률적 추궁을 당할 위험도 있다고 말했다. 오바마 행정부는 언론에 정보를 제공하는 공무원에게 유례없이 적대적인 태도를 보인다. 법무부가 기밀정보 유출 혐의로 기소한 사람들의 수는 이전의 정부 모두를 합한 수보다 많다. 단순하게 볼 때 언론인에게 말하는 것이 위험한 시대다. 이러한 위험은 전직 공무원과 군부인사들에게도 해당된다. 자신들이 소속되었던 정보기관으로부터 정부 협력사업을 계속하고 싶으면 언론인에게 입을 다물라는 얘기를 공공연하게 들었다고 말한 전직 정보관료도 여러 명이었다. 내가 실명을 거론하지 않는 경우에는, 정보를 제공한 사람을 확인할 수 있는 꼬투리를 남기지 않겠다는 약속을 지키면서도 그 사람이 권위 있고 믿을 수 있는 이유를 설명하려고 최선을 다했다.

이 책의 많은 부분이 공개된 문서를 토대로 했다. 정부보고서나 프레젠테이션, 의회증언 속기록, 고위관료의 연설문 등이며, 민간 보안연구자들이 상세히 분석해 발표한 자료도 많이 참고했다. 이 책을 쓰기 위해 준비를 시작할 때 많은 동료들이 회의적인 반응을 보였다. 사이버보안으로 분류되어 공식적인 비밀의 장막으로 가려진 주제를 어떻게 서술할 수 있을까 하는 의문이었다. 그러나 나는 이미 공개된 영역에도 비밀 해제되거나 유출된 정보가 매우 많이 존재한다는 사실을 알고 놀랐다. 그 주제는 너무 민감하기 때문에 공개적으로 논의할 수 없다고 하는 고위관료들의 말을 무색하게 할 정도로 많은 정보가 공개된 영역에서 돌아다니고 있었다. 지난 수년 동안 사이버전쟁과 첩보활동에 대해 공개적으로 말하는 정부관료와 군 고위장교들이 늘어나고 있어 나는 크게 용기를 얻었다. 공개적으로, 그리고 솔직하게 논의되지 않

는다면 대중들은 이와 같은 주제들을 이해하지 못하고, 정부는
이와 관련하여 올바른 법률과 정책을 만들 수 없을 것이다.

스파이는 경고 없이 왔다. 그들은 자신들의 기술만으로 세계 최
강의 군대에서 은밀하게 비밀을 훔쳤다. 그 몇 달 동안 아무도 그
들의 존재를 눈치 채지 못했다. 미국 관료들이 마침내 그 스파이
의 흔적을 발견했을 때는 이미 너무 늦었다. 구체적인 피해가 발
생한 다음이었다.

　침입자는 미국의 가장 중요한 신무기인 차세대 전투기 조인트
스트라이크 파이터(Joint Strike Fighter)의 기술 및 설계 정보를 한
보따리 빼돌렸다. 육해공군과 해병대 모두가 운용할 수 있고 다
음 세대 전쟁에서 미국의 제공권을 확보해줄 것으로 기대되는 무
기였다. F-35라고도 불리는 이 제트전투기는 지금까지 만들어진
어떤 것보다 복잡한 무기체계로, 전체 개발비용이 3370억 달러에
달할 만큼 값비싼 전투기였다.

모든 상황과 증거는 2006년 말에 시작된 것으로 보이는 이 일련의 대담한 습격의 범인으로 중국 군부를 지목했다. F-35의 기밀, 특히 적의 레이더 시스템을 피하는 기술의 상세정보를 훔칠 동기가 있었고 기회도 있었다. 수십 년 동안 중국은 가장 강력한 적수라고 생각하는 미국 공군에 대해 공격적인 스파이 활동을 계속해왔다. 1970년대 말부터 미국 대학이나 정부연구소, 방위사업체 등에서 근무하거나 방문하는 중국 요원들은 핵탄두까지 포함하여 무기체계와 관련된 설계 정보를 빼내갔다.

그런데 F-35 정보 도둑은 여러 점에서 달랐다. 사무실에서 종이서류를 가져가거나 휴게실에서 엔지니어의 대화를 도청한 것이 아니었다. 멀리서 컴퓨터를 연결해 정보를 훔쳤다. F-35 프로그램이 해킹당한 것이다.

F-35 프로그램을 책임지고 있던 공군의 컴퓨터범죄 수사진에서 범인을 찾기 시작했다. 그들은 범인이 어떻게 침입했는지를 보다 잘 이해하기 위해 자신들이 그 입장이 되어보는 것으로 수사를 시작했다. 즉 해커를 팀에 동참시켰다. 전직 군장교인 그는 은밀한 사이버작전의 베테랑이었는데, 1990년대 중반에 전개된 군의 초창기 정보전쟁에 참여하며 노련한 사이버전사가 되었다.[1] 당시는 데이터베이스보다는 적의 머릿속에 들어가는 것을 중심으로 작전이 진행되었다. 그것은 고전적인 선전활동이 컴퓨터 세대에 맞게 바뀐 버전으로, 군사 해커들의 도움이 필요했다.

그들은 적의 통신 시스템을 뚫고 침투해, 신뢰할 만한 곳에서 온 것처럼 위장된 메시지를 보내는 방법을 알고 있었기 때문이다. 나중에 그 전직 장교의 작업은 이라크 전장에서 반군과 테러리스트를 쫓는 것으로 발전했다. 그들의 전화와 인터넷 메시지를 통해 추적하는 것이다. 그는 불과 40대 중반이었지만 그 분야에서는 숙련된 경력자였다.

F-35 기밀유출과 관련해서 공군은 군사 컴퓨터에서는 데이터가 빠져나가지 않은 것으로 파악했다. 다만 전투기 설계와 제작을 맡은 협력기업에서 유출된 것으로 보였다. 그 간첩들은 국방부 협력기업의 컴퓨터에 곧장 쳐들어간 것이었다. 극비정보로 가득 찬 그 컴퓨터에는 군사 컴퓨터 시스템에 있을 정보와 동일한 F-35 관련 정보도 들어 있었다. 아주 예리하고 영리한 작전이었다. 그 협력업체는 미국 군사체계에서 필수불가결한 부분을 담당하는 곳으로, 그들이 없으면 비행기가 날거나 탱크가 굴러가지 못하고 배를 만들거나 수리할 수도 없을 정도다. 그러나 그 컴퓨터 시스템은 군대의 극비 네트워크처럼 민감한 부분을 인터넷에서 분리시켜놓지 않아 방어가 약했다. 이런 사정을 알고 있는 해커들은 국방부의 여러 가지 중요한 업무를 위탁받은 민간기업을 타깃으로 했다. 침입이 가능한 다른 경로를 발견한 것이다.

공군 수사팀은 어느 회사에서 유출된 것인지 확인하지 못했다. F-35 프로그램의 주계약업체인 록히드마틴이나 부계약업체 두 곳인 노스롭 그루먼과 BAE시스템이 유력해보였지만, 전투기와 관련된 수많은 기계장치와 전자장치를 운용하는 수천 개의 기업이나 공급업체 중 하나일 수도 있었다. 전투기 자체 운영에만 750만 정도의 소프트웨어 코드라인이 관여했는데, 이것은 당시

공군에서 운영 중인 최첨단 전투기보다 세 배나 많은 것이었다.²
또 전투기의 병참과 훈련 능 지원 시스템을 운영히는 코드라인
도 1500만 개에 달했다. 스파이에게는 '물 반 고기 반인 황금어장'
이었다. 대충 들춰보기만 해도 항공기 운항 시스템에 관련되거나
탑재된 감지기와 감시장치를 비롯한 그 무기에 관한 비밀이 쏟아
져 나왔을 것이다.

논리적으로 가장 먼저 수사해야 할 곳은 주계약자인 록히드마틴
이었다. 그 회사 컴퓨터에는 전투기와 관련된 필수 정보가 들어 있
었다. 더 중요한 사실은 그 회사가 F-35 개발 과정의 여러 부분에
함께 참여한 부계약자들을 지휘하고 있다는 점이었다. 공군 수사
팀의 그 해커가 수사를 시작하기 위해 록히드의 사무실에 갔을 때
그를 맞은 사람은 회사 기술진이나 F-35 프로그램을 감독하는 군
장교가 아니었다. 회사 고문변호사가 그를 먼저 만났다.

해커는 랩탑컴퓨터를 요청했다. "그게 왜 필요합니까?" 변호사
가 물었다. 그는 수사를 위해서 먼저 록히드의 내부 컴퓨터 네트
워크를 살펴봐야 한다고 설명했다. 그리고 록히드 직원들의 랩탑
이 어떤 소프트웨어와 어플리케이션으로 운용되는지 알고자 했
다. 소프트웨어 코드에 오류나 '백도어'가 있어서, 이용자가(시스
템 운영자와 같은 합법적인 경우도 포함하여) 패스워드 입력화면과 사
용자 로그인 같은 정상적 보안장치를 거치지 않고 컴퓨터에 접근
이 가능했을 수도 있었다. 침입자는 이러한 접근지점을 이용하여
회사의 전자장치 인프라 구조 내에 발판을 구축할 수 있었다. 그
스파이가 내부에 교두보를 확보하여 작전을 수행하기 위해서는

안으로 들어갈 수 있는 이 같은 통로 확보가 가장 중요했다.

변호사는 박스에서 새 랩탑을 꺼내 해커에게 넘겨주었다. 록히드 네트워크에 연결된 적이 없고, 록히드 직원이 손을 댄 적도 없는 랩탑이었다. 당연히 해커는 거절했다. 범죄현장을 보여주지 않으면서 도둑이 어떻게 집을 털었는지 알아보라는 격이었다.

수십억 달러를 벌어다줄 F-35 프로그램이었는데, 록히드는 왜 스파이를 찾아내기 위해 모든 협력을 다하지 않았을까? 수사를 통해 회사 네트워크 방어가 매우 취약하다는 사실이 드러날 가능성 때문이었을 것이다. 수사진이 그 외의 다른 군수 프로그램에서 유출 증거를 찾아낼 수도 있었다. 침입자가 회사의 주요 정보에는 접근하지 못했다는 결론이 나와도 비즈니스에는 도움이 될 수 없었다.

록히드는 미국 정부에 가장 큰 규모로 제품과 서비스를 조달하는 기업이다. 2006년의 경우 계약액이 335억 달러를 넘었는데, 그중 80퍼센트가 국방부에서 나왔다.[3] 그러나 이 같은 금액에는 수십억 달러 이상으로 추정되는 정보기관의 기밀활동 관련 부분은 포함되지 않았다. 록히드로서는 정부의 중요한 비밀을 지켜주지 못하는 기업으로 보여서는 안 되었다(사실 어느 협력업체도 그래서는 안 된다). 록히드는 또한 민간기업이었다. 수십억 달러 사업의 핵심 정보를 보호하지 못했다는 뉴스에 주주들이 보일 반응은 너무나 쉽게 예상할 수 있었다.

당연히 그 해커는 랩탑에서 수사에 도움이 될 아무것도 찾지 못했다. F-35 프로그램을 책임진 공군의 최고 장성들은 정보유출에 분노하여, 록히드뿐만 아니라 관련된 모든 협력업체에게 수사에 전적으로 협소하도록 명령했다. 그들이 보기에 이 회사들은 단순한 정부 협력업체만이 아니었다. 사실상 납세자의 세금으로 유지되는 기업으로 정부의 일부분 역할을 하며 비밀이 유지되어야 할 극비사업에 참여하고 있었다. 공군은 수사를 확대했다. 다음 몇 달 동안 그 해커를 비롯한 수사진은 록히드 네트워크와 프로그램에 참여한 다른 여러 협력업체의 네트워크를 샅샅이 살펴보았다.

그 결과 이번 해킹이 일회성 사건이 아닌 것으로 확인되었다. 록히드 네트워크가 반복적으로 뚫려왔던 것이다. 몇 번이나 유출됐는지 정확히 말할 수는 없지만, 네트워크에 자유롭게 접근해 훔쳐간 정보의 양으로 볼 때 피해가 생각보다 심각했다. 스파이들은 다른 기업도 침입했는데, 그 일련의 공격을 통해 전투기의 내부 기능과 관련된 정보를 테라바이트급으로 빼갔다.[4] 그 분량은 대략 의회도서관 장서의 2퍼센트와 맞먹는 규모였다. 과거에는 미국 기업 내에 인간 스파이를 침투시키고 도청장치를 설치하는 정도가 영웅적인 첩보활동으로 인정받았다. 그러나 이제는 컴퓨터를 악성 소프트웨어 프로그램으로 감염시키거나 인터넷을 오가는 커뮤니케이션을 가로챔으로써 지구의 반대편을 환히 들여다볼 수 있었다.

수사진이 인터넷 로그기록과 컴퓨터 드라이브를 결합해감에 따라 더 많은 침입타깃이 확인되었다. 스파이들은 여러 국가에 있는 하청 계약자의 네트워크에도 침입했다.[5] 기술진은 스파이들이 사용한 인터넷 프로토콜 주소와 컴퓨터를 추적했다. 의심의 여지 없이 중국이 진원지였다. 동일한 해커그룹이 미국의 다른 군 조직과 대기업에도 침투한 것으로 보였는데, 특히 IT와 에너지 기업이 대상이었다. 중국 사이버간첩들의 활동범위와 지속성, 그리고 정교함에 미국 군부와 정보기관 고위층이 긴장하기 시작했다. 그러나 미국 관료는 외교적 마찰을 우려하고, 또한 지금까지 관찰해온 중국 사이버간첩을 놓치지 않기 위해서 이러한 행위를 공개적으로 폭로하지 않았다.

그 간첩들은 전투기가 비행 스트레스와 공기저항을 극복하는 방법과 기계설계에 대한 상세한 정보까지 탐색했다. 이런 점으로 미루어볼 때 그들은 미국 전투기의 약점을 파악할 뿐만 아니라 자체적으로 전투기를 생산하려는 계획까지 있었던 것으로 보였다. 만약 그렇게 되었다면 상상할 수조차 없을 만큼 소름끼치는 일이 벌어졌을 것이다. 그 간첩들이 중국 군부의 지휘 하에 움직였다면, 미국 전투기는 언젠가 자신의 복제품을 상대로 전투를 치러야 했다. 미국 파일럿은 이미 F-35의 약점을 환히 꿰뚫고 있는 중국 파일럿을 상대로 힘겨운 싸움을 할 수도 있었던 것이다.

당시에 전투기가 적을 감지하거나 복잡한 작전을 수행하고 통제하는 비행조절장치와 센서는 안전한 것으로 보였다. 그와 관련된 정보는 인터넷에 연결되지 않은 컴퓨터에 저장되어 있었기 때문이다. 그러나 그로부터 1년 이상이 지날 때까지도 수사진은 이전에 놓친 정보누출을 찾아내고 있었다. 그래서 그 공격은 계속되었고 오프라인 컴퓨터도 타깃이었다고 생각할 수밖에 없었다.

공용 네트워크에 연결되어 있지 않다는 사실 자체가 매우 민감한 정보를 포함하고 있음을 시사하는 것이었나.

수사진은 그 간첩들이 처음부터 F-35 관련 정보를 찾았던 것이 아니고, 다른 기밀 프로그램 정보를 타깃으로 했다고 결론 내렸다. 그들은 아마 회사 네트워크에 많은 정보가 무방비 상태로 들어 있는 것을 보고 손쉬운 타깃이라 판단했을 것이다. 도둑질을 하는 도중에 계획을 바꾼 것을 보면 그들이 얼마나 대담한 범죄자인지 미루어 짐작할 수 있다. 심지어 그들은 자신의 정체를 숨기려는 노력조차 거의 하지 않았다. 미국인이 자신들을 추적하지 못할 것이라고 믿고, "나 잡아봐라!" 하며 도둑질한 것처럼 보였다.

간첩들은 아주 유용하게 사용할 수 있는 정보를 탈취해 갔을 뿐만 아니라 F-35 개발 프로그램을 후퇴시켰다. 협력업체 컴퓨터를 휘젓고 다닌 공격으로 프로그래머는 전투기 소프트웨어 코드를 다시 작성해야 했으며 비용도 50퍼센트나 증가했다. 만약 그 전투기가 이륙하지 않으면 중국이 그 전투기와 싸울 일도 없을 것이다. 그러나 중국은 자신들의 전투기 설계를 업그레이드시킬 수 있었다. 2012년 12월, 리온 파네타(Leon Panetta) 국방장관이 중국을 방문했을 때 중국 측은 비행장에 계류 중인 자신들의 최신예 전투기 사진을 유출시켰다. 디자인의 많은 부분이 F-35와 유사했는데, 미국 관료는 결코 우연일 수 없다고 지적했다.[6] 실제로 그 중국 전투기 디자인은 6년 전 해커가 미국 기업으로부터 훔쳐낸 정보에서 많은 영향을 받은 것으로 보였다.

CEO들은 펜타곤이 자신들을 불러들인 이유를 알지 못했다.[7] 왜 최고 비밀 열람 허가를 받아야 하는지도 몰랐다. 그들은 한 방에 모여 서로 멀뚱히 쳐다볼 뿐이었다. 낯익은 얼굴도 많았다. 미국 국방부 최대 협력업체 20개 기업의 CEO 혹은 그 대리인들이었다. 록히드마틴, 레이시언, 제너럴 다이나믹스, 보잉, 노스롭 그루먼 등도 포함되었다. 이들은 모두 수십 년 동안 미국의 전쟁무기를 생산해온 블루칩 기업이었다. 2007년 더운 여름날 이렇게 국방부에 모두 불러들인 이유가 무엇이든 좋은 말이 오갈 것 같진 않았다.

CEO들은 '특수정보시설(SCIF)'이라고 부르는 방에 모였다. 도청이 불가능하도록 설계된 곳이었다. 그들을 부른 쪽에서 '위협 브리핑'이라는 것을 시작했다. 국가안보의 위협과 관련하여 군 장교들이 자주 방위산업체 CEO들에게 언급했기 때문에 특별하게 생각되지는 않는 보고였다. 하지만 지금의 브리핑 주제는 기업 보안에 가해지는 위협이었다. 구체적으로 그 자리에 참여한 CEO들이 경영하는 기업들이었다.

F-35 정보유출 사건을 수사했던 군수사팀의 한 요원이 자신들이 알게 된 사실을 설명했다. 회사 각각의 컴퓨터 네트워크에 대규모 해킹공격이 있었다. 그 간첩 해커는 F-35 관련 정보뿐만 아니라 자신들이 할 수 있는 최대한의 능력을 발휘해 많은 군사비밀을 찾아내 훔쳤다. 그들은 회사 네트워크에서 방어가 약한 지점으로 몰려가서 기밀정보를 훔쳐낸 다음 자국에 있는 서버로 전달했다. 그리고 그 비밀 프로젝트에서 일하는 직원에게 이메일을

보냈다. 회사 내 믿을 수 있는 곳에서 보낸 것처럼 위장된 메일이었다. 직원이 이메일을 열어보면 그의 컴퓨터 안에 디지털 백도어가 만들어지고, 이를 통해 중국은 그 직원이 입력하는 모든 내용, 파일 다운로드와 생성 혹은 전송하는 파일, 방문하는 웹사이트 등을 모니터링했다. 네트워크가 뚫리고 컴퓨터가 감시당한 것이다. 해커가 사용하는 용어로 말하면, 중국 해커가 미국의 군사─산업 복합체를 접수했다.

그 간첩들은 기업의 네트워크에 머물며 계속해서 비밀을 찾고 직원의 커뮤니케이션을 도청했다. 아마 경영진의 사적인 이메일도 모니터링했을 것이다. "많은 사람이 자신과 관련된 모든 정보를 탈탈 털렸습니다."[8] 워싱턴의 싱크탱크인 국제전략문제연구소의 보안전문가로 그 회의에 대해 잘 알고 있는 제임스 루이스(James Lewis)의 말이다.

이러한 기업은 보안망에서 약한 고리였다. 펜타곤의 고위장교는 기업경영자에게 군사기밀 도둑에 대처하는 일이 시급을 요하는 국가안보 문제라고 지적했다. 기업으로서는 생존이 달린 문제이기도 했다. 항공기나 탱크, 위성, 선박, 잠수함, 컴퓨터 시스템, 그리고 다른 여러 기술 및 운영 서비스를 연방정부에 팔아서 돈을 버는 일이 그 기업들이 하는 사업의 대부분이었다. 정부관료의 메시지는 분명했다. 협력업체가 현재와 같은 사업을 계속하고 싶으면 자신들을 방어하는 일에 빈틈이 없어야 한다는 것이다. 그러나 그 일은 기업이 독자적으로 해낼 수가 없었다.

그 회의 이후 국방부는 미국 정보기관이 파악한 사이버간첩과 악

보이지 않는 전쟁 @ WAR

성 해커에 대한 정보를 기업에 제공하기 시작했다.[9] 당시 펜타곤은 해킹공격그룹 10팀 정도를 추적하고 있었다. 그들이 찾는 군사기술 종류나 군사작전 혹은 조직, 방위산업체 등에 따라 그룹으로 묶을 수 있었다. 이 같은 정보는 군사 네트워크에 침투하려는 공격을 모니터링하고 분석한 결과만이 아니라 미국의 적들의 컴퓨터와 네트워크 안으로 침입하여 정보를 얻는 첩보활동의 성과물도 있었다. 미국 정보기관은 또한 범세계적인 커뮤니케이션 네트워크를 통과하는 방대한 트래픽을 모니터링하여 바이러스나 웜 등의 악성 컴퓨터 프로그램들을 찾고 있었다. 미국 정부가 그처럼 많은 비밀정보를 민간인 개인들과 공유한 적은 그때까지 한 번도 없었다. 역사적으로 국가안보는 언제나 정부만의 배타적 영역이었다. 하지만 지금은 정부와 기업이 공동의 적에 대항하여 연합전선을 형성했다. 펜타곤은 외국의 사이버간첩이 훔친 정보를 보내는 곳이라고 생각되는 컴퓨터와 서버의 인터넷 주소뿐만 아니라 바이러스나 스파이웨어를 탑재한 위장 이메일을 발송한 것으로 확인된 이메일 주소까지 기업에게 제공했다. 정부의 분석팀은 외국 해커들이 타깃을 공격할 때 이용했던 최신 도구와 기술에 관련된 정보도 공유했다. 그리고 해커가 컴퓨터에 침입하여 파일을 훔치는 데 이용했던 악성 소프트웨어 유형들에 대해서도 알려주었다. 기업이 위험신호로 볼 수 있는 이와 같은 데이터 포인트로 무장하면, 자체 방어력을 강화하고 침입자가 네트워크를 또다시 교란하기 전에 발견하여 격퇴하는 데 집중할 수 있을 것이다.

미국 정부의 최대 정보조직인 국가안보국(National Security Agency, NSA)은 중요한 위험신호들을 수집하여 확보해두었다. NSA는 세계 곳곳에 있는 수만 대의 컴퓨터에 침입하여 심어놓은 스파이웨어로 범세계적 감시 네트워크를 구축하고 이를 통해 데이터를 뽑아낸다(방위산업체의 컴퓨터를 뚫었던 중국 해커들과 비슷하다). NSA가 수집한 정보는 미국의 적이 가진 힘과 계획, 의도 등을 가장 상세히 알려준다. 고도의 비밀처리가 되어 있을수록 더욱 유용한 정보다. 이제 정부는 그 정보를 기업과 공유하는데, 여기에는 엄격한 비밀 준수규정이 따른다. 정보를 얻은 사람은 자신이 비밀신호 정보를 획득했다는 것을 공개해서는 안 되며, 자신들의 네트워크에 침입이 발생하면 어떤 것이든 펜타곤에 통보해야만 한다.

정보공유 프로그램인 방위산업기지(Defense Industrial Base Initiative) 계획은 출범할 때는 소규모로, 펜타곤의 SCIF에 모였던 20개 기업이 그 대상이었다. 그러나 1년 내에 그 수가 30개로 늘었고, 지금은 약 100개 기업이 참여하고 있다. 펜타곤은 매년 250개 정도의 새 회원이 그 비밀회의에 참가하기를 원한다(회원들은 그 모임을 DIB라는 약자로 부른다).

그러나 관료들은 방위산업체 보호만을 목표로 하는 것이 아니다. DIB를 전체 산업의 보안 모델로 생각하여, 텔레콤에서 에너지, 그리고 보건의료에서 은행에 이르기까지 컴퓨터 네트워크를 이용하는 모든 사업과 시스템, 그리고 기능을 보호하고자 한다. 오늘날 이것은 거의 모두를 의미하는 것이다. DIB는 정부와 기업 사이에 훨씬 크고 지속적으로 발전하는 동맹의 씨앗이 되었다.

정보기관 고위 요원과 군 최고 지휘부, 그리고 대통령은 강력한 악성 해커그룹의 공격이 야기할 수 있는 엄청난 파괴와 혼란이 어떤 대규모 테러공격에 못지않은 결과를 초래할 수도 있을 것이라고 지적했다. 해커들은 컴퓨터에서 정보를 훔치는 대신에 컴퓨터 자체를 파괴하여 커뮤니케이션 네트워크를 망가뜨리거나 항공관제 시스템을 다운시킬 수도 있었다. 인터넷에 연결되어 전력 공급망을 운영하는 장비를 가로채서 도시 전체를 암흑 속으로 몰아넣는 사태도 가능했다.

2012년 10월, 레온 파네타 국방장관은 미국이 '사이버진주만' 가까이에 있다고 경고했다.[10] "그 공격은 물리적인 파괴를 초래하고 생명을 앗아갈 뿐만 아니라, 국가를 마비시켜 쇼크 상태에 빠트릴 수 있다. 우리는 이와 같은 새로운 형태의 위험성을 심각하게 인식해야 한다."

그보다 5개월 전, 버락 오바마(Barack Obama) 대통령은 한 신문에 기고한 글에서 앞으로의 전쟁은 온라인상에서 벌어질 것이라고 말했다.[11] "군사력으로는 우리에게 상대가 되지 않는 적들이 우리 컴퓨터 네트워크의 취약성을 노리고 공격할 것이다."

물론 오바마는 극단적으로 끔찍하게 과장된 그림을 그렸다. 하지만 그가 상상으로 그린 그림은 정부와 기업 고위층이 사이버공간에서 느끼는 불안감을 대변하고 있었다. 국가를 한층 더 번영시킬 것으로 보이는 사이버공간에 극도의 위험이 도사리고 있다는 생각이었다. "은행 시스템의 필수적 부분이 무너지면 금융 위기가 초래될 수 있었다." 오바마는 이렇게 썼다. "식수공급이나 병원기능이 차단되면 공중보건에 긴급한 상황이 발생할 수 있었다. 그리고 지난번 정전사태에서 목격했듯이, 전력이 공급되지 않으면 비즈니스와 도시, 그리고 전체 지역이 모든 기능을 잃고 암흑 속에 잠기게 된다."

제임스 코미(James Comey) FBI 국장은 사이버공격의 위험과 사이버 관련 범죄 증가(해킹과 금융사기를 포함하여)가 앞으로 국가적으로 가장 심각한 안보 위협이 될 것이라고 내다보았다.[12] 미국의 17개 정보기관이 의회에 제출한 보고서는 모두 사이버공격이 지난 2년 동안 발생한 '범세계적 위협들' 중 가장 우선적인 것이라고 밝히고 있다. 온라인 공격으로 오프라인에서 엄청난 피해가 발생할 수 있다는 것이 확인된 지금, 미국 정부는 사이버공간의 방어를 국가안보의 최우선 과제로 설정했다.

그러나 정부가 아직 관련된 사실을 모두 이야기하고 있는 것은 아니다. 관료들은 보이지 않는 적이 미국을 상대로 쉴 새 없이 공격을 가해 오고 있다고 설명한다. 하지만 미국 군부와 정보기관은 기업과 연합하여 사이버공간에서 매우 공격적인 활동을 펼친다는 것은 말하지 않는다. 미국은 사이버공간을 전투가 벌어지는 곳으로 간주하고, 여기에서 우위를 점하는 것을 공식적인 국가정책으로 규정한 몇 안 되는 국가들 중 하나며 또 이를 수행할 수단도 가지고 있다. 최근 10여 년 동안 사이버첩보전은 국가의 적에 관한 정보를 모으는 가장 생산적인 수단이 되었다(해외의 적 혹은 국내의 적 모두가 대상이다). 사이버공간에서 미국이 취하고 있는 공격적인 활동들로 인터넷은 그 토대로부터 변하고 있는데, 그것이 항상 좋은 방향인 것은 아니다. 또한 정부가 사이버공간을 방어하려는 열망으로 기업과 연대하는 것이 사이버공간을 더욱 취약하게 만들고 있다.

미국에서 사이버공간의 안전 확보는 사이버공간 무기와 첩보활동 도구라는 두 측면 모두에서 다루기 시작할 정도로 중요한 문제가 되었다. 군대는 사이버공간을 육해공에 이은 '제4의 전쟁 영역'으로 부르며, 다른 영역과 마찬가지로 여기서도 반드시 우위를 점해야 한다고 생각한다. 미국은 이미 사이버공격을 전통적 전술과 접목시켰으며 적국의 인프라 구조를 무력화시키는 데 사용한 바 있다. 미국 관료들이 대내적으로 두려움을 표시하고 방어하기 위해 특별한 조치가 있어야 한다고 말하는 사이버공간에서의 악성 활동들과 정확하게 동일한 종류였다. 사이버공간의 악성 활동이라는 넓은 스펙트럼에서 볼 때 미국은 가장 공격적인 극단에 위치한다.

미국 군부와 정보기관은 해외에 위치한 적들의 컴퓨터 시스템을 모니터링하고 그 속으로 침투해 들어가서, 필요할 경우 무력화시키거나 파괴하도록 훈련받은 신세대 사이버전사들을 배치하고 있다. 사이버전쟁은 사이버공간과 마찬가지로 고정된 형체가 없는 용어지만 공격적 활동들로 구성된 스펙트럼으로 볼 수 있다. 전통적인 전쟁에서 첩보활동이 필수적 구성요소이듯이, 컴퓨터를 공격하기 위해서도 이에 대한 첩보활동이 선행되어야 한다.

미국은 컴퓨터로 연결된 필수 인프라 구조를 다운시키거나 시설을 파괴하기보다는 컴퓨터에 대한 첩보활동과 정보를 훔치는 데 훨씬 더 많은 시간과 돈을 투자해온 것이 분명하다. 그러나 동시에 파괴적 활동 역시 전개해 왔다. 그리고 앞으로 더 자주 더 효과적으로 그 같은 공격적 활동을 할 것이다. 사실 사이버전쟁(첩보전과 공격의 결합)은 2007년 미군이 이라크에서 승리를 거둘 수 있었던 토대였다. 완전히 밝혀지거나 인정되지 않는 방법이었지만, 미군은 정보기관과 합동으로 공격적인 사이버기술(해킹)을 이용해 물리적 세계의 사람들을 추적하여 사로잡거나 살해했다.

그러나 사이버공간의 방어가 정부만의 배타적 영역이 아닌 것처럼 사이버공간에서의 전쟁 또한 민간의 일이 되어가고 있다. 기업은 이제 더 이상 무자비한 해킹이나 사이버공격의 위험을 감수하려 하지 않는다. 이에 편승하여 사이버무기상과 민간 사이버보안군이 자신들의 제품과 서비스를 정부와 기업 모두에 판매하고 있다. 각국의 군대는 필연적으로 사이버전장에서 만나게 된다. 그러나 기업의 군대 또한 이 전쟁터에 끼어들 것이다.

사이버공간에서는 정부 혼자 작전을 수행하지 않는다. 자신의 컴퓨터 네트워크를 방어하고 상대방의 컴퓨터 네트워크를 공격하려면 민간영역의 참여와 지원이 필요하다. 미국 컴퓨터 네트워크의 대다수를 민간이 소유하고 있기 때문에 정부가 그 모두를 보호하거나 감시하는 것은 불가능하다. 그러나 전 세계 커뮤니케이션의 대부분이 미국 내에 위치한 시설장비를 통과하므로 정부는 이를 보호해야 하며, 그러한 네트워크를 도청할 수 있는 위치에 있다. 이와 같은 목표 아래 군사-인터넷 복합체가 출현했다.

이전의 군사-산업 복합체와 마찬가지로 이와 같은 새로운 협력에는 탱크나 전투기, 미사일, 그리고 위성 생산 기업들이 포함된다. 여기에는 IT 거인들과 금융기관, 그리고 커뮤니케이션 기업들도 참여한다. 해외의 적은 미국의 전력망을 찔러보거나 필수 인프라 구조의 약점을 찾아내려하고 있으며, 미국 정부는 이들을 방어하는 데 도움을 얻기 위해 이러한 기업들을 강제로, 혹은 설득하거나 구워삶아서 참여시켰다. NSA는 구글을 비롯한 거대 IT기업과 비밀 연대를 형성하여 민간 네트워크에 오가는 위협을 모니터링했다. 그리고 월스트리트에 치명적인 재앙을 가져올 수 있는 사이버공격을 방어하기 위해 대형 은행과 금융기관의 정보를 공유했다.

정부는 또한 일부 IT기업을 설득하여 그들의 네트워크에 NSA가 모니터링 장치를 설치할 수 있게 했다. 그들의 제품에 백도어를 심게 해주는 대가로 IT기업에 금전적인 보상이 제공되었다. 이러한 백도어는 외국 군부의 움직임을 모니터링하고 정보기관을 해킹하는 데 이용되었다. 그처럼 은밀한 접근지점은 외국의 타깃에 사이버공격을 가하는 통로가 될 수 있다. 민간기업의 이와 같은 협력이 없었다면 사이버전쟁을 수행할 수 없었을 것이다. 이렇게 볼 때, 새로운 군사-인터넷 복합체는 이전의 군사-산업 복합체와 동일하다. 정부 혼자서 전쟁을 하는 것이 아니다. 기업이 무기를 설계하고, 병력을 이동시키고 먹인다. 항공기와 전함, 그리고 인공위성을 만들고 유지한다. 미국은 기업과 서로 공생하는 협력을 통해 세계 역사에서 가장 막강한 군사력을 확보했다. 그리고 사이버공간에서도 그렇게 하는 것이 목표다.

미국은 사이버공간에 대한 지배력을 빠르게 구축해 가고 있다. 2014년 정부는 사이버방어 프로그램에 130억 달러 이상을 지출했는데, 그 대부분이 정부의 컴퓨터와 네트워크를 보호하고 민간산업과 위협정보를 공유하는 데 사용되었다.[13] 같은 해 정부는 오바마가 '우리 시대의 범세계적 위협'이라고 칭했던 기후변화에 대처하는 직접적인 활동에 116억 달러를 지출했다.[14] 이후 5년 동안 국방부에서만 사이버방어와 공격기술에 260억 달러를 투입할 계획이다. 그중에서 공격 부분에 지출될 규모가 어느 정도인지는 비밀이다. 그러나 사이버공간에서는 공격과 방어 사이의 경계가 불분명하고 계속해서 서로 뒤바뀐다. 네트워크 방어에 이용되는 인프라 구조가 공격에 이용될 수도 있다. 정부관료들은 공식적으로 방어에 관해서만 언급하지만, 이는 모두 전략적 계산에서 나온 말이다. 확실히 '침입자를 막아내기 위해서'라고 하는 것이 '다른 국가를 대상으로 간첩활동을 하거나 공격할 사이버 군사력을 구축하기 위해서'라고 말할 때보다 재정확보와 정치적 지지를 얻어내기 쉬울 것이다. 그러나 실제로 미국이 현재 하고 있는 일이 바로 그것이며, 수십억 달러 중 상당 부분이 명목상 '방어적' 목적이지만 그러한 활동을 위해 배정되어 있다.

현재 사이버보안 사업은 급성장하고 있다. 전 세계 기업과 개인

28

은 자신들의 컴퓨터와 네트워크를 보호하기 위해 한 해에 670억 달러를 지출한다. 그들이 고용한 보안전문가 중 상당수는 군대나 정보기관에서 근무하며 지식과 기술을 익혔다. 펜타곤은 민간 사이버 경계병의 훈련소가 되었다. 이들이 공직에서 민간 보안회사로 자리를 옮기면 몸값이 두세 배로 올라간다. 한때 사이버간첩의 타깃이 되었던 방위산업 협력업체는 이제 네트워크 방어와 사이버전쟁 경험을 자신의 고객에게 판매한다. 공익시설과 은행처럼 정부가 최우선으로 보호하려는 기업도 그들의 고객이다.

21세기 미국 국가안보의 중심에는 사이버공간 통제권을 확보하기 위한 싸움이 위치하고 있다. 그러나 사이버 위협 자체보다는 그에 대한 대응이 사이버공간의 성격을 더 크게 변화시킬 것으로 보인다. 세계는 사이버공간을 통해 점점 더 가까워지고 있으며, 정부와 산업계 지도자들이 내리는 결정은 미국뿐만 아니라 전 세계 사람들에게 심대한 영향을 주게 된다. 사이버공간은 한 기업이나 정부의 소유가 아니지만 전적으로 보편적이라고도 할 수도 없는 정의하기 어려운 실체이다. 사이버공간에서 위협의 존재를 부정할 수도 없다. 그에 대한 대응은 혼란스럽고 위험할 수 있지만 우리 모두가 감수할 수밖에 없는 과정이다.

1. 사이버전쟁이 시작되다

밥 스타지오(Bob Stasio)는 자신이 사이버전사가 되리라고는 꿈에도 생각해보지 않았다.[1] 그는 고등학교를 졸업한 후 버팔로대학에 입학해 ROTC에 지원했다. 수리물리학을 전공하며 양자역학 이론과 편미분방정식을 공부했다. 대학은 순수과학 전공 학생을 졸업시키기 위해 영어 같은 일부 주요 핵심 교과목을 수강하지 않아도 되도록 했다. 그래서 스타지오는 대학을 졸업할 때까지 한 번도 작문을 해본 적이 없었다.

2004년 스타지오는 스물두 살 햇병아리 소위로 워싱턴 주에 위치한 포트루이스에 배치되었다. 그의 부임신고를 받은 여단 정보 장교는 이 신참 소위의 이력을 훑어보았다. 그의 전공이 수학과 물리학이라는 것을 확인한 그가 말했다. "자네는 시진트 소대에 서 근무하는 것이 좋겠군."

시진트(SIGINT)는 신호정보(signals intelligence)의 머리글자를 딴 단어로, 커뮤니케이션 정보를 수집하고 분석했다. 정보의 다른 분야와 마찬가지로, 시진트도 과학과 기술이 결합되지만 과학의 비중이 더 크다. 국가안보국(NSA)에서 근무한 경력이 있는 여단 정보장교는 스타지오의 물리학 지식이 쓸모 있을 것으로 생각했다. 라디오신호나 광섬유통신, 그리고 인터넷 패킷 등을 기술적으로 수집하는 일이 시진트의 중요한 임무 중 하나였기 때문이다.

대학에서 스타지오는 총기 사용과 분대단위 지휘를 중심으로 군사훈련을 받았다. 그리고 애리조나 포트 후아추카의 육군정보학교에서 6개월 동안 정보수집 및 분석과 관련된 기초교육도 수료했다. 포트루이스에서 그는 스트라이커 여단에 배치되었는데, 이 여단은 수일 내에 전투지역으로 투입될 수 있도록 기동력을 갖춘 기계화 신속배치 부대였다. 스타지오는 전투지역에서 적들의 커뮤니케이션 신호를 추적하여 그 위치를 찾아내는 임무를 맡았다. 그리고 적들의 지휘관이 부대에 내리는 명령이나 후방에서 오가는 전화통화를 도청하여 적들의 의도를 파악하라는 지시도 받았다. 스타지오는 제2보병사단 제4여단으로 구성된 '레이더스'에 합류하여 이라크에 배치되었다. 통역관 팀이 그와 같이 일하기로 했는데, 스타지오가 아랍어를 몰랐기 때문에 필수적인 조건이었다. 그런데 막상 그들을 만나보니, 그들 대부분이 영어와 한국어밖에 몰랐다. 걱정이 앞섰다.

군은 냉전시대에 맞춰 신호정보 시스템을 구축했다. 그리고 아직 한반도에는 수천 명의 군대가 배치되어 있다. 그들은 여전히

보이지 않는 전쟁 @ WAR

북한군에 맞서 육지에서 싸우는 훈련을 하고 있으며, 이때도 시
진트는 탱크와 병력의 위치를 파악하는 등의 핵심적인 역할을 한
다. 그러나 레이더스는 이라크 반군과 자생적 지하디스트, 테러
리스트 등으로 구성된 네트워크와 싸워야 했다. 이곳의 적은 탱
크를 이용해 전쟁하는 것이 아니었고, 조직도 군대식 체계가 아
니었다. 그리고 물론 적이 한국어로 말하는 것도 아니었다.

미국의 이라크 점령은 많은 어려움에 봉착해 있었다. 스타지오
는 자신이 받은 정보훈련이 이라크에서는 거의 쓸모없을 수도 있
다고 생각했다. 반군의 도로변 폭발물 공격으로 미군의 희생자
수는 계속 증가하고 있었다. 공격을 받고 다행히 목숨을 건진 군
인도 팔다리가 절단되거나 심각한 뇌손상을 당해 남은 일생을 신
체적·정서적 장애를 안은 채 살아가야 하는 경우가 많았다. 시
진트는 이런 공격을 막아내지 못하고 있었다. 실제로는 거의 사
용되지도 못하는 상황이었다. 2004년 10월 군의 신호정보 책임장
교는 이라크에서 얻는 모든 정보 중 거의 90퍼센트 정도가 실제
사람들인 스파이 네트워크와 정보원을 통해 얻는 것이라고 추정
했다. 그 정보들은 폭발물 공격과 반군 습격을 줄이는 데 도움이
되지 못했다.

스타지오는 반군에 대한 정보를 최대한 입수했다. 특히 네트워
크 모델을 이용하여 그들이 조직을 구성하는 방법을 연구했다.
그들은 팀을 구성한 소그룹들이 중앙 통제부에서 분리되어 네트
워크상에서 각자 독자적인 노드 형태로 연결되어 있었다. 이것은
최고지휘부로부터 오는 명령이 몇 단계 지휘관을 거쳐 아래로 걸

러지며 전달되는 수직적 군대 체계와는 정반대의 구조였다. 하지만 기본적으로는, 스타지오가 훈련받았던 정보 원리가 여전히 유효했다. 그의 임무는 전자통신 신호를 이용하여 적들의 위치를 확인하고 그들이 어디로 이동할지 예측하는 것이었다. 이러한 과제를 수행하기 위해 군이 보유한 도구는 도시의 그늘 속에서 전투가 벌어지는 이라크 상황에 맞지 않았다. 레이더스는 '프로펫(Prophet: 예언자라는 뜻−옮긴이)'이라고 알려진 정보수집 플랫폼 시스템을 이용하고 있었다. 지붕에 가로등만한 크기의 긴 안테나를 장착한 장갑 트럭이었다. 여단의 고참 병사들은 프로펫을 좋아했다. 작전 인접 지역 내에 적군이 있는지를 알 수 있었기 때문이다. 정보수집이 필요한 곳이면 어디나 보내 자신들이 직접 조종할 수 있는 기계장치였다.

그러나 프로펫은 넓게 트이고 비교적 편평한 전투지역에서 라디오파를 수집하도록 설계된 장치였다. 스타지오는 이라크 내의 전사들이 휴대폰과 이메일, 그리고 인터넷에 게시하는 비디오를 통해 커뮤니케이션하고 있는 것으로 파악했다. 그들은 바그다드를 비롯해 이라크의 여러 혼잡한 도시에 밀집된 콘크리트 미로를 통해 소그룹 단위로 이동하고 있었다. 이 같은 지형에서 프로펫은 무용지물이었다. 실제로 스타지오가 이라크에 배치받기 전까지 군사정보팀은 신호정보 수집보다는 기지 주위로 식품 등의 보급품을 운송하는 데 프로펫을 이용하고 있었다.

고참들이 프로펫을 좋아하는 데는 다른 이유도 있었다. 자신들이 마음대로 할 수 있는 기계였기 때문이다. 원하는 어디로든 운

전해 가며, 자신들이 직접 정보를 수집하고 분석할 수 있었다. 스타지오는 자신의 상관들이 미국 본토를 거쳐 돌아오는 정보를 불신하고 있다고 생각했다. 그들은 정보를 자주 보내오는 CIA, FBI 같은 정보기관과 워싱턴에는 소프트웨어 개발자나 컴퓨터광이 득실댈 뿐 실제로 전투가 벌어지고 있는 이라크 현지의 군사적 요구에 대해서는 전혀 모르는 비대하고 멍청한 관료집단이라고 생각하고 있었다.

그러나 스타지오의 생각에는 국가 정보기관들, 특히 NSA는 그가 필요로 하는 것을 가지고 있었다. 바로 데이터였다. 세계 전역에 위치한 기지국에서 수집해 보내오는 전자 커뮤니케이션과 신호정보들이 NSA의 서버에 저장되고 있었다. 스타지오는 이라크에서 나오는 시진트(SIGINT)를 활용할 수 있다면, 반군들의 커뮤니케이션 기록을 짜맞춰 그들의 네트워크 규모와 형태를 어느 정도 파악할 수 있을 것이라고 생각했다. 물론 이것은 끈기를 요하는 작업으로, 컴퓨터 앞에 몇 시간씩 앉아 있어야 한다. 혼잡한 도시를 프로펫을 운전하며 다니는 것이 아니라, 에어컨이 장착된 트레일러 안에서 하는 작업이었다. 스타지오는 미국방송 HBO의 시리즈물 〈더 와이어The Wire〉를 즐겨보는데, 그중에서 레스터라는 인물을 특히 좋아했다. 휴대폰 통화를 추적하여 볼티모어의 마약판매망을 찾아내는 역할이었다. 스타지오는 이라크에서 레스터와 같은 일을 하고자 했다.

그는 포트루이스의 여단 정보장교를 설득했다. 총을 들고 보병 작전에 참가하거나 비대한 프로펫 분석업무를 맡기보다는, 최신 기술이 탑재된 기지 내 정보시설에서 다른 정보장교들과 함께 근무하며 소프트웨어를 이용해 네트워크 구성을 파악하고, 인터넷과 휴대폰 트래픽을 소화할 수 있게 해달라는 것이었다. 스타지오는 이라크에서 이러한 도구들을 잘 이용하면 큰 도움이 될 수 있는데도 군의 정보파트에서 간과해 왔다고 주장했다.

설득은 유효했다.

스타지오는 동료 소위 한 명과 함께 훈련 프로그램을 만들었는데 이것은 '거슬러오르기'라는 개념에 입각한 것이었다. 현장에서는 군대의 소규모 정보팀이 자신들의 컴퓨터만으로 자체 네트워크를 구성하지만, 여기서 수집된 데이터는 NSA를 비롯한 여러 정보기관의 방대한 데이터베이스로 거슬러 올라간다. 이들 기관에서는 다양한 모든 정보 제공처로부터 정보를 수집하는데, 여기에는 군사 정보작전에서 얻는 정보를 비롯해 위성사진, 정보원, 포로의 심문 조서, 그리고 CIA 요원이 작성한 정치적 풍향 등도 포함된다. 스타지오에게는 어느 한 조각의 데이터도 중요하지 않은 것이 없었다.

여러 장비를 이용해 다양한 형태의 커뮤니케이션(전화, 이메일, 문자메시지 등)을 하면서 성장한 사람들은 이와 같은 정보분석 도구들에 거의 본능적이 된다. 스타지오와 그의 소대원은 이라크에 파견되기 전 2년 반에 걸쳐 훈련받았다. 그는 소대에 배치된 한국어 통역관 중 네 명을 다시 1년간의 아랍어 집중교육 과정에 보냈다. 그들이 아랍어에 능통할 필요는 없었지만 이라크 현지 통역과 협조하여 정보보고서를 작성할 수 있을 정도의 언어능력은 갖

추어야 했다. 그리고 나머지 통역관은 정보분석을 익히는 교육과
정에 보냈다.

스타지오는 2007년 4월에 미군 '증강배치'의 일환으로 이라크
현지에 도착했다(프로펫은 함께하지 않았다). 그는 자신들의 도착이
너무 늦었을 수도 있다고 걱정했다. 스타지오 팀이 도착했을 때
미군은 도로변 폭발물과 박격포 등을 이용하는 반군의 무자비한
공세에 시달리고 있었다. 내전이 격화되면서 이라크 정부는 붕괴
직전 상태였다. 이웃 시리아와 이란 등지에서 외국인들이 속속
반군에 합류했다. 이라크 알카에다(이슬람국가 IS의 전신-옮긴이)로
알려진 테러리스트들은 미군과 연합군을 향해 무자비한 공격을
퍼붓고 있었으며, 이라크 정부와 시아파 무슬림, 그리고 무고한
시민들도 그들의 공격 대상이었다.

테러 집단의 목표는 갓 출범한 정부를 전복시키고 신정국가를
수립하는 것이었다. "훈련을 받을 때 총과 폭탄 다루는 방법을 배
우는 데 더 집중했어야 할까?" 스타지오는 이런 생각까지 들었다.

그러나 정보의 지원을 받는 전쟁이라는 그의 생각이 이제 막
대규모로 검증되려는 중이었다. 물론 그는 이것을 알지 못했고
알 수도 없었다. 미군은 지금까지 한 번도 시도하지 않았던 방식
으로 적을 공격할 것이다. 그리고 그 최전방에 스타지오가 위치
해 있었다.

전쟁에 대해 설명하도록 마이크 맥코넬(Mike McConnell)에게 주어
진 시간은 1시간이었다.

2007년 5월 스타지오 소위가 불안정하고 위험한 이라크 상황에서 분투하고 있을 때, 새로 임명된 국가정보국 수장은 백악관 오벌오피스(Oval Office: 대통령 집무실－옮긴이)에서 조지 부시(George Bush) 대통령 및 국가안보위원회 고위직들과 함께 앉았다.[2] 맥코넬은 대통령 외에도 부통령 딕 체니(Dick Cheney), 국방장관 로버트 게이츠(Robert Gates), 재무장관 헨리 폴슨(Henry Paulson), 그리고 국가안보보좌관인 스테판 하들리(Stephen Hadley) 등을 한꺼번에 대면한 것이다. 이 정도의 거물들이 한 방에 모이는 것은 무척 드문 일이었다. 하지만 맥코넬이 마음속에 세운 계획을 실행하기 위해서는 그들 모두가 꼭 있어야 했다.

부시가 이라크 반군과 싸우기 위해 마지막으로 파견한 5개 여단은 바그다드 남동쪽에 배치되고 있었다. 이제 3만 명의 지상군이 추가 투입되었다. 맥코넬은 그들에게 새로운 무기를 쥐어주고 싶었다. 그는 대통령에게 NSA가 개발한 특별한 역량에 대해 설명했다. 이라크 반군이 공격이나 도로변 폭발물 설치를 계획하고 논의하는 데 이용하는 커뮤니케이션 시스템을 미국의 컴퓨터 해커 팀이 뚫고 들어갈 수 있게 하는 것이었다.

일단 그러한 커뮤니케이션 네트워크 속으로 미국 해커가 들어가면 강력한 소프트웨어를 이용해서 적의 중요 정보를 탈취해 올 수 있다. 적의 특정 집단을 누가 이끌고 다음 공격 목표는 어디인지 등이다. 이와 같은 정보는 지상군이 적을 파악하여 위치를 추적하는 데 큰 도움이 될 것이고, 적이 도로변에 설치하거나 길에 파묻어 둔 폭발물을 제거하는 데도 이용할 수 있을 것이다.

무엇보다 해커는 휴대폰을 통제하거나 동료 반군이 보내는 것처럼 꾸민 거짓 문자메시지 발송 등의 방법을 통해 반군에게 직접적인 영향을 줄 수도 있었다. 반군이 목표물을 찾을 수 없게 하거나 아군이 기다리고 있는 장소로 반군을 유도할 수도 있다. 일단 반군의 컴퓨터 속으로 침입하면 섬뜩한 인질참수 동영상을 올리는 자가 누구인지도 확인할 수 있다. 그러한 동영상은 반군이 이라크 국민을 공포에 몰아넣고 반군 지원자를 모집하는 데 가장 효과적이고 저렴한 수단으로 활용되고 있었다. 미국 해커가 적의 컴퓨터에 스파이웨어를 심어넣으면 반군의 연락처, 이메일 주소와 전화번호를 복사해낼 수 있었다. 적이 입력하는 모든 단어와 방문하는 모든 웹사이트, 그리고 주고받는 모든 이메일도 추적할 수 있었다. 또한 해커는 반군이 공격 계획을 짜기 위해 웹포럼에 로그인할 때 이용하는 모든 패스워드도 훔쳐낼 수 있었다.

　맥코넬은 그들 자신의 자원을 이용하여 반군을 내부로부터 파괴하는 계획을 설명하고 있었다. 그러한 활동은 원칙적으로 첩보작전으로 간주되기 때문에 거의 대부분 대통령의 재가를 필요로 하지 않았다. 그러나 이 작전에는 해킹기술과 도구가 중요한 역할을 하고, 그 도구에는 악성 컴퓨터 바이러스처럼 미국이 만든 무기들 중 가장 혁신적이고 그 효과를 예측하기 어려운 것들도 포함된다. 멀웨어라 부르는 악성 소프트웨어 하나가 컴퓨터 속으로 침입하면 그 컴퓨터 안에서만 활동하지 않고 퍼져나갈 위험이 항상 있다. 웜은 스스로 증식하는 프로그램으로 침입한 호스트 컴퓨터와 연결되어 있는 다른 컴퓨터로 건너간다. 그리고 바이러스는 그 이름에서 짐작되듯이 침입한 호스트 컴퓨터에서 다른 호스트로 급속히 퍼져갈 수 있다. 2003년에도 군 수뇌부는 이라크 은행 시스템에 사이버공격을 계획했다가 몇 개월 앞두고 취소한 바 있다. 공격에 이용할 멀웨어가 이라크 컴퓨터망으로부터 프랑스 은행망으로 옮겨갈 위험이 있다는 판단에서였다. 복잡하게 얽힌 인터넷망 속에서 두 국가의 금융 시스템이 서로 연결되어 있었기 때문이다. 미군 고위장교들은 '미국의 공격이 빗나가 프랑스 전역의 현금지급기 다운되다'라는 문구가 언론의 머리기사로 장식되는 상황을 상상했다.

실제로 사이버무기 때문에 의도하지 않은 피해가 발생할 위험은 매우 크다. 그리고 맥코넬의 계획에 의하면 NSA가 침투시키려는 멀웨어는 반군의 전화와 컴퓨터뿐만이 아니라 이라크의 무고한 다른 많은 전자장비에도 들어갈 수 있었다. 그 계획에서는 전장의 모든 것을 알고자 했다. 즉 스파이웨어를 광범위하게 퍼트리고 가능한 한 많은 이라크 커뮤니케이션을 도청하여 테러리스트와 반군이 누구와 커뮤니케이션하는지 알아내고자 한 것이다. 멀웨어가 그처럼 광범위하게 퍼트려지기 때문에 그것이 돌고 돌아 아군의 장비들에 침입하지 않는다는 보장도 없었다.

사이버무기는 전통적 무기처럼 생명을 앗아가지는 않지만 매우 위험하고 파괴적이며 또 그 피해 범위가 목표로 한 타깃을 벗어날 수도 있었다. 그렇기 때문에 어떤 면에서는 핵무기와도 많이 비슷했다. 이러한 이유로 사이버무기도 핵무기처럼 사용 전에 대통령의 '투하 승인'을 받아야 한다. 맥코넬이 부시와 그의 국가안보팀 최고위직들과 긴 회의를 하고자 한 이유가 여기에 있었다. 그의 요청은 쉽지 않을 뿐만 아니라 정치적으로도 민감한 요구였다. 8개월 전인 2005년 12월 NSA는 미국 내에서 법원의 허가 없이 미국인의 커뮤니케이션을 모니터링했다는 이유로 큰 수모를 당한 바 있었다. 이제 NSA는 또 커뮤니케이션 네트워크 내로 침입해 들어가 수천만에 달하는 무고한 사람들의 정보를 수집하려고 한다. 그 가운데는 사적 소유 네트워크도 있는데, NSA는 기업들로부터 허가를 얻지 않고 그들의 데이터를 뽑아낼 것이다. 이제 이 정보기관이 이라크 전체에 걸쳐 첩보행위를 하고 사이버무기를 풀어놓을 것이다. 대통령은 계획에 서명했다.

맥코넬은 부시가 기술과 관련해 많이 알지는 못하고, '구글'도 텍사스에 있는 자신의 농장 위성사진을 볼 때만 가끔씩 이용한다고 말했던 것을 알고 있다. 부시의 전임자들도 기술과 친하지 않았다. 빌 클린턴(Bill Clinton)이 백악관에서 보낸 8년 동안은 현재와 같은 인터넷과 텔레콤들이 막 태동해 발전하던 시기였지만, 그가 보낸 이메일은 두 건뿐이었다.

그러나 맥코넬은 그 방에 있는 모든 중요 인물들로부터 신뢰를 받고 있었다. 6개월 전 부통령 체니는 정부협력업체인 부즈 앨런 해밀턴에 있는 자신의 개인 사무실에서 맥코넬에게 전화해 자신과 대통령이 그를 국가정보국장으로 임명할 생각이라고 말했다. 그 직위는 불과 2년 전에 설치되었고, 보수도 당시 맥코넬이 받던 7자릿수 월급의 몇 분의 1에 불과했다. 권한이 명확하게 규정되지도 않았고 행정부 내 파워도 약했다. 맥코넬은 맨 먼저 자신의 오랜 친구이자 정부 내 동료인 게이츠에게 이와 관련해 조언을 요청했다. 게이츠는 정보기관의 수장이 될 친구에게 그가 어떤 결정을 내리든 자신이 할 수 있는 한 모든 정치적 힘을 동원해 도와주겠다고 다짐했다. 맥코넬은 현재 NSA 국장인 케이스 알렉산더(Keith Alexander) 장군과도 밀접한 관계를 유지하고 있었다. 이라크에서 그 계획을 실행에 옮기는 일은 알렉산더의 몫이 될 것이다.

알렉산더는 기회를 놓치지 않았다. 그는 NSA에 강력한 정보제국을 구축하여 3만5000명의 직원이 미국을 비롯한 전 세계 동맹국에서 활약하는 미국 최대의 정보기관으로 만들었다. 알렉산더는 정보수집 분야에 누구도 넘볼 수 없는 권한을 확보하고, 전 세계의 커뮤니케이션 네트워크에서 일어나는 전화통화와 문자메시지, 이메일, 그리고 인터넷 트래픽들을 도청할 수 있는 첨단기술 역량을 갖추었다. NSA는 대통령에게 매일 국가안보 위협에 대해 보고하는 브리핑에서 가장 큰 역할을 하는 최대 단일 정보기관으로 그 정치적 영향력은 실로 엄청날 정도다. 신뢰할 수 있는 정보에 근거해 수배된 테러리스트의 행방을 찾아내는 주도력을 가진 유일한 정보기관이라 할 수 있었다. 이와 대조적으로 CIA는 알카에다 조직 중심부에서 정보를 제공해줄 수 있는 인적 자원을 가지고 있지 못하다. 테러와의 전쟁은 주로 감시에 의해 이루어졌다. 이라크에서의 작전은 NSA가 감시역량과 필연적으로 연계될 수밖에 없는 사이버전쟁의 힘을 보여줄 수 있는 기회였다. 컴퓨터나 전화를 못 쓰게 만들거나 조작하여 네트워크상에서 위치를 확인하거나 그 내부로 침입할 수도 있다. 알렉산더는 국장으로서의 2년을 첩보역량을 구축하는 데에 집중했다. 이제 그 성과가 마침내 전쟁에 투입된다.

부시는 빠르게 터득하였다. 기술과는 그리 친하지 못했지만, 그는 즉시 이해할 수 있었다. 컴퓨터와 사람 사이의 관계나, 감시를 통해 기계를 조작하면 그 기계를 다루는 사람까지 조작할 수 있다는 것을 이용하여 누군가를 추적하거나 죽일 수도 있다는 사실을 그는 알았다. 대통령은 이미 이와는 별개의 비밀 작전을 승인한 바 있었다.[3] 이란의 핵시설 운영 컴퓨터 시스템에 웜을 감염시켜 원심분리기를 고장 내는 첩보활동이었다. 이란의 핵무기 개발 과정을 저지할 수 있는 다른 방안이 거의 없는 상황에서, 부시의 정보참모와 군의 일부 고위 장성들이 그와 같은 아이디어를 제안했다. 핵무기를 만들려면 원심분리를 통해 우라늄을 농축하는 과정이 필수적인데, 이러한 과정을 은밀한 정보작전을 통해 파괴할 수 있다는 것이었다. 그들은 공격 대상을 이란 나탄즈의 우라늄 농축시설로 설정하고 공격 무기도 제시했다. 그것은 농축시설에 있는 수천 대의 원심분리기(긴 관 형태의 기계로 가스 상태의 우라늄을 아주 빠르게 회전시켜서 무기제조가 가능할 정도의 농축 상태로 만들어준다)를 운영하는 전자장비를 탈취하도록 짜인 복잡한 컴퓨터 프로그램이었다. 원심분리는 이란 핵무기 개발 프로그램의 핵심으로, 이것이 없으면 핵물질을 농축시키지 못해 폭탄이나 탄두 제조가 불가능하다.

부시는 작전을 승인했다. 그리고 역사상 첫 사례가 될 사이버무기를 만들기 위해 미국의 최고 해커와 보안전문가들로 팀이 구성되었다. 그 결과물이 스턱스넷(Stuxnet)이었는데, 그 속의 수천 개 코드 라인에 포함된 단어들을 조합하여 만든 이름이었다. 그러나 그해 말부터 본격적으로 시작된 작전은 갑작스런 파괴보다는 은밀성에 중점을 두고 전개되었다. 이스라엘 팀과 합류한 미국 요원들은 이란의 핵무기 제조 능력에 서서히 혼란을 주고 파괴해 가면서도 그동안 이란 쪽에서 사이버무기의 존재를 알아차릴 근거를 남기지 않으려 애썼다. 스턱스넷은 원심분리기 내부에서 가스흐름 조절 밸브를 닫을 수 있도록 설계되었다. 원심분리기 내부의 압력이 계속 높아지면서 분리기는 균열 지점에 가까워졌다. 그와 같은 작은 문제는 여러 가지 다른 원인 탓으로 생각할 수 있었다. 시설장비의 오류 때문일 수 있고, 엔지니어나 직원의 작동 미숙에서 비롯될 수도 있었다. 그러나 원심분리기를 조절하는 컴퓨터 시스템들은 '에어갭(air gap)' 뒤에 위치해 있었다. 즉 물리적으로 인터넷과 연결되어 있지 않은 것이다. 그래서 스턱스넷을 그 시설 내로 침입시키기 위해서는 실제 사람 첩보원이나 다른 어떤 원격 수단을 이용해야만 했다. 은밀하고도 매우 정교한 작전이었다.

지금 맥코넬이 제안하는 이라크 작전은 그와는 크게 다른 어떤 것이었다. 바이러스와 스파이웨어, 그리고 해킹기술들을 광범위하게 활용하는 작전이었다. 그리고 기계 과정을 방해할 목적이 아니라 사람을 죽이기 위한 작전이었다. 스턱스넷은 단순히 방해활동을 했지만, 이것은 분명 전쟁행위였다.

부시 또한 맥코넬을 전적으로 신뢰하며 백악관 집무실에서 매일 아침 자신에게 직접 브리핑해주도록 요구했다. 그 이전까지는 국장이 직접 하지 않았던 브리핑이었다. 1월에 부시가 맥코넬을 국장으로 지명하는 발표를 하기 직전에 두 사람은 부시의 농장에서 만나 이미 호흡을 맞추었다. 뛰어난 첩보원이자 은퇴 해군제독인 맥코넬은 대통령의 소박한 태도가 친근감으로 다가왔을 것이다. 맥코넬은 사우스캐롤라이나 출신으로 수줍음을 많이 타는 성격이었다. 부시 농장의 발코니에 앉은 두 남자는 멀리서 먹구름이 몰려드는 모습을 지켜보았다. 둘은 좋은 징조가 아니라고 말하며 웃었다.

그리고 지금 맥코넬은 이라크에서 사이버전쟁의 첫 사례를 만들기 위해 대통령에게 한 시간을 요청한 것이다.

스타지오는 이라크 타지(Taji)의 전진작전기지에 도착했다. 바그다드 북쪽에 위치한 이 기지는 한때 공화국 수비대 기지와 화학무기 제조시설이었던 곳으로, 편평하고 먼지가 많은 지역이었다. 수니삼각지대로 불리는 미군에 대한 저항세력의 근거지 내에 위치하여 위험한 곳이었다. 기지에는 거의 매일 150여 차례씩 박격포와 급조폭발물(IED) 공격이 가해지고 있었다. 군이 순찰에 나설 때마다 수많은 반군과 도로변 폭탄이 기다리고 있었다. 그러나 이것은 타지에 국한된 현상이 아니었다. 이라크 전역에서 폭력이 절정을 이루고 있었다. 지난해 다국적군의 피해는 실로 막대해서 거의 900명이 사망했는데, 2007년에는 사망자 수가 최고 기록을 갱신할 태세였다.[4] 스타지오가 도착한 달에도 2005년 1월 이후 사망자가 가장 많이 발생했다. 그 대부분은 미국인이었다. 이라크 국민의 희생도 많았는데 정확한 숫자는 집계하기 어려웠다.[5] 믿을 만한 추정에 의하면 2006년에서 2007년까지 연간 3만 명에 달하여 전쟁 발생 초기 사망자 수의 두 배 이상이었다.

군대의 증강 배치는 바그다드와 그 인근의 가장 위험한 지역의 안전을 확보함과 동시에 반군을 추적하고 주민을 보호하려는 목적이었다. 부시가 애타는 마음으로 이라크 주둔 다국적군 사령관으로 임명한 데이비드 퍼트레이어스(David Petraeus) 장군은 양방향 공격을 계획했다. 미군 편에 서거나 최소한 중립을 지키도록 만들 수 있는 전사와도 손잡기, 그리고 그 외의 경우는 체포하거나 죽이는 것이 핵심이었다. 퍼트레이어스는 후자에 해당되는 반군을 '함께할 수 없는' 존재로 표현했다.

증강 배치는 서서히 진행되었으나 처음에는 혼란스럽기도 했다. 타지 기지에서 스타지오의 상관은 갑자기 새로 증강 배치되는 병력을 어떻게 활용해야 할지 모르는 것처럼 보였다. 그러나 포트루이스에서 온 스타지오를 비롯한 정보분석팀은 그 군인들의 훈련에 주목했다. 그들은 기지의 낡은 군수품 창고를 개조하여 사무실을 꾸리고 자신들의 전임자들과 접촉을 시도했다. 이미 고국으로 돌아가 포트루이스의 정보센터에서 근무하고 있는 사람들이었다. 이들은 스타지오의 플랜에서 '정보 백업' 지점이 되었다. 스타지오는 보안이 확보된 컴퓨터 네트워크를 통해 그들과 연결한 다음 이를 토대로 국가 정보 데이터베이스에 접속했다.

그곳은 새로운 데이터가 계속 흘러들어 오는 무궁무진한 데이터의 바다였다. 대규모 감시 저인망이 이라크 전역을 훑으며 새로운 정보와 단서를 생산해내는 가운데 마침내 그는 〈더 와이어〉의 레스터가 되고 있었다.

스타지오는 지역 내 반군의 네트워크 그림을 그리는 데서 시작했다. 그들의 휴대폰 통화정보를 이용하여 인적 연결망과 위치를 확인했다. 그리고 이와 같은 정보를 포트루이스로 보내 본국의 정보 데이터베이스로부터 더 많은 정보를 얻어냈다. 동시에 포트루이스 정보팀은 큰 그림을 그리는 작업을 계속했다. 타지 인근 지역 주민은 어떤 부족들로 구성되어 있나? 누가 누구의 명령을 받나? 적의 동맹을 깨트려서 서로 대립하게 만들려면 어디에서 어떤 수단을 사용해야 하나?

이라크의 휴대폰 네트워크는 정보가 노다지처럼 묻힌 잠재적인 금광이었다. 사담 후세인(Saddam Hussein)이 권좌에서 축출된 후 이라크에서 최초로 사업을 전개한 기업은 휴대폰업자들이었다. 무선 커뮤니케이션은 유선보다 저렴했기에 휴대전화는 급속히 보급되었다. 2004년 9월 미국의 점령이 18개월을 지나고 있을 때 NSA는 비밀 기술을 개발했다. 미국 특수작전 부대가 '더 파인드(the find)'라고 부른 이 기술은 휴대폰의 전원이 꺼져 있을 때도 위치를 확인할 수 있었다.[6] 그로부터 몇 년 후까지, 특수작전 부대의 요원들이 이 방법으로 찾아낸 적은 알카에다 이라크지부 전사를 포함해 수천 명에 달했다.

NSA는 미국에 시설장비를 두고 외국의 원격 커뮤니케이션 네트워크를 운영하는 통신업자와 협약을 통해 해외 커뮤니케이션에 접근할 수 있었다. 이러한 통신업자에게는 후한 보상이 제공되었는데, 업체의 한 전직 임원에 의하면 매년 수천만 달러에 달했다고 한다. 첩보기관에 자신들의 네트워크 및 이를 통과하며 오가는 데이터에 대한 특권적 접근권을 주는 대가였다. 그중에는 외국인 투자자가 지분 일부를 가진 통신업체도 있었다. 통신업체는 연방정부로부터 미국 내에서 통신사업권을 얻으려면 미국 정보기관이 자신들의 네트워크에 무제한으로 접근할 권한을 허락하는 협정에 서명해야만 했다. 그들은 전화통화 기록을 확보하거나 도청할 수 있었다. 그중에서 레벨3 커뮤니케이션즈와 체결한 협정을 보면 '킬스위치(kill switch)' 제공도 포함되어 있다. 미국 정부의 지시가 있으면 회사는 해저 케이블을 통해 미국 내로 들어가는 모든 커뮤니케이션을 즉시 차단해야 한다는 규정이다. 이것은 사이버공격이 있을 때 악성 소프트웨어나 트래픽으로부터 네트워크를 방어하기 위해 사용하는 보호수단이다.

어떤 경우에는 미국 내에서 해외 커뮤니케이션을 도청하기도 했다. 사실 이메일 트래픽에는 이와 비슷한 도청이 빈번하며, 그 대부분이 미국 내 케이블이나 라우터를 통과한다. NSA가 커뮤니케이션 라인에 대한 접근을 허락받지 못했다면 이것은 도둑행위가 되었을 것이다. 해군출신의 한 정보기관 협력업자는 2005년 한 무역잡지에 실린 폭로기사에서 휴대폰 같은 무선기술이 전 세계 수억 명이 인터넷에 접속하는 도구로 이용되고 있음을 지적하며 이렇게 적었다. "공중파를 통해 이동하는 패킷들을 수집하는 수단을 보유한 다국적군에게는 이와 같은 경향이 전례 없이 광범위하게 정보를 탈취할 수 있는 기회가 되고 있다."[7] 그리고 이렇게 말했다. "서구의 정보기술력은 악의적인 접근지점을 만들어두고 이와 같은 서비스들을 모니터링할 뿐만 아니라, 공격목표 정보를 수집하여 분석하는 등으로 전쟁을 주도해 갈 수 있다. 무선 정보 수집을 통해 해당 국가의 협력 없이도 작전을 수행할 수 있게 되었다."

무선 커뮤니케이션 네트워크는 첩보원들의 꿈이었다. 그리고 그 꿈은 이라크에서 현실이 되고 있었다.

스타지오는 부시 대통령 집무실의 회동이나 그가 내린 결정에 대해서는 전혀 알지 못했다. 하지만 곧 그 결실을 볼 수 있었다. NSA는 이라크 안팎으로 오가는 커뮤니케이션 네트워크에 접근하여 전화통화와 문자메시지, 그리고 이메일을 모두 퍼담아 저장하기 시작했다. 그것은 새로운 전략의 핵심이었다. 즉 모든 데이터를 수집하고, 이를 이용해 테러리스트와 반군의 네트워크를 파악하는 것이다.

이제 적의 휴대폰이 그들을 추적하는 도구가 되었다. 휴대폰에서 발신되는 신호를 잡아 그 위치를 지도에 점으로 표시했다. 특히 스타지오의 부대가 위치한 타지 인근 지역은 이와 같은 정밀지도가 필요했고, 루트 탬파라고 부르는 도로에 대해서도 상세한 정보가 있어야 했다. 이 도로는 기지를 통과하여 북쪽 수니삼각지대의 발라드로 향하는 중요한 공급로였다. 미군에게는 물자와

연료를 공급하는 동맥 역할을 하지만 반군에게는 중요 공격 목표가 되고 있었다. 그래서 미군 병사는 이 도로에 'IED(급조폭발물)의 오솔길'이라는 별명을 붙여주었다.

스타지오는 반군의 활동에 관한 보고를 토대로 몇 개 구역으로 나누어 루트 탬파의 지도를 작성했다. 미군 순찰대나 심어둔 첩자의 보고를 결합하여 네트워크 그림을 그렸는데 IED 세포가 가장 활발하게 활동하는 지점을 보여주는 것이었다. 그는 특정 지역을 특별히 위험한 곳으로 표시할 수 있었고, 이전의 공격을 토대로 반군의 다음 공격 목표를 예측할 수 있었다. 또한 그는 폭발에 이용된 장비의 유형을 기초로 하여 폭발물들을 서로 비교했다. 타이머를 이용했는가, 아니면 인근에 숨어서 무선 리모컨으로 폭발시켰는가? 후자라면 폭발 직후에도 반군이 인근에 있을 가능성이 많았다. 스타지오는 IED에 어떤 폭발물이 이용되었는지 그 유형을 추적하면 폭발물 제조물질이 어디서 공급되는지도 알아낼 수 있을 것으로 생각했다.

스타지오가 폭파범의 네트워크를 체계적으로 작성하면 다른 병사들이 이를 파괴했다. 미군 순찰대는 이와 같은 새로운 기술정보로 무장하고 하룻밤 만에 전체 폭파범 네트워크를 분쇄할 수 있었다. 그들의 목표는 폭발물 세포단위의 최고지휘자만이 아니었다. 2인자도 그 대상이었다. 그리고 세번째, 네번째 계속했다. 세 개 소대가 스타지오 팀이 제공하는 정보를 이용하여 IED 네트워크를 파괴하는 임무에 배치되었다. 레이더스는 이제 사람 잡는 일을 본격화했다.

스타지오 팀은 또한 적들의 자금 공급처를 추적하여 반군을 돕는 이라크 정부 내 부패 관리를 찾아낼 수 있었다. 그들은 다음 15개월 동안 반군 450명을 제거했다. 하지만 그중에서 살해한 사람은 총을 쏘며 저항하는 두 명에 불과했다. 나머지는 모두 감옥에 보내고 심문했다. 이들로부터 얻은 정보는 다시 정보 시스템에 입력되어 이라크 전역의 정보장교들이 공유할 수 있었다. 스타지오가 새로운 임무를 부여받아 타지 기지를 떠날 때쯤에는 그 지역에서 IED 공격이 90퍼센트나 줄어들었다. 이제 루트 탬파는 안전해졌다.

그와 같이 갑작스럽고 놀랄 만한 성공은 조만간 알려지게 마련이었다. 이라크 주둔 미군의 최고 지휘관인 데이비드 퍼트레이어스 장군은 스타지오의 여단을 좀 더 북쪽의 바쿠바로 이동시켰다. 저항이 거센 디얄라 주의 워호스 전진작전기지가 있던 곳으로, 2007년 10월에 이동이 완료되었다. 바쿠바는 규모는 크지 않지만 다양한 특성을 가진 도시였다. 한 달 전에 대위로 승진한 스타지오는 이 도시의 시가지에서 치열한 전투가 벌어졌던 것에 주목했다. 반군과 테러리스트가 시민 속에 숨어 있었기 때문에 이들을 추적하는 일은 도로에 폭발물을 설치하는 반군을 찾아내는 일보다 훨씬 위험하고 어려웠다. 이런 형태의 작전을 위해 새로운 정보조직이 구성되었으며 바쿠바에서 다시 한 번 그 진가가 발휘되기 시작했다.

스타지오 팀은 반군의 세포조직을 제거하는 데서 시작하여 반군의 네트워크 전체를 파괴해 갔다. 먼저 그들은 테러리스트가 이용하는 자살폭탄조끼 제조자를 추적하여 제조시설을 찾아냈다. 군인들이 그곳을 덮쳤을 때 한 여성이 자신의 몸에 폭탄조끼를 장착하는 중이었다. 폭탄제조자와 그 여성이 체포되었다.

스타지오 팀은 또한 수천 발의 폭발물발사체(EFP)가 은닉된 장소도 찾아냈다. 이라크에서 발견된 곳 중 최대 규모였다. EFP는 거리가 떨어진 곳에서 발사하여 장갑차도 관통시키는 무기였는데, 장갑차는 군인이 이동할 때 도로변 폭발물로부터 보호하기 위해 이용하는 차량이다. 무기는 평범해 보이지 않는 민가 아래에 숨겨져 있었다. 스타지오의 분석팀은 외국인이 이라크에서 이 치명적인 무기의 제조방법을 가르치고 있는 장소도 발견하여 역시 체포했다.

그는 초급장교에 불과했지만 정보분석 임무를 수행하려면 폭발물이 어디에 있으며, 누가 폭발물을 만들고 필요한 자금을 대는 자는 누구인지 알아야 했다. 자신의 상관이 지역의 종교지도자나 부족지도자와 만날 때 스타지오는 항상 관련된 정치적 뒷이야기, 복잡하게 얽힌 구조 등에 대해 브리핑해주었다. 미국이 이라크인의 '정신과 마음'을 얻기 위해 해야 할 노력 등에 대해서도 설명할 필요가 있었는데, 적과 동지의 관계가 변할 수 있기 때문이었다.

그가 아는 한 하급장교에 불과한 군인이 그처럼 많은 전술적 전략적 정보를 알아야 했던 적은 없었다. 그럼에도 그는 자신이 참가하고 있는 전쟁터뿐만 아니라 전쟁의 지정학적 현실에 대해서도 이해하고 있어야 했다. 일반적으로 이와 같은 종류의 분석은 어깨에 별을 단 군인의 역할이었다.

동료 장교는 그를 놀리듯이 말했다. "어이, 스타지오, 오늘 대통령에게 브리핑해주었나?"

스타지오는 이를 칭찬으로 받아들였다.

스타지오는 방대한 해킹 작전의 한 요원에 불과했지만 새롭게 펼쳐지는 사이버전쟁의 선봉에 위치해 있었다. 부시의 명령이 내려진 이후, 이라크에서 계속되는 공격은 군인과 첩보원이 함께하는 군사-정보 혼성팀이 주도해 갔다. 한때 이라크 전투기들이 이용했던 발라드 공군기지의 콘크리트 격납고가 작전의 중심에 있었다.[8] 이제 그곳에 계류된 대부분의 비행기는 무인항공기인 드론이었다. 드론의 파일럿은 NSA 해커와 FBI 사이버 수사요원, 그리고 특수작전 군병력(최고 역량의 병사로 구성된 특전부대) 등과 함께 움직였다. 그들은 모두 분조로 나뉘어져서 일하되 서로 유기적으로 연결하며 빈틈없이 협조했다. 해커가 적의 전자장비에서 정보를 훔쳐내 이를 분석팀에 넘기면 공격 타깃의 목록이 작성되었다. 특전 병력이 적의 아지트를 급습할 때는 드론의 파일럿이 CIA에서 개발한 카메라를 비롯한 여러 정교한 센서를 이용하여 하늘에서 관찰한 정보를 지상의 병력에게 전달했다. 드론 파일럿이 직접 미사일을 발사하여 적을 타격할 때도 있었다.

공격이 끝나면 사로잡은 포로를 심문하거나 혹은 아지트를 수색해서 더 많은 정보를 확보했다. 휴대폰, 랩탑컴퓨터, USB 드라이브, 주소록 등이었다. 이름, 전화번호, 집주소와 이메일 주소 등이 적힌 '잡동사니' 문서조각도 모았다. 공격군은 이를 기지로 가져가서 분석팀에게 넘겼다. 분석팀은 이러한 정보를 자신들이 보유한 데이터베이스에 입력하고, 데이터마이닝 소프트웨어를 이용하여 다른 반군이나 테러리스트와의 연결점을 찾았다. 그들은 반군이 작전에 필요한 자금을 어떻게 조달하는지를 집중적으로 살폈는데, 시리아나 이란, 사우디아라비아 같은 이라크 외부에서 제공하는 자금도 포함했다.

정보팀은 매일 10명에서 20명 사이의 반군 및 테러리스트를 엮어냈다. 이와 같은 방식으로 전체적인 테러리스트 네트워크를 그릴 수 있었는데, 미군은 이제 적과 비슷하게 생각하고 행동하기 시작했다. 즉 수직적 계층구조가 아닌 네트워크 형태로 자신들의 연결망을 구성했으며, 그 각각이 지상의 상황에 해당했다. 그들은 마치 자신이 지상에서 실제로 움직이는 것처럼 네트워크상에서 행동하며, 새로운 종류의 전쟁을 만들어내고 있었다.

NSA는 커뮤니케이션 네트워크를 도청하는 인프라 구조를 이미 구축한 바 있었다. 9·11테러 이후 사이버공간에서 이루어지는 테러리스트의 전화통화, 이메일 등의 디지털 커뮤니케이션을 모니터링하기 위해 도청담당 지국과 수집 지점들을 새로 설치했다. 이와 같은 새로운 도청 지점들은 미국의 중요 텔레콤 기업의 사무실과 교환국 내에 위치했다. 분석팀은 특정 반군의 휴대폰을 추적하여 언제 그 네트워크에 로그인하였는지 확인했다. 그리고 그 정보를 지상군 정보팀에 전달하면 정보팀에서 무선신호를 도청했다(지상군이 가까이 있지 않으면 무선신호를 도청하기 위해 항공기나 인공위성을 이용하기도 했다). 이렇게 얻은 모든 데이터를 빠르게 비교하여 타깃의 위치를 결정하였는데, 전화나 문자가 발신되는 거리, 빌딩, 아파트 등을 정확하게 지정했다.

발라드의 통합정보센터를 일반인의 눈으로 보면 군대시설이 아닌 평범한 건물로 보일 것이다. 그 안에서는 포니테일 머리스타일에 자유로운 복장을 한 협력업체 분석요원이 전투복 차림의 군인과 함께 일하고 있다. 그러나 천장에서 끈으로 매달린 커다란 컴퓨터 화면에서는 드론으로부터 전송되는 감시 비디오가 재생되고 있으며, 그 아래에서는 민간인과 군인이 섞인 팀이 랩탑에 얼굴을 파묻거나 빠르게 기록하고, 또 서로 긴밀히 뭔가를 이야기하고 있다. 과연 전쟁이 벌어지는 한복판에 있다는 것이 실감나는 모습이다.

그곳은 새로운 정보전략의 또 다른 기둥 역할을 하고 있었다. 이라크 내의 모든 전자 커뮤니케이션을 수집하는 것 외에도 이를 이용해 반군이나 그 재정지원자의 위치를 확인하였다. NSA는 커뮤니케이션에 이용되는 도구(반군들의 전화와 컴퓨터) 그 자체도 조작하기 시작했다. 맥코넬이 부시 대통령에게 설명했던 시나리오와 같았다.

미국 해커는 반군 전사나 도로변 폭발물 설치범에게 거짓 문자 메시지를 보냈다. 수신자에게 '이 거리 모퉁이에서 만나 다음 공격을 계획하자'라거나 '도로의 이 지점으로 가서 폭발물을 묻어라' 같은 뜻을 전하는 메시지였다. 반군이 그 지점으로 가면 미군이 기다리고 있거나 수천 피트 높이의 하늘에서 드론 항공기가 헬파이어 미사일을 발사했다.

이라크에서 해커와 정보분석팀은 지상군과 협조하여 알카에다 웹사이트와 서버 네트워크에 침투했는데, 미군들은 이를 오벨리스크(Obelisk: 고대 이집트에서 태양신의 상징이던 높은 기둥－옮긴이)라 불렀다. 그것은 사실상 알카에다 조직의 인트라넷 역할을 하던 네트워크였다. 테러리스트들은 오벨리스크에 선전용 비디오를 게시할 뿐만 아니라 성전을 수행할 계획을 짜거나 명령을 내리기도 했다. 비용계산과 같은 세속적인 행정 문서나 사적인 메모까지 오벨리스크에 올리곤 했다. 오벨리스크는 반군의 지휘통제 시스템이라 할 수 있었다. NSA 해커가 오벨리스크 내로 들어가는 데 성공하면 지하드 전사의 포럼에 스파이웨어를 심었다. 사용자를 속여서 링크를 클릭하게 만들면 그 순간 그들의 컴퓨터에 스파이웨어가 침투했다.

2007년 미군이 시리아 국경에서 16킬로미터 정도 떨어진 곳에 있는 신자르라는 이라크 부락을 습격했을 때 그곳에서 방대한 자료를 입수할 수 있었다.[9] 알카에다 요원의 이름과 이메일 주소, 전화번호뿐만 아니라 그들의 비밀 온라인 채팅방 주소와 패스워드까지 포함된 이 자료는 알카에다 전사를 추적하여 사로잡거나 죽이는 작전에서 중요한 역할을 했다. 해커들이 알카에다 요원의 채팅방으로 들어가면 그들이 새로운 전사를 모집할 때 이용하는 문구와 그림들이 보였다. 알카에다의 그와 같은 선전을 염두에 두고 정보팀은 이에 대항하는 선전 방법을 개발했다. 다른 무슬림을 살해하라는 알카에다의 지시는 이슬람 교리에 위반되는 것이라는 메시지를 여러 채팅방에 뿌린 것이다.

미국 첩보원은 선전 요원들 각자를 타깃으로 하기 시작했다. 알카에다 전사가 포로를 참수하는 모습이 담긴 섬뜩한 동영상은 그들의 새로운 전사 모집에 효과적인 도구가 되었다. 도로변 폭발물이 미군 장갑차를 산산조각 내는 동영상은 지하디(지하드 전사)에게 축가였다. 미국 해커는 지하디스트의 인터넷 접속을 차단할 수도 있었다. 그러나 그렇게 한다고 해서 그들이 공격을 그만둘 리는 만무했다. 그 대신 해커는 그들의 고유 인터넷 주소를 통해 영상 업로드 컴퓨터의 위치를 확인하고 특수전 병력을 보내 동영상 제작자를 사로잡거나 죽였다.

이것은 아주 어려운 작전이었다. 휴대폰 신호를 이용해 전사의 위치를 확인하는 일보다 훨씬 힘들었다. 인터넷에는 익명성이라는 위장막이 있었다. 누구라도 구글이나 핫메일을 이용해 거짓 이름으로 이메일 주소를 만들 수 있었다. 이용자 수가 수백만 명이고 전 세계에 데이터 저장고가 있는 메일 서비스다. 찾아내기는 어렵지만 불가능한 것은 아니었다. 그러나 더 정교한 적은 여러 다른 국가의 서버나 컴퓨터를 통과하여 우회하는 트래픽으로 자신들의 물리적인 실제 위치 추적을 거의 불가능하게 만들 수 있었다.

증강 배치가 있기 몇 년 전부터 NSA는 인터넷 주소를 토대로 사람들의 위치를 확인할 수 있는 소프트웨어를 구입하고 시스템을 구축하는 과제에 집중해 왔다. 당시에 NSA는 정부나 기업의 컴퓨터에서 비밀정보를 훔치고 전력망이나 금융 시스템과 같은 필수 시설들을 파괴하려는 해커를 찾아내기 위해 많은 노력을 쏟았다. 반군을 추적하는 일에는 그만큼 관심을 기울이지 않고 있었다. 그러나 증강 배치가 시작될 때쯤에는 NSA가 사이버공간 속에서 사람을 찾아내는 기술이 크게 발전해 있었다. 네트워크를 수사하는 도구가 개발되어 익명성이라는 외피 속에 숨은 적을 찾아내는 데 많은 도움을 주었다. 그러나 분석팀 요원들이 전통적 방식으로 수사할 필요도 있었다. NSA는 해커들이 채용하는 기술에 대해 연구하기 시작했다. 어떤 멀웨어가 주로 동원되며, 시스템을 파고들어갈 때 이용하는 툴킷은 무엇인가? NSA는 민간에서 사이버수사 소프트웨어를 구입했다. 뉴욕에 본사를 둔 중견 IT기업인 컴퓨터 어소시에이츠뿐만 아니라 넷위트니스라는 신생 기업의 제품도 구입했는데, 이 기업은 실리콘밸리가 아니라 워싱턴DC의 펜타곤 및 정보기관과 가까운 곳에 위치해 있었다. NSA가 구입한 이 같은 소프트웨어는 엔지니어가 수년 동안 가진 에너지를 다 쏟아부어 개발한 것으로, 특정 인물의 인터넷 활동을 토대로 실제 세계에서 그의 위치를 찾아내는 데 도움을 주었다. NSA 정보팀은 이라크에서 그 같은 기술을 더욱 발전시켰으며, 몇 년 내에 그 기술을 전 세계에서 해커를 찾아내는 데 적용할 수 있었다.

사이버전사들은 이라크에서 구축되고 있는 새로운 네트워크에 주목했다. 집권 당시 외국 미디어에 대한 접근을 엄격하게 통제한 사담 후세인이 축출된 이후 인터넷 카페가 우후죽순 생겨났으며, 반군도 여기로 모여들었다. 사이버전사들은 공군 정보팀과 함께 인터넷 카페로 침입해 들어가서 반군이 누구와 커뮤니케이션하며 네트워크에 무엇을 게시하는지 훔쳐볼 수 있었다. 해커가 카페 내부로 침입해 들어가면 카페를 이용하는 반군을 파악하여 그들의 컴퓨터를 감시할 수 있게 된다. 반군들은 컴퓨터에 로그인할 때마다 추적을 당한다.

NSA는 또한 무선으로 인근의 컴퓨터들을 도청할 수 있는 폴라브리즈(Polarbreeze: 북극에서 부는 산들바람이라는 뜻−옮긴이)라는 도구를 개발했다.[10] 미국의 정보장교나 정보기관 요원은 일종의 데이터흡입 도구인 그 장치를 가지고 카페에 가서 앉았다. 그리고 이메일을 읽는 척하거나 전화통화 혹은 문자메시지를 보내는 척하면서 실제로는 몇십 미터 떨어진 방에 있는 컴퓨터를 해킹했다.

웹서버를 통해 특정인을 추적해가는 것보다 서버 자체를 셧다운시켜버리는 편이 더 쉬울 때도 있었다. 어떤 경우에는 반군전사가 이메일을 보내는 등 인터넷 기반의 커뮤니케이션에 이용하고 있는 인프라 구조를 파괴해서, 그들이 어쩔 수 없이 전화망을 이용하게 만들기도 했다. 전화망 추적이 더 쉬웠기 때문이다.

작전이 속도를 내고 큰 성과를 거두기 시작하자, NSA는 가장 숙련된 사이버전사를 작전에 참가시켜 TAO(특수목적접근작전, Tailored Access Operations)라고 부르는 팀에 합류시켰다. 팀 이름이 시사해주듯이 그 요원은 컴퓨터에 침입하는 데 필요한 맞춤형 도구와 기술들을 개발했다. 그들은 미국 해커들 중에서 가장 은밀하게 일할 수 있는 소수 정예요원으로 TAO에도 수백 명 정도에 불과했다. 그중 많은 수가 수년 동안 NSA에서 실시하는 훈련을 거쳤으며, 어떤 경우는 NSA의 협조를 받아 커리큘럼을 운영하는 대학에서 교육을 받았다.

2004년 만들어진 이라크이슬람국가(IS의 전신 - 옮긴이) 내에 자신들의 사이트를 만들고, 알카에다에게 충성을 맹세한 다음 그곳 배너를 없애버리는 데 성공한 작전도 있었다. 이슬람국가는 미군들과 상대했지만, 무고한 시민들을 살해하고 테러를 자행했다. 2007년 한 해만 해도 이 알카에다 분파는 2000명의 이라크인을 살해했으며, 바그다드 남부의 도라 지역을 장악하여 그곳을 새로운 '국가'로 선포하고 이슬람 법률을 시행했다. 수십 년 동안 도라에 거주해 왔던 그리스도인들은 그들의 혹독한 종교적 통치 아래서 살아갈 수 없어 고향을 등지고 떠나갔다.[11] 그 새로운 국가의 구성원들은 한 그리스도인의 집 문을 부수고 여기에서 살고 싶으면 세금을 내거나 이슬람으로 개종하라고 말했다. 그렇게 할 수 없었기에 그는 집을 포기해야만 했다. 알카에다 요원들은 그가 가구를 꺼내는 것을 도와주었다.

TAO 해커들은 알카에다 지도부를 겨냥했다. 바그다드를 집중적으로 해킹하여, 테러리스트들이 자신들의 개인 계정에 초안 형태로 남긴 이메일 메시지를 퍼담았다. 테러리스트가 인터넷으로 메일을 보내는 대신 동료가 와서 가져가도록 하는 계정으로, 테러리스트가 감시를 피하기 위해 흔히 이용하는 수법이었다. TAO는 수년 동안 그것을 해킹해 왔다.

애로헤드 리퍼 작전(Operation Arrowhead Ripper)이라는 대규모 공

세 때 NSA는 지상군과 힘을 합쳤다. 알카에다 분파가 발판을 구축한 베퀴스 지역에서 그들을 몰아내기 위한 공격이었다. 2007년 6월에 시작된 작전에는 약 1만 명의 병력이 투입되었으며, 그 대부분은 워호스 전진작전기지에서 동원되었다.[12] 이라크군 1개 여단과 약 500명 정도의 경찰병력도 공격에 참가했다. 바쿠바에 대한 지상과 공중에서의 포격으로 작전이 시작되었다. 미국이 주도하는 다국적군은 전투 첫날에만 거의 20명의 전사를 사살했다. 그동안 안바르 지방에서는 알카에다 고위층과 연결된 것으로 생각되는 테러리스트 여섯 명을 체포했다. 그리고 팔루자에서는 도로변 폭발물 장착 혐의자 세 명을 체포했으며, 타르미야 시내에서도 테러리스트로 의심되는 세 명을 체포했다.

미국 정보팀은 이러한 반군의 위치를 찾고 알카에다와의 연결을 확인하는 데 큰 역할을 했다. 그리고 테러집단이 새로운 요원을 모집하고 공격을 자행하는 방법도 알아냈다.

TAO는 이라크 내 알카에다 지도부의 커뮤니케이션 네트워크에 해킹해 들어가서 바그다드 인근 부락의 테러집단 은둔처를 분쇄하는 데 도움을 주었다. 해킹한 계정에서 얻은 정보를 이용해 군은 전투지역 내 반군 고위층 10여 명을 사로잡거나 사살하기도 했다.[13] 8월 중순 애로헤드 리퍼 작전이 종료되자 바쿠바는 제 모습을 되찾았고, 그 지역에서 반군활동은 거의 멈추었다. 9월에는 알카에다가 도라 지역에서 물러났다.

정보조직은 그 이후에도 계속 승리를 거두었다. 2008년 상반기에 이라크 알카에다는 28차례의 폭발물 공격 등을 자행한 것으로 보고되었는데, 이는 전년도의 300차례 공격에 비하면 훨씬 줄어든 숫자였다. 테러리스트로 인해 희생된 일반 주민의 수도 급감하여 2007년의 1500명에서 2008년 전반기에는 125명으로 줄었다. 한 전직 군 정보장교는 알카에다 최고지도부에 대한 사이버공격을 "뱀의 모가지를 잘라낸다."고 비유했다.

"우리는 커뮤니케이션 시스템 내부로 침입하여 테러리스트와 반군의 지휘통제 시스템에 접근할 수 있었습니다. 그리고 그것이 작전을 성공으로 이끄는 핵심이었습니다."

이라크 전쟁이 시작된 후 4년 만에 처음으로, 미국은 실제로 작동하는 전략을 찾을 수 있었다. 전장에서 지휘관과 병사 및 군사학자들은 증강배치가 전체적으로 성공하여 미군이 이라크에서 철수할 수 있게 된 요인으로 세 가지를 꼽았다. 첫째, 증강된 지상군 병력으로 폭력이 난무했던 지역의 안전을 확보하고, 퍼트레이어스가 말한 '함께할 수 없는 자'들을 사살하거나 체포하여, 이라크 주민들을 보호할 수 있었다. 도시의 폭력은 줄었고 주민들은 더 안전하다고 느끼며 더 많은 주민이 미군의 주둔을 돕는 쪽으로 기울었다. 둘째, 일부 반군 그룹은 알카에다의 과격하고 잔인한 전술과 이슬람 율법의 강요에 분노하여 테러에 반대하는 쪽으로 등을 돌리거나 미군과 연합하여 싸우는 용병이 되었다. 이와 같은 소위 '수니파의 각성'으로 8만 명의 전사가 반 알카에다로 돌아섰다. 그들의 지도부는 공개적으로 알카에다를 비판하고, 이라크 국민의 삶을 향상시키려고 노력하는 미군에게 신뢰를 나타냈다.

셋째는 성공을 이끈 가장 핵심적인 요인이라 할 수 있는 것으

보이지 않는 전쟁 @ WAR

로, 일련의 정보작전들이었다. 백악관 집무실에서의 운명적인 회동에서 부시의 승인을 얻은 이후, 스타지오와 같은 군 정보요원과 NSA가 수행한 활동들이다. 예비역 정보장교들과 부시 행정부 고위관료들의 말에 의하면, 부시 대통령이 승인한 사이버작전으로 새로운 전쟁형태가 등장하게 되었다. 즉 새로운 방식으로 수집하고 분석한 정보를 지상군의 전투작전에 통합시켜 전쟁을 수행한 것이다. 미국 첩보요원이 적의 컴퓨터와 전화로부터 이동이나 공격계획에 관한 정보를 수집하면, 지상군은 이를 활용하여 반군들을 찾아냈다. 때로는 정보팀에서 반군의 은신처를 직접 알려주기도 했다. 이것은 지금까지의 어떤 전술보다 더 정교한 추적 시스템이었으며 이라크에서 그 효과가 극명하게 나타났다.

퍼트레이어스는 이와 같은 새로운 형태의 사이버전쟁에 신뢰를 나타내며,[14] 2008년 여름까지 계속된 증강 배치에서 "미군이 큰 성과를 거둘 수 있었던 가장 중요한 요인"으로, "전쟁에서 거의 4000명에 달하는 반군을 제거할 수 있게 했다."고 표현했다. 이라크 전쟁의 파도는 마침내 미국의 승리로 마무리되었다. 그 이후 정보작전은 아프가니스탄으로 수출되어 "양쪽의 전쟁터에서 극단주의자들을 찾아내고 그 위협을 해소하여 미국과 동맹국 국민들의 생명을 구할 수 있었다." 나중에 미국은 전쟁터에서 개발했던 그 기술을 다른 정보작전들 속으로 통합시켰다. 전 세계에 걸쳐 테러리스트와 스파이, 그리고 해커들을 추적하는 작전이다. 이라크에서 이루어진 첩보기관과 군대 사이의 동맹은 미국이 참가하는 전쟁의 형태를 영구히 바꾸어놓을 것이다.

2. 국가정보력이 막강한 전쟁무기인 시대

2007년 이라크 주둔 미군의 증강 배치 때 미국 군대와 정보기관은 실제 전장에서 최초로 사이버전 이론을 검증했다. 그러나 이라크에서 구축하여 극적인 효율성을 발휘한 이 시스템은 이미 그 이전의 전쟁에서 태동한 것으로 그때는 NSA가 설립된 이후 가장 암울한 시기였다.

2001년 9월 11일, 당시 NSA 국장이던 마이클 헤이든(Michael Hayden) 육군중장은 뉴욕의 세계무역센터 쌍둥이빌딩에 항공기가 충돌했다는 보고를 받았다. 몇 분 후에 두번째 항공기가 날아와 부딪쳤다. 헤이든은 아내에게 전화를 걸어 세 자녀가 무사한지 묻고는 당분간 집에 들어갈 수 없을 것이라고 말한 후, 포트미드에 갇힐 준비를 했다. 그곳은 워싱턴에서 약 40킬로미터 떨어진 메릴랜드의 350에이커 부지에 자리한 NSA 본부다.

헤이든은 비필수 요원들은 모두 철수하라고 명했다. 자동소총으로 무장한 경비원과 폭발물 탐지견이 샅샅이 살피며 다녔다. 높이 솟은 건물의 맨 위층에 자리 잡은 대테러센터는 창문을 검은 커튼으로 굳게 차단했다. NSA 본부는 1957년 워싱턴에서 현재의 위치로 옮겨왔는데,[1] 도시에서 외곽으로 충분히 멀리 떨어져 있어야 핵폭발 시에도 살아남을 수 있기 때문이다. 그러나 테러리스트가 민간 항공기를 이용해 공격할 것이라고는 누구도 예상하지 못했다.

헤이든은 먼저 테러대응센터로 갔다. 센터 요원들은 모두 눈물에 젖어 있었다. 누가 보더라도 NSA가 테러리스트들이 네트워크상에서 하는 대화, 즉 '채팅'에서 매우 중요한 어떤 신호를 놓쳤던 것이 분명했다. 전 세계에서 가장 방대한 데이터 네트워크 도청 기술을 확보하고 있음에도 이런 일이 발생한 것이다. NSA는 감시 대상에게 전자 귀를 붙여 듣고 있었지만 그들의 진정한 의도를 파악하는 데 실패했다. 감사 결과 2001년 9월 10일 미지의 테러리스트가 "내일이 결전의 시간이다."라고 아랍어로 통화하는 내용을 도청했다는 사실이 밝혀졌다. 하지만 이 도청 데이터는 기관의 데이터베이스 속에 묻혀 있다가 9월 12일에야 영어로 번역되었다.

헤이든은 가장 먼저 추가 공격 가능성을 차단하는 데 집중했다. 9월 14일 그는 '타깃팅(targeting)'을 지시했다. 이것은 테러리스트가 활동하는 국가와 미국 사이의 커뮤니케이션을 모니터링하는 작전으로, 극단적 탈레반의 비호 아래 알카에다 은신처가 있는 아프가니스탄이 그 주요 대상이었다. NSA는 테러리스트와 관련된 전화번호를 찾기 위해 미국 전화번호와 접속된 아프가니스탄 내의 전화를 모니터링했다. 이들을 감시할 필요가 있다는 판단에 따른 것이었다. 그러나 헤이든은 미국 내 전화번호 감시에는 신중을 기했다. 미국 내에서는, 미국에서 시작하여 접속되는 커뮤니케이션을 모니터링하려면 해당 번호에 대한 법원의 감청 허가를 얻어야 했다. 헤이든은 NSA의 국내 첩보활동이 금지되어 있다는 사실을 알고 있었다. 그래서 그는 나중에 표현했듯이, 해외 정보 모니터링 권한을 좀 더 적극적으로 이용하는 '기술적 판단'으로 이 문제를 피해갔다. 커뮤니케이션의 한쪽 상대가 해외에 있고 또 외국 테러리스트가 관련되어 있는 한 이와 같은 활동은 정당하다는 논리를 편 것이다. 국가가 위기에 처한 당시에는 아무도 그가 NSA의 임무를 좀 더 넓게 해석하는 데 시비를 걸지 않았다. NSA의 법무자문위원은 헤이든의 지시가 합법적이라고 판단했다.

테러리스트의 추가공격을 막기 위해 할 수 있는 모든 것을 해야 했지만, NSA가 새로운 타깃들에 대해 첩보활동을 시작하자마자 방대한 감시망을 작동하는 데 수반되는 여러 어려움들이 드러났다. 백악관은 NSA가 여기서 무엇을 더 할 수 있는지 알고자 했다. 헤이든은 자신의 고위 참모들과 NSA의 신호정보전문가들에게 어떤 것들을 했으면 좋을지 물었다.

그들은 가장 먼저 소위 국내외 정보의 괴리를 지적했다. NSA는 외국으로부터의 위협을 모니터링하고 FBI는 국내적 위협을 다루지만, 외국의 위협이 미국 내로 들어온 다음에는 어느 기관도 이를 추적할 수 없었다. 여기에는 미국 정보기관이 자국민을 상대로 첩보활동을 하는 것을 막고자 하는 이유도 있었다. 하지만 20년 넘게 법률과 제도 속에 갇혀 있던 이와 같은 금지 규정은 이제 마치 스스로의 목을 죄는 조항처럼 생각되었다.

NSA는 또한 외국에서 와서 다른 국가로 가더라도 미국을 통과하는 커뮤니케이션은 도청할 수 있도록 기존의 규정이 개정되기를 원했다. 현행 법률에서는 NSA가 해외 테러리스트의 이메일을 도청하려고 해도, 메일이 저장되는 서버가 미국에 있으면 영장을 발부받아야 했다. 이것은 미국 국토 내의 기업 데이터베이스로 들어가거나 광섬유 케이블을 통과할 뿐이고 분명히 해외 정보에 해당되는 것이었다. NSA는 메시지가 외국 서버에 저장될 때 합법적으로 도청할 수 있는 것처럼 이와 같은 정보도 법원의 허가를 받지 않고 확보할 수 있어야 한다고 주장했다.

동시에 NSA는 국내 커뮤니케이션에 대해서도 더 많이 분석할 수 있기를 원했다. 1999년에 이미 이러한 생각을 제안한 바 있는데, 당시 밀레니엄 축제 동안 있을지 모를 테러리스트 공격에 대비하기 위해서였다. NSA는 미국 전화번호들에 '컨텍체인(contact chain, 접속연결선)'을 그릴 수 있기를 원했다. 이것은 누가 누구에게 전화를 걸고, 그들은 또 누구누구에게 전화하고, 또 그 사람은 누구에게…… 이렇게 연결하는 끈기를 요하는 작업으로 모두 통화기록 분석을 토대로 하는 것이었다. NSA는 그와 같은 전화번호와 관련된 이름을 알 수는 없었다. 하지만 컨텍체인이 그려지면 테러리스트 네트워크에 속한 위험인물을 확인하는 데 도움이 될 것이라고 믿었다. 법무부에서는 이와 같이 메타데이터를 모니터링할 때도 영장을 발부받도록 규정했다. 그 데이터가 미국인이나 미국 내 합법적 거주자와 관련될 수 있다는 이유에서였다. 이제 NSA는 미국 내 전화번호에 컨텍체인을 그려서 누가 테러리스트와 접촉하는지 알고자 했다. 그들이 미국 내에 있든 해외에 있든 모두를 대상으로 하길 원했다. 이와 같은 메타데이터는 미국 법률에서 '콘텐츠'로 간주되지 않기 때문에 수정헌법 제4조에서 금지하는 영장 없는 감시에 해당되지 않는다고 헤이든이 직접 나서서 행정부 관료들에게 강조했다. 실제로 1979년 대법원은 정부가 전화번호를 수집하기 위해 영장을 발부받을 필요는 없다고 판결한 바 있다. 개인이 전화번호를 누르고 그것이 전화회사에 기록되는 순간 정보의 프라이버시를 자발적으로 포기했다고 볼 수 있다는 이유였다.

NSA는 이렇게 제시한 희망사항들에 대해, 현행 감시 관련 법률들이 기술적 변화를 따라잡지 못해 미흡하다고 생각했다. 미국인 대상의 정보활동을 규제하는 법률과 관련해서는, 1978년에 해외정보감시법(Foreign Intelligence Surveillance Act, FISA)이 통과될 때만 해도 컨텍체인을 그리는 데이터마이닝 소프트웨어가 없었다. 통과 지점으로 미국 땅이 이용되는 범세계적 커뮤니케이션 네트워크 또한 없었으며, 국제적 테러리즘의 위협도 미국 안에서는 존재하지 않았다. 이제 행정부가 취해야 할 다음 행동은, 헤이든과 그의 참모들이 반드시 해야 할 일이라고 판단한 여러 과제들을 수행할 수 있도록 의회에 법률 개정을 요청하는 것이었다.

그러나 부시 대통령 보좌진은 그와 같은 정보활동이 대통령의 권한에 속한다고 믿었기 때문에 의회에 동의를 구할 생각이 없었다. 특히 부통령 체니는 NSA가 알카에다에 대처하는 작전을 위해 먼저 의원들의 허가를 얻어야 한다는 데 크게 반대했다. 감시 관련 법률 개정을 공개적으로 논의할 경우 테러리스트들이 자신들을 추적하기 위해 NSA가 무엇을 하고 있는지 알게 된다는 것도 백악관의 걱정이었다.

체니는 헤이든이 제시한 의견을 듣고서 백악관의 보좌진과도 협의하여 행정명령을 통해 NSA에 더 폭넓고 새로운 권한을 부여하기로 계획했다. 법률자문으로 백악관에서 체니의 오른팔 역할을 하는 데이비드 에딩턴(David Addington)이 그 명령 작성을 담당했다. 이제 NSA는 커뮤니케이션의 한쪽 당사자가 해외에 있는 한, 그리고 커뮤니케이션이 테러리즘과 관련된다고 합리적으로 의심되는 경우에도 미국 내에서 일어나는 커뮤니케이션들을 모니터링할 수 있게 된다. 개인의 전화번호나 이메일을 모니터링하기 위해 법원의 허가를 구하지 않아도 된다. 4~6주나 소요되는 법률적 절차가 필요 없는 것이다. 이제부터는 행정명령의 범주 내에 있는 한 아무리 많은 커뮤니케이션이라도 즉시 추적할 수 있게 되었다. 그리고 NSA의 컴퓨터 시스템은 이러한 데이터를 모두 처리할 수 있었다.

2001년 10월 4일 부시 대통령이 명령에 서명했다.

NSA는 전쟁에 대비하고 있었으며 언제든 새로운 작전에 돌입할 체계를 갖추었다. 메타데이터분석센터 혹은 간단히 맥(MAC)이라는 이름의 24시간 감시센터가 구성되었다.[2] 이 센터는 NSA 내에서 디지털 커뮤니케이션을 훔치거나 도청하는 신호정보부(Signals Intelligence Directorate)라는 조직에 위치했다. NSA가 보유한 숙련된 분석인력과 엔지니어들이 보안 서약에 서명한 후 이 새로운 팀에 투입되었다. 별도의 사무 공간도 배정되었다. 처음에 스타버스트(Starburst)라는 암호명이 주어졌던 이 프로그램은 몇 주 후인 2001년 10월 31일에 스텔라 윈드(Stellar Wind)라는 새로운 이름을 갖게 되었다. 이 프로그램에는 새로운 하드웨어들도 많이 배치되어, 스타버스트가 수집하는 데이터를 모두 저장하고 처리하는 컴퓨터 서버가 50개에 달했다. 이 팀에서 갑자기 많은 장비를 구매했다는 기록이 남아서는 안 되었기 때문에, 서버 판매자에게 NSA의 다른 부서에서 주문한 것으로 하고 비밀에 부칠 것을 요청했다. 이렇게 구입한 서버는 10월 13일 경찰의 삼엄한 경비 속에 포트미드에 도착했다.

헤이든은 10월 6일과 7일 열린 이 새로운 스타버스트 팀원들과의 회의에서 미국인도 포함되는 커뮤니케이션을 영장도 없이 긴급하게 수집하는 이러한 활동은 일시적인 것이라 말했다. 그러나 단지 30일 동안만 지속된다는 프로그램에 2500만 달러에 달하는 예산을 배정한 것으로 보아 그의 말을 믿을 수는 없었다.

프로그램이 시행된 첫 일주일 동안에 NSA 요원 90명이 여기에 참가했다. 부시가 명령에 서명한 이후 NSA의 법무실 담당자 두 명이 프로그램을 검토하고 합법적이라는 결론을 내렸다. 하지만 법무실에서 제시한 의견이나 그 논거에 대해서는 기술하지 않았다.

부시가 행정명령에 서명한 다음날인 10월 7일부터는 MAC이 하루도 빠짐없이 24시간 가동되며 NSA 컴퓨터가 필터링하여 뽑아낸 메타데이터를 처리했다. 소프트웨어 개발자와 분석요원 20명이 3개조로 나뉘어 매달렸다. 냉전 시기에는 소련의 정보 타깃들에 대해 많은 수의 MAC 요원들이 직접 수기로 컨텍체인을 작성했지만, 지금은 이와 같은 과정이 자동화되었다. 알카에다 및 그 동조자들과 그 재정적·정치적 지원자들 및 가담 우려가 있는 위험인물에 대한 컨텍체인이 컴퓨터에서 출력되었다.

분석요원이 한 타깃의 접촉 목록에 있는 각각의 사람들에 대해 그들의 접촉자까지 살펴본다면 개별 타깃의 컨텍체인을 수백만 명에게 연결할 수 있다. 분석요원은 체인 내 각각의 연결을 '징검다리'라고 불렀다. 한 징검다리에서 다음으로 넘어가면서 처음의 타깃에 누가 연결되는지 파악하는데 이것은 '케빈 베이컨의 6단계 법칙'이라는 게임을 떠올리게 했다. 어떤 영화나 TV쇼에 출연한 한 배우를 지목하면 그와 함께 출연했던 배우를 찾고 또 그들과 함께 했던 배우를 찾아가는 게임이다. 헤이든은 일주일에 한 번, 그리고 부국장은 매일 밤 MAC으로부터 보고를 받았다. 테러에 대응하는 새로운 정보전쟁에서 그 중요성이 얼마나 큰지 보여주는 대목이다.

MAC은 NSA 내에서 뿐만 아니라 포트미드의 비밀 구역 바깥에도 협조 파트너들이 있었다. NSA는 테러대응 '프로덕트 라인

(Product Line)'을 구성하여 MAC에 구체적 과제를 시달하고 컨텍체인에서 확인된 사항들을 분석했다. FBI와 CIA도 관여하여 미국 내에서 컨텍체인을 작성하는 MAC에 도움을 주었다. 전화회사와 인터넷기업들 역시 NSA에 콘텐츠를 제공했다. 전화, 문자메시지나 이메일 같은 인터넷 커뮤니케이션 기록들이었다. NSA의 특수정보작전 팀에서 기업들의 이 같은 데이터 수집 활동을 지휘했으며, 이 팀은 NSA가 원하는 정보를 저장하고 전달해줄 여러 텔레커뮤니케이션 기업과 인터넷서비스 및 커뮤니케이션 공급자들과 접촉하여 연결하였다. NSA는 기업의 물리적 시설에 장비를 설치하고 그들이 통제하는 컴퓨터 및 네트워크들에 감시장치를 심었다. 방대한 텔레콤 네트워크망을 관리하는 AT&T도 이에 참가한 중요 기업이었다. NSA의 포트미드 본부에서 멀지 않은 곳에 위치한 이 기업의 보안시설에서는 오래전부터 이 정보기관에 주로 외국의 커뮤니케이션 정보를 제공해주고 있었다. AT&T는 또한 샌프란시스코 사무실에 정부가 새로운 국내 정보수집 프로그램의 일환으로 모니터링 장치를 설치할 수 있게 해주었다

  기업이 거부할 수 없었던 것도 아니었다. 퀘스트 커뮤니케이션스라는 중견기업은 NSA의 전화 메타데이터 요청을 영장이 없다는 이유로 거절했다. 그러나 대부분의 기업은 행정부 요청을 받아들였는데, 이는 대통령이 정보수집을 승인했기 때문에 합법적이라는 관료의 주장을 믿었기 때문이다. 이제 기업은 글로벌 감시 시스템에 있어 필수적인 파트너가 되었다. 각각의 기업 내에

서는 극소수 임원만 자신들의 장비에 NSA가 첩보활동 통로를 만들어두었다는 사실을 알았다. 꼭 필요한 경우가 아니면 기업 직원은 그 프로그램에 접근할 수 없게 하여 NSA의 비밀 작전이 노출될 위험을 최소화했다. NSA에서 그 프로그램을 담당할 요원은 엄격한 기준에 따라 선발되었다. 프로덕트 라인은 급속히 성장했다. 부시가 긴급 명령에 서명한 이후 30일 동안, 이 새로운 감시 프로그램은 쉴 새 없이 전면 가동되었다.

전화와 인터넷의 방대한 메타데이터를 수집하는 스텔라 윈드 프로그램은 NSA가 새로 확보한 전화 및 이메일 도청 권한만큼이나 중요한 의미가 있었다. 사람이 직접 분석했다면 그렇게 많은 전화와 메시지를 도청할 수 없었을 것이다. 테러리스트들이 암호로 커뮤니케이션하면서 자신들의 공격목표나 공격시간을 감추는 것으로 생각되는 상황이었다. 그러나 컨텍체인을 그리면 타깃들이 서로 어떻게 연결되는지 볼 수 있고, 그 연결망을 토대로 테러리스트들의 네트워크를 파악할 수 있다.

메타데이터는 실시간 분석이 어려울 정도로 빠르게 NSA의 컴퓨터와 데이터베이스 안으로 쏟아져 들어왔다. 그 결과 수집된 정보를 이해 가능한 그래프로 작성해주는 컴퓨터들의 전원 공급에 문제가 생기고 저장공간이 부족해지기 시작했다. 물론 이해 가능이라는 말은 사람에 따라 달라질 수 있는 용어다. NSA 분석 요원은 이전 어느 때보다 방대한 컨텍체인을 작성했다. 메타데이터를 그래프작성 시스템에 입력하면 서로 겹치기도 하는 수백 개의 선이 이리저리 배열된 그래프가 출력되었다. 분석요원은 이를 '빵빵한 엉덩이 그래프(big ass graph)'라는 뜻에서 '백(BAG)'이라 불렀다.

FBI와 CIA도 NSA가 수집한 메타데이터를 이용했다. 이 기관들은 구체적으로 특정 전화번호 혹은 이메일 주소(NSA는 이를 선택이라는 뜻의 '셀렉터(selector)'라고 불렀다)에 관한 정보를 NSA에 요청했으며, 때에 따라서는 특정 타깃의 접촉과 관련된 정보를 좀 더 포괄적으로 요청하기도 했다. 이러한 경우는 기관 내부에서 '리드(leads)'로 통했다. 큰 흐름이라는 뜻이다. FBI와 CIA가 제공해주는 리드를 토대로 NSA가 더 많은 리드를 찾아주면 이들 두 기관에서 그 사람들을 수사했다. NSA는 '티퍼(tippers, 제보자)'라 부르는 보고서를 작성해 보냈으며, 테러나 테러리스트 연결망과 관련된 컨텍체인 분석이 보고서에 포함되었다.

이 같은 정보 순환이 항상 매끄럽게 이루어지지는 않았다. FBI 에이전트들은 NSA가 제공해주는 리드들 중 많은 것이 더 이상 연결되지 않는 말단이라고 불평했다. 특히 NSA가 테러리스트로 의심하여 제공하는 전화번호가 미국 내의 번호 혹은 미국 내에서 전화를 건 번호인 경우도 많았다. 그러나 이렇게 팀으로 수행하는 첩보활동은 6년 후 이라크에서 설치될 통합센터로 발전하게 된다. 이라크 발라드 미공군 기지의 첩보팀이 이라크 반군과 테러리스트를 추적하는 작전에도 컨텍체인 작성방법이 이용되었다. 미 지상군이 처음으로 투입되기 전 이라크 내 타깃들에 대해서도 이 시스템이 이용되었다. 2003년 미국 주도의 다국적군이 이라크를 공격하기 전, 부시는 NSA가 이라크정보국 소속 요원들을 대상으로 첩보활동을 전개하는 작전을 승인하었다. CIA의 판단에 따르면 이들은 미국을 위협하는 테러리스트의 활동과 연계되어 있었다. (이러한 주장은 이라크가 화학무기를 생산하여 비축하고 있다는 CIA의 결론과 함께, 미국이 이라크 전쟁을 정당화하는 데 도움이 되었다. 그러나 나중에 이 두 가지 주장 모두 허위로 밝혀졌다. NSA는 스텔라 윈드 프로그램 아래 수행하던 이라크 정보국에 대한 첩보활동을 2004년 3월에 중단하였다.)

시간이 지나면서 NSA의 컨텍체인 작성은 좀 더 자동화되어 갔다. 분석팀은 조사해봐야 할 새로운 사람이 체인에 나타나면 경고를 해주는 도구를 개발했다. 이미 NSA의 목록에 있는 사람과 직접 접촉하는 경우는 FBI나 CIA에 보고될 수 있었다. 분석팀은 보통 타깃에서 체인에 2단계 연결된 지점까지 따라갔다. 보고할 가치가 있는 정보인지 결정하는 단계까지였다. 즉 이와 같은 디지털 네트워크에서 발견되는 사람의 이름을 정보보고에 포함시켜서 정부에 보내 회람시켜야 하는지 결정될 때까지였다. 이것은 매우 중요한 단계였다. 분석팀이 발견한 이메일이나 전화번호가 미국 시민이나 합법적 거주자와 연결되었다면 법률규정에 따라 분석을 멈추고 영장을 얻은 다음에 분석을 더 진행해야 했다. 이와 같은 소위 미국인과의 커뮤니케이션은 정보보고에서 잠깐 언급되는 경우에도 NSA는 익명을 보장하여 '미국인 1' 등과 같이 표현했다. 이와 같은 형식은 최소화라 부르는 과정으로, 무고한 미국인이 테러리스트나 스파이와 관련된 것으로 비밀정보보고에 실리는 일을 막기 위해서였다. 그리고 NSA가 구성하는 사건이 미국인에 관한 것이 되지 않도록 하는 의미도 있었다.

그러나 NSA가 가장 주의 깊게 살피는 데이터는 미국인에 관한 것이 아니었다. 헤이든이 '프로그램의 금맥'이라 부른 것은 전적으로 외국 커뮤니케이션으로 이것이 미국 내의 장비와 텔레커뮤니케이션 라인을 지나갈 때 NSA가 이것을 가로챈다는 것이었다. 말하자면 집을 떠나지 않고 전 세계의 정보를 수집할 수 있었다.

NSA 감찰관의 보고에 의하면 프로그램 시작부터 2007년 1월까지 NSA는 3만7664개의 전화와 인터넷 셀렉터를 수집했는데 그중 92퍼센트가 외국의 것이었다. 수집한 메타데이터뿐만 아니라 콘텐츠 역시 외국 타깃들이 중심이었다. 그중에서 정확하게 어느 정도가 이라크 커뮤니케이션인지는 알려지지 않았다. 증강 배치가 시작되던 2007년경, NSA는 국내로 들어오거나 국외로 나가는 모든 전자 데이터를 수집하는 첩보 인프라를 구축했다. 모든 전화통화, 모든 문자메시지, 모든 이메일, 그리고 미디어에 게시된 모든 포스팅들이다. 스텔라 윈드라는 이름의 이 인프라 구조는 배선망과 모니터링 장비를 이용해서 미국 최대 규모 텔레커뮤니케이션 공급자의 사무실 및 교환국에 연결됐다. 이로써 NSA는 글로벌 네트워크에 접속할 수 있는 진입지점을 몇 곳 확보할 수 있었고, 사이버공격을 시작할 수 있는 여건을 갖추었다. 스텔라 윈드에서 전자 도청장비를 이용하여 수행하는 첩보활동은 이라크의 전화나 컴퓨터 네트워크에 접근하고 멀웨어를 심어서 하는 활동과 비슷한 형태였다.

테러와의 전쟁에서 이기기 위해 준비된 첩보 프로그램이 이라크 전쟁에서 승리의 열쇠가 되었다는 사실을 아는 사람은 거의 없다. 그리고 이와 관련된 공식 발표도 없었다. 미국인을 대상으로 준비되었던 사이버감시 네트워크가 미군이 이라크 반군들을 추적하는 데 이용된 것이었다.

대형 정보처리 컴퓨터는 병력 증강 배치의 일환으로 이라크로 보내진 후 실시간지역접속지점(Real Time Regional Gateway)의 약자인 RTRG라는 새로운 이름이 붙었다. NSA가 여러 작전에 붙이는 암호명은 우스꽝스럽거나 뜻을 알 수 없는 경우가 많았다.[3] 예를 들어 핀웨일(Pinwale, 가느다란 골), 에고티스티컬 지라프(Egotistical Giraffe, 이기적인 기린), 네버쉐이크베이비(Nevershakeababy, 아기를 흔들지 마세요) 등이다. RTRG라는 작전명은 실제로 어떤 활동을 하는지 말해준다는 점에서 조금 달랐다. 실시간으로 정보보고를 생산하고 데이터 속에서 연결을 찾아내는 것이었다. 즉 분석팀이 시스템에 특정 지역(여기서는 이라크)을 중심으로 하는 과제를 입력하자마자, 시스템은 일종의 출입구를 만들어주고 사용자는 가상공간으로 들어가서 모든 연결들을 볼 수 있었다.

케이스 알렉산더 장군은 RTRG를 뒤에서 밀어주는 힘이었다. 그 시스템은 막강한 국가정보력을 '전쟁무기'로 직접 활용했다는 점(스타지오가 군에 처음 들어와서 구상했던 일과 비슷하다)에서 장군이 해온 일 중 최고였다. RTRG 성공의 열쇠는 적의 아지트 습격이나 커뮤니케이션 도청, 포로 심문 결과보고서, 드론이 촬영한 영상, 그리고 감시 카메라 등으로부터 입력되는 모든 데이터를 분석 가능한 하나의 시스템 속으로 입력하여 융합시키는 능력에 있었다. 새로운 군 첩보팀이 구글과 비슷하게 사용할 수 있는 것이었다.

RTRG의 탄생은 여러 선구적인 노력들이 합쳐진 결과였다. 그 초기 형태는 국방부의 오랜 협력업체인 SAIC(Science Applications International Corporation, 2013년에 Leidos로 바뀜 −옮긴이)에서 설계한 것이었다. 캘리포니아에 본사를 둔 이 업체는 첩보사업과 오래전부터 깊은 관계를 유지한 까닭에 NSA 서부지국이라고 불리기도 했다. 군 정보부대 대령 출신인 로버트 함스(Robert Harms)는 NSA에서 프로그램을 관리했는데, 2009년에 은퇴한 후 SAIC에 합류했다.

20세기 말 최고의 불가사의한 첩보원으로 알려진 예비역 공군 대령, 페드로 '쁘띠' 러스탄(Pedro 'Pete' Rustan)도 개발자 중 한 명이었다. 그의 유명하고도 비밀스런 행적은 알렉산더나 퍼트레이어스 같은 군과 정보부의 수뇌부들이 RTRG의 중요성에 대해 인식하는 계기가 되었다. 즉 그 프로그램이 이라크 전쟁에서 중추적 역할을 할 것이라고 생각하게 된 것이다. 러스탄은 1967년 대학생 신분으로 공산주의 국가인 쿠바로 망명하여 잘 나가던 기업을 운영하다가 9·11테러 이후 미국으로 다시 돌아왔다. 이후 NSA보다 더 비밀스런 정부기관인 국가정찰국에 근무하며 군부 및 CIA가 이용할 첩보위성망 구축 프로젝트를 이끌었다. 러스탄을 알고 있는 한 중견 정보장교는 그가 정확히 어떤 일을 했는지에 대해서는 굳게 입을 다물면서도 첩보사업에 있어 살아 있는 전설들 중 한 명이라고 표현했다. 그리고 그의 활동이 사람들의 생명을 구했을 것이라고도 말했다. 1980년대에 러스탄은 공군 제트기가 벼락에 맞지 않도록 보호하는 기술을 설계했다. 그리고 그 기술은 빈틈없이 작동했다. 러스탄의 설계를 적용한 이후 벼락으로 잃은 제트기는 한 대도 없었다. 1990년대 초, 러스탄은 국방부와 NSA 합작으로 클레멘타인이라는 이름이 붙은 달표면 탐사 실험 우주선을 만드는 일을 지휘했다. 위성을 설계하고 발사대에 세우기까지 불과 22개월밖에 걸리지 않을 정도로 그의 엔지니어링 및 프로젝트 관리 능력은 탁월했다. 짧은 시간 내에 큰 업적을 달성해 내는 러스탄의 명성이 또 한 번 높아졌다.

9·11테러 이후 러스탄의 활동은 새로운 정보전쟁과 밀접하게 관련되었다. 그는 최전방을 자주 방문하고 합동특수전사령부 소속의 비밀 전사와 함께 행동하곤 했다. 특수전 부대인 네이비 씰(Navy SEAL)은 파키스탄에서 오사마 빈 라덴을 사살한 후 아프가니스탄 기지에 걸려 있던 깃발을 러스탄에게 선물했다. 2012년 러스탄이 사망했을 때 마이클 헤이든은 〈워싱턴포스트〉지 기자에게 이렇게 말했다. "대중들에게 알려지지는 않았지만 그는 미국인의 안전을 지키는 데 큰 역할을 했던 사람입니다."[4]

2010년 러스탄은 한 잡지와의 인터뷰에서 분산된 데이터 조각들을 하나로 모아서 정보의 '유형'을 파악하려고 노력한 정부기관은 한 군데도 없었다고 말했다.[5]

보이지 않는 전쟁 @ WAR

우리 자신이 이라크에 있다고 상상해 보자. 그리고 나를 공격하는 반군이 있다. 그들에게는 전화가 있고 전화통화를 한다. 지상 안테나나 항공기 네트워크, 그리고 우주 위성 네트워크를 이용해 그들의 전화신호를 가로챌 수 있다. 만약 실시간으로 이와 같은 데이터를 모두 결합할 능력이 있다면, 그들이 어디에 있는지 파악할 수 있을 것이다. 23블럭에 숨어 있다…… 지금 폭발물을 설치하는 중이다…… 이 세 가지 장비로 수집되는 정보를 통합 처리하여 조치가 필요한 지점을 확인하고, 이 지점에 탱크나 트럭 혹은 전사들이 있다고 알려준다. 이제 연대장이 명령을 내린다. "이 지점에 그놈들이 숨어 있는 것이 분명하다. 가서 체포하라."

RTRG의 특별한 점은 정보를 통합 처리하는 방법뿐만 아니라 관여한 사람들에게도 있다. 그들은 군 고급장교들과 정보 분야 인력, 정부 전체에서 탁월한 시각을 가진 관료, 민간기업의 전문가 등이다. 이것은 연방정부의 복잡한 연방 행정체계 내에서 성공적인 협조가 이루어진 보기 드문 사례라고 할 수 있다.

　NSA가 방대한 데이터(실로 엄청난 양이었다)를 그처럼 잘 처리할 수 있었던 것은 기존의 처리방식을 포기했기 때문이었다. RTRG의 모든 정보를 중앙의 데이터베이스 내에 저장하고 이를 슈퍼컴퓨터로 분석하는 대신에, 새로 등장하고 있는 기술인 분산 컴퓨팅의 힘을 활용한 것이다. 실리콘밸리의 IT전문가들은 광대한 데이터를 처리 가능한 작은 조각들로 나누어 각각의 별도 컴퓨터에서 처리하는 소프트웨어를 개발했다. 이렇게 하여 거대한 데이터를 한 대의 컴퓨터로 처리해야 하는 어려움을 해결했다. 여러 대의 컴퓨터가 함께 처리하면 중앙의 컴퓨터 한 대로 처리할 때보다 빠르고 비용도 적게 든다. 데이터관리에 이와 같은 혁명이 일어난 덕분에 페이스북이나 트위터, 그리고 구글 등도 2000년대 말부터 그 양이 기하급수적으로 증가하고 있는 자사 소유 데이터를 효율적으로 관리할 수 있게 되었다. NSA도 RTRG에 이와 동일한 분산 컴퓨팅 기술을 채용했다. 그 시스템은 시작부분뿐만 아니라 끝처리까지 구글과 비슷했다. 사실 NSA는 나중에 어큐물로(Accumulo)라는 이름의 분산 컴퓨팅 소프트웨어를 자체 개발했지만, 구글 기술을 토대로 한 것이었다.

이전에는 NSA가 방대한 분량의 전자 데이터를 수집하는 것에 대해 논란이 있었다. 2004년 봄, 법무부 법률자문실은 프로그램에 대해 검토한 결과 데이터 수집방법 중 특히 한 가지가 현행 법률에 위반되는 것으로 확인했다. 소위 인터넷 메타데이터의 대규모 수집과 관련되는 것으로 이메일 발송자와 수신자 정보도 여기에 포함되었다. NSA는 부시의 행정명령에 의해 인터넷 메타데이터에서 키워드 등을 검색할 수 있으며, 이것은 동시에 메타데이터 대량 수집을 암묵적으로 승인해주는 것이라고 보았다. NSA의 법률가들과 마이클 헤이든 국장의 관점에서는, 실제적으로 확인하기 전에는 누구도 정보를 '획득'한 것이 아니었다. 그들은 컴퓨터로 데이터를 모아들이고 저장하는 것은 법률이 말하는 획득으로 볼 수 없으며, 따라서 NSA가 정의하는 '첩보활동'에 해당되지 않는다고 생각했다.

법무부의 반대에도 불구하고 대통령이 나서서 그 프로그램을 재차 승인했을 때, 법무부 고위관료들은 사임하겠다며 위협했다. 법률자문실장인 잭 골드스미스(Jack Goldsmith), FBI 국장인 로버트 뮐러(Robert Mueller), 그리고 검찰총장 존 애쉬크로프트(John Ashcroft)와 차장 짐 코미(Jim Comey) 등이었다. 그중 짐 코미는 나중에 오바마가 뮐러의 후임으로 FBI 국장으로 지명했다.

이러한 집단 사임 위협은 부시 집권기간 중에 나타난 독특한 움직임이었다. 실제로 사임한다면 그 이유가 언론 보도와 의원들의 질의를 통해 알려지게 된다. 미국 국민은 국내 첩보활동 프로그램이 존재한다는 사실뿐만 아니라, 법집행기관의 고위관료들이 그 프로그램의 일부가 불법이라고 판단하여 사임했다는 것도 알게 될 것이다.

그러나 인터넷 메타데이터 수집 프로그램을 둘러싼 모든 논란은 NSA의 무지막지한 정보 소화력 앞에서는 단지 일시적인 딸꾹질에 불과했다. 부시가 NSA의 인터넷 메타데이터 대량 수집을 금지하도록 명령한 후 불과 7일 만에, 법무부 관료들은 NSA의 법무실 신호정보담당관실 관료에게 그 프로그램을 재개할 수 있는 법률적 근거를 찾았다고 말했다. 해외정보감시법정으로부터 허가를 얻으면 된다는 것이었다. 이 법정은 9·11테러 이후 부시가 영장 없는 감시를 승인하면서 거치지 않았던 기구였다. 법무부 관료들은 이 법정 재판관과 긴밀히 협력하여 프로그램의 법률적 근거를 찾아낼 수 있었다. 헤이든은 인터넷 메타데이터를 다량으로 얻기 위해 NSA가 필요로 하는 권한이 무엇인지 개인적으로 법정에서 두 차례나 설명했다. 법정은 NSA가 정보를 수집할 수 있는 데이터 링크를 구체적으로 지정하고 획득한 정보에 접근할 수 있는 사람의 수를 제한하는 명령을 발표했다. 부시 대통령이 NSA의 인터넷 메타데이터 대량 수집 금지를 명령한 지 4달이 안 되어 NSA는 기존의 방식으로 돌아갔다. 이로써 RTRG의 토대는 앞으로도 안전하게 되었다.

RTRG가 확대됨에 따라 그 대상 지역도 넓어졌다. 분석팀은 이라크 외부로 시선을 돌려 반군과 테러리스트들의 재정지원자를 찾기 시작했다. 과거에 벌어졌던 대규모 공격들을 추적하여 시리아인을 찾아냈다. 그들은 자금을 폭발물 제조 단체에게 전달해주고, 이란을 통해 전사들을 보충하는 안전통로 역할을 하고 있었다. 퍼트레이어스는 자신의 휘하 부대가 특정 시리아인을 지목하자 부시 대통령의 고위 참모들에게 그 증거를 제시했다. 매주 화상회의를 통해 만나는 사람들이었다. 퍼트레이어스는 재무부의 테러 및 재무정보 담당 차관인 스튜어트 레비(Stuart Levey)에게 그 시리아인의 미국 내 자산을 동결하고 그 인물을 국제금융 시스템 내에 들어오지 못하게 해야 한다고 주장했다. 화상회의에 참가한 모든 사람이 그의 요청을 거부할 수 없다는 것을 알았다. 그랬다가는 그 장군이 부시 대통령에게 직접 호소할 것이기 때문이었다. 부시는 워싱턴 시간으로 매주 월요일 아침 7시 30분에 그와 별도로 화상회의를 하고 있었다.

그 정보작전에서는 또한 이란이 이라크 내 시아파 극단주의자들을 지원하고 있다는 증거도 찾아냈다. 이 정보는 다른 방식으로 전쟁에 이용되었는데, 하나의 아이디어였다. 미국은 이라크 반군을 지원하는 이란인을 타깃으로 하여 이란을 침공하거나 비밀리에 특수군을 침투시킬 계획이 없었다. 그래서 그 정보를 이라크 정부에 제공하고, 지역 관료들을 직접 만나 그 정보에 대해 논의했다. 2013년 퍼트레이어스는 이렇게 회고했다. "이란이 극렬 시아파 민병대를 지원하고 있다는 사실을 이라크인에게 알려 준 결과 많은 이라크인이 자국의 내정에 개입하는 테헤란에 반대하게 되었습니다."[6] 미국인들은 그 정보를 자신들의 목적을 선전하는 데 이용하여 효과를 거둔 것이었다.

2011년 12월 마지막 미군이 이라크를 떠날 때까지 9년 동안의 전쟁에서 4500명에 가까운 미국인이 생명을 잃었다. 그러나 그 전쟁에서는 싸움의 새로운 방식이 탄생했다. NSA 정보와 특수전 부대의 합동작전은 그 후로도 되풀이되었다. 2011년 네이비 씰 특수부대가 파키스탄 아보타바드의 오사마 빈 라덴 은신처를 덮칠 때도 NSA의 첩보원이 그들을 이끌었다. 빈 라덴 작전에서 NSA의 엘리트 해커로 구성된 특수목적접근작전(TAO) 팀은 알카에다 요원을 비롯한 여러 '요주의 인물'들의 휴대폰에 스파이웨어를 심었다.[7] 그리고 CIA의 도움을 얻어 이러한 휴대폰들 중 하나의 위치를 확인했는데, 그곳이 빈 라덴의 은신처였다.

빈 라덴 작전의 성공은 당시의 여러 작전들 중 가장 유명한 한 가지일 뿐이지만 미국의 군첩보 연합작전이 오래전부터 진행되어 왔음을 말해주는 증거가 된다. 해킹이나 사이버공간에서의 추적은 앞으로 모든 군사작전 속에 통합되어 함께 진행될 것이다.

전투에 투입되는 군인이 갖추어야 할 무기 및 탄약과 마찬가지로 전쟁의 필수 요소가 되었다.

3. 사이버군대가 만들어지다

*

*

*

이라크에서 그 효과가 입증된 사이버군대가 만들어지기까지는 거의 10년이 소요되었다. 많은 사람이 사이버군대의 토대를 닦았지만, 미국 정부 고위층에 사이버전쟁의 개념을 도입한 사람은 마이크 맥코넬일 것이다.

맥코넬의 주장에 따라 조지 부시가 이라크에서 사이버공격을 승인하기 10여 년 전인 1996년, 현역 해군중장이던 그는 NSA 책임자로 있으면서 최초의 '정보전쟁' 유닛을 설치했다. NSA 포트 미드 본부에서는 컴퓨터 네트워크 방어를 위해, 그리고 적의 네트워크를 뚫고 들어가기 위해 정보요원과 군사요원들이 협조하며 새로운 기술 개발에 몰두했다.

NSA는 냉전 시기를 거치면서 적성국의 위성통신과 해저케이블을 도청하고 암호코드를 해독하는 전문기관으로 자리 잡았다. 소련이 해체되고 월드와이드웹(www)이 출현함에 따라 형체가 없는 새로운 위협이 대두되었다. NSA는 외국 정보기관이 미국 정부의 기밀 컴퓨터 네트워크를 뚫고 들어오려는 공격에 대처해야 했다. 1996년 국방대학은 운명의 날 시나리오를 상정하고 워게임을 개최하였다. 전력망이나 은행을 목표로 한 컴퓨터 공격 같은 시나리오들이었다. 그해에 국방부장관은 국방부의 모든 부서에 명령을 내려 국방부가 사용하지만 직접 운영하지는 않는 네트워크들이 공격받는 '정보전쟁'에 대비한 계획을 수립하게 했다. 특히 공공 전화망과 인터넷을 중심으로 했는데, 국방부는 이러한 시스템의 사용자일 뿐만 아니라 개발자이기도 했다.

정보전쟁('사이버전쟁'이라는 용어는 군사 영역에서 아직 널리 채택되지 않고 있었다)은 NSA가 담당해야 할 임무가 분명했다. NSA의 감시 및 도청망은 전 세계의 네트워크를 주시하며 엿보고 있었다. 슈퍼컴퓨터는 24시간 가동되며 외국 컴퓨터 속 암호화 데이터를 해독하는 작업을 진행했다. NSA는 네트워크 속으로 뚫고 들어가는 방법을 알았으며, 네트워크를 파괴할 능력도 있었다.

맥코넬은 그 임무의 자연스런 지휘자였다. 그는 1991년 '사막의 폭풍' 작전에서 합동참모회의 의장 콜린 파웰(Colin Powell)의 정보보좌관이었으며, 그때의 성과로 군사정보 장교의 입지를 굳히게 되었다. 맥코넬은 사담 후세인의 쿠웨이트 침공을 예측하여 신망을 얻었다. 그의 예측이 이라크의 침공을 막지는 못했지만 고위층이 그에게 관심을 갖는 계기가 되었다. 그는 위성사진과 커뮤니케이션 도청자료(정보수집의 성과였다)를 이용하여 지상에서 벌어지고 있는 상황을 정확하게 파악했다. 적이 어디에서 움직이고 있는가, 적이 다음에는 어디로 갈 것이며 그곳에 가서는 무엇을 할 것으로 예상되는가? 맥코넬은 사우스캐롤라이나 토박이로 붙임성이 있었고 설득력 있게 말했다. 특히 브리핑을 매우 잘 했기 때문에 파웰은 그를 전 세계에서 올라오는 보고서를 토대로 매일 제공하는 언론 브리핑의 책임자로 지명했다.

1992년 NSA 국장 자리가 공석이 될 예정이었다. 조지 부시 대통령은 현 국장인 빌 스튜드먼(Bill Studeman) 제독을 CIA 부국장으로 지명했다. 파웰과 딕 체니 국방장관은 차기 NSA 국장으로 맥코넬을 지지했다. 그 자리는 3성 장군 이상의 군 고위장교만 임명될 수 있었다. 당시 맥코넬은 이제 40대 후반의 별 하나인 장군에 불과했으므로 파웰과 체니는 그를 승진시키기로 했다.

맥코넬이 지휘하는 NSA는 먼저 사이버전쟁의 복잡함과 위험성, 그리고 사이버전쟁으로 얻을 수 있는 이익을 분석했다.

NSA 초기 사이버전사들은 일종의 무기고를 확보하기 위해 네트워크와 소프트웨어, 그리고 하드웨어에 존재하는 취약성을 찾았다. 앞으로 어떤 작전이 전개될 때 이러한 지점을 통해 시스템에 침투하여 바이러스를 심거나 비밀 백도어(비밀출입구)를 만들 수 있었다. NSA는 이렇게 발견한 취약성들을 그 제품의 개발자에게 알리지 않았다. 취약성을 공개하면 제조사는 패치로 그 결함을 메워 다른 이용자들이 더 안전하게 사용할 수 있도록 할 것이다. 그러면 NSA가 비밀리에 접근할 수 없게 된다. 최소한 18개의 NSA 내부 조직들이 취약성 정보를 수집했으며, 그 성과는 서로 간에도 비밀로 유지했다. "각 정보조직들은 자신들이 가진 자원과 기술을 보호하길 원했습니다." 익명을 요구한 NSA 요원의 말이다. "각각의 부분에서 얼마나 많은 정보를 확보했는지 아무도 자세히 알지 못했습니다." 이렇게 서로 모르는 상태에서는 사이버전쟁에 "국가적인 넓은 시야로" 접근할 수 없었다. 그러나 이것은 NSA가 원한 것이었으며, 펜타곤도 NSA에 이렇게 지시했다.

맥코넬이 부임한 이후 사이버전쟁이 눈앞에 닥친 듯이 보였다. NSA는 한때 자신들이 전 세계의 정보네트워크를 뚫는다면 미국이 얻을 수 있는 전략적 이익이 매우 클 것이라고 생각했다. 하지만 지금 관료들은 NSA가 개발하고 있는 사이버무기 같은 종류의 무기가 미국을 공격하는 데 이용될 가능성을 걱정하고 있었다. NSA에는 최고의 암호학자와 컴퓨터과학자가 모여 있었고 이들은 이 새로운 전쟁이 언제든 시작될 수 있다고 생각했다. 네트워크를 공격하는 기술은 네트워크 자체만큼이나 빠르게 발전했다. 사이버전쟁은 이제 더 이상 정부만의 영역으로 볼 수 없었다.

사이버전쟁의 열풍은 NSA 차원을 넘어섰다. 1990년대 말 공군은 공격형 사이버팀을 창설하고 있었는데, 그 지휘는 원래 공군 네트워크 방어를 위해 설치되었던 태스크포스가 맡았다. 공군은 실행에도 나서서 "테헤란의 모든 전깃불을 차단할 방법"을 연구하기 시작했다(한 전직 장교가 이렇게 말했다).

맥코넬은 1996년 NSA를 떠나 정부 협력업체인 부즈 앨런 해밀턴으로 가서 자신의 역량을 한껏 발휘했다. 그곳에서 그는 사이버보안을 전문으로 하는 정보팀을 만들었다(그가 가장 자신 있는 영역이었다). 그는 NSA에서 익힌 모든 것을 다시 정부에 판매했다.

2006년 12월 23일, 공직을 떠난 지 10년 후 워싱턴에서 32킬로미터 떨어진 부즈 내 맥코넬의 사무실로 비서가 들어 왔다.

"부통령님으로부터 전화왔습니다." 비서가 말했다.

"무슨 부통령?" 맥코넬이 물었다.

"미합중국 부통령 말입니다."

맥코넬은 풀쩍 뛰어올라 전화를 걸머쥐었다.

그의 오랜 후원자인 딕 체니는 부시 대통령이 그를 국가정보국 책임자로 지명하려 한다는 소식을 전했다.[2] 과분한 자리였다. 맥코넬은 자신보다 더 역량 있는 사람이 임명되어야 한다고 생각했다. 맥코넬의 오랜 친구인 로버트 게이츠가 대표적이었다. 그는 CIA 국장을 역임한 후 현재 국방장관으로 재임하고 있었다.

맥코넬은 체니에게 좀 더 생각해보고 크리스마스 이후에 대답을 주겠다고 했다. 통화를 끝낸 맥코넬이 게이츠에게 전화했을 때 그는 이미 지명에 대해 알고 있었다. 맥코넬은 자신이 재량권을 갖고 정보기관 운영방식을 크게 변화시킬 수 있다면, 그리고 게이츠가 도와준다면 지명을 받아들이겠다고 말했다. 게이츠는 그렇게 하겠다고 약속했다.

맥코넬이 NSA를 떠날 때 사이버전쟁은 아직 걸음마 단계였다. 그리고 그가 없을 때 청소년기로 들어서서 이제는 성인이 되었다.

국가정보국은 정부의 모든 정보기관을 총괄하는 곳으로 맥코넬이 정보국장으로 재임한 기간은 2년에도 못 미쳤다. 그러나 그가 사이버첩보전과 전쟁 등에 미친 영향은 지대했다. 부시 대통령도 맥코넬로부터 확신을 얻어 이라크에서 미군과 NSA가 사이버전 전술을 사용하도록 승인했다. 맥코넬은 해외정보감시법(FISA) 개정에도 발 벗고 나섰다. NSA의 여러 활동들을 규정하는 법률이었다. 전자감시 활동을 감독하기 위해 구성된 FISA 법정 판사는 맥코넬이 정보국 책임자로 부임할 무렵 NSA의 활동을 위축시킬 수 있는 결정을 내렸다. 정부가 미국 밖에 있는 외국인들 사이의 커뮤니케이션을 도청할 때라도 미국 내 설비를 이용한다면 영장을 발급받아야 한다는 것이었다. 맥코넬은 6월과 7월 내내 의원들에게 전 세계 커뮤니케이션 트래픽의 대부분이 미국 내 케이블, 라우터, 스위치 같은 설비를 통과한다는 사실을 설명하고 다녔다. NSA가 해외정보 감시를 위해 그 같은 설비를 도청해야 할 때 영장이 필요해서는 안 된다고 그는 주장했다. 미국인을 대상으로 하는 도청이 아니라는 것이었다.

미국 내 설비를 이용하는 해외 커뮤니케이션을 NSA가 더 이상 모니터링할 수 없게 되면 알카에다 조직원이나 이라크 반군같이 위험한 외국인들에 대한 감시를 포기해야 한다고 설득했다. 그가 보기에 현재, 미국은 새로운 형태의 전쟁을 수행하고 있으며, 그 전장인 IT 인프라 구조에 접근하는 것은 전쟁의 승리를 위해 필수적이었다.

의회의 여름휴가 시기가 다가오고 있었다. 만약 NSA가 작전을 수행하는 데 필요한 법률 개정을 하지 못하여 대테러 활동에 구멍이 뚫리면 상하원을 장악한 민주당에게 그 책임이 돌아갈 수 있었다. 대부분의 의원들은 사이버전쟁이 어떤 것인지 알지 못했지만 행정부는 미국에 대한 테러리스트의 공격을 막기 위해서 NSA의 감시활동이 필수적이라고 오래전부터 공개적으로 말해왔다.

맥코넬은 기회를 놓치지 않았다. 그는 기존의 법률 개정에 머물지 않고 더 밀어붙였다. FISA를 전면 수정해서 개별적 타깃 전체를 광범위하게 감시할 수 있게 되길 원했다. 예를 들면 예멘에서 나가는 모든 전화 트래픽을 감청하는 것이다. 전례 없는 확대였다. 집단 전체를 감시하는 영장은 헌법에도 어긋났다. 수정헌법 제4조는 감시 대상인 사람의 이름과 위치를 명시해야 한다고 규정하고 있었다. FISA에서는 그 정체가 확인되지 않는 개인을 정부가 감시할 수 있지만 여기서도 정부는 한 개인을 타깃으로 지정해야 한다. 그러나 맥코넬은 다수에게 그물을 던지는 식으로 감시할 수 있는 권한을 원하고 있었다.

사실 미국 시민이나 합법적 거주자가 감시대상이 아닌 한, 그리고 해외 정보를 감시할 때는 NSA에게 이미 그와 같은 권한이 있었다. 그러나 이에 반대하는 사람들은 법률이 개정되면 미국 내에서 광범위하게 감시가 행해질 수 있다고 우려했다. 국가안보라는 막연한 필요성을 내세워 미국의 IT기업으로부터 막대한 양의 데이터 접근을 요구할 수 있는 권한을 NSA에게 부여하려는 것이었다.

바로 그런 일이 일어났다. 2007년 8월, 민주당 의원은 맥코넬과 백악관이 자신들을 궁지로 몰았다고 생각하며 마지못해 법안에 동의했다. 그로부터 한 달 후 NSA는 프리즘(Prism)이라는 이름의 새로운 정보수집 시스템을 가동하기 시작했다.[3] 미국 기업들로부터 이메일 같은 여러 인터넷 커뮤니케이션 정보를 얻는 프로그램이었다. 2007년 9월 마이크로소프트가 가장 먼저 여기에 참가했다. 야후는 이듬해 3월에 동참했다. 계속해서 다음 4년 동안 미국 비즈니스계의 공룡들이 프리즘의 목록에 차례로 이름을 올렸다. 구글, 페이스북, 유튜브, 그리고 애플도 여기에 포함되었다. 2012년 10월까지 아홉 개 기업이 프리즘 감시체계 내로 들어왔다. 현재 미국 내 인터넷 이용과 트래픽에서 거대한 비중을 차지하는 기업들이었다. 구글 하나만 해도 북아메리카 인터넷서비스 공급자를 통하는 모든 트래픽의 4분의 1에 해당하며, 유튜브는 미국 내 모든 다운로드 트래픽의 20퍼센트를 점한다(동영상 스트리밍 서비스업체로 유튜브 경쟁자인 넷프릭스가 3분의 1을 차지한다). 이들 기업의 이메일 서비스도 전 세계 수십억 명이 이용한다. 구글이 프리즘 프로그램에 참가한 후 3년이 지났을 때 구글은 전 세계 4억 2500만 명이 자사의 G메일 서비스를 이용하고 있다고 발표했다(좀 더 최근의 현황 자료는 아직 없다). 야후는 2012년 12월 기준으로 자사의 메일 서비스 이용자가 2억8100만 명이라고 주장했다. 마이크로소프트는 2013년 2월 기준으로 4200만 명이 자사의 아웃룩 이메일을 이용하고 있다고 밝혔다. 2012년 프리즘에 마지막으로 참가한 것으로 알려진 애플은 그해에 2억5000만 대에 달하는 아이폰을 판매했다.

프리즘 프로그램은 이처럼 방대하지만, 정부가 미국인의 커뮤

보이지 않는 전쟁 @ WAR

니케이션 정보를 얻으려면 여전히 각각에 대해 영장을 받아야 했다. 그렇지만 그 밖의 세계에서는 주는 것과 받는 것이 있는 게임이었다. 행정부 고위관료는 이제 감시 타깃이 되는 광범위한 범주들과 함께 NSA가 그 범주들에 한정된 정보만 수집할 복잡한 방법을 설명한 문서를 판사에게 들이밀고 서명을 요구했다. FISA 감시를 승인했던 바로 그 판사였다. 이론적으로는 가능한 것 같지만 실제로는 NSA가 외국인이나 미국인에 대해 수집할 데이터가 얼마나 되는지 모르는 경우가 많았다. 이는 각각 별개의 인터넷 커뮤니케이션이 아니라 패키지 메일이 쪼개져서 네트워크의 가장 빠르고 효율적인 경로를 통해 분산 전달된 후 목적지에서 다시 합쳐지므로 이메일 발신자나 수신자의 국적과 위치를 확인하기가 매우 어렵기 때문이었다. 이메일이 도착하는 지점도 수신자의 컴퓨터가 아니라 마이크로소프트의 Hot메일이나 구글의 G 메일처럼 수신자가 이용하는 이메일 서비스의 서버일 경우가 많았다. 이처럼 NSA가 이메일 발신자와 수신자가 누구인지 혹은 그 위치를 모르는 경우가 있었으므로 도청대상이 외국인에 한정된다고 단정할 수 없었다.

표면적으로는 감시체계 변화가 NSA의 도청 범위만 확대시켜 주는 것으로 보였다. 그러나 NSA가 인터넷의 물리적 인프라 구조에 접근지점을 더 많이 확보하는 효과도 있었다. 필요할 때 이 지점을 통해 사이버전쟁 작전을 수행할 수 있었다. 그리고 NSA는 대규모 인터넷서비스 및 이메일 기업의 시스템에 접근하여 적에 대한 정보를 더 많이 수집하고, 또 겉으로는 문제없어 보이지만 실제로는 바이러스 같은 멀웨어를 포함하고 있는 메시지를 찾아낸다. 인터넷은 선생터였으며, 법률은 NSA가 그 속으로 진입할 길을 더 많이 열어주었다.

힘을 확대하게 되자 NSA는 대륙들 사이의 커뮤니케이션을 전달해주는 해저케이블까지 도청 대상에 포함시켰다. 미국으로 들어오고 나가는 모든 이메일 내용을 걸러내면서 테러리스트로 의심되는 사람의 이름, 전화번호, 혹은 이메일 주소를 확인했다. 그리고 구글과 야후의 방어를 뚫고 들어가 해외에 위치한 회사 데이터센터와 공공 인터넷 사이에 오가는 커뮤니케이션들도 훔쳐냈다.

맥코넬은 재임 마지막 해인 2008년에도 사이버전쟁의 태동에 큰 역할을 했다. 그해 11월 버락 오바마 상원의원이 대통령선거에서 승리를 거둔 후, 맥코넬은 시카고로 날아가 FBI 지부의 안가에서 차기 최고명령권자를 만났다.[4] 그는 새로운 전쟁터에 대해 설명했다. 그리고 미국의 자체 방어역량이 얼마나 약한 상태인지 특별히 강조하고, 부시 행정부가 이를 강화하기 위해 취했던 조치들에 대해 보고했다. 오바마는 나중에 부시와 사적으로 만난 자리에서 그 전임 대통령이 이란 핵시설에 대한 사이버공격을 승인했다는 것을 알게 되었다.[5] 스턱스넷으로 알려진 컴퓨터 웜을 이용하는 비밀 작전이었다. 부시는 오바마에게 '올림픽 게임'이라는 암호명이 부여된 그 파괴작전은 신임대통령이 절대로 중단해선 안 되는 정보 관련 두 가지 임무 중 하나라고 강조했다. 다른 한 가지는 무장된 드론 항공기를 이용해 파키스탄 내 테러

보이지 않는 전쟁 @ WAR

리스트와 전사들을 소탕하는 CIA 프로그램이었다.

오바마는 두 가지 모두에 동의했다. 그리고 사이버 프로그램과 관련해서는 2009년, 업그레이드된 스턱스넷 공격을 명령했다. 부시가 이란의 핵무기 제조능력을 은밀히 와해시키고 혼란을 조성하는 방법을 채택한 데 비해, 오바마는 나탄즈 핵 시설(우라늄 농축)의 내부에 대규모 피해를 입히고자 했다. 미국은 원심분리기 속의 회전축을 위험한 속도로 돌아가게 만드는 새로운 변종 컴퓨터 웜을 침투시켰다. 그 웜은 이란이 발견하지 못한 채 숨겨진 오류를 통해 여러 소프트웨어 프로그램들로 침투하는 공격도 함께 수행했다. 이와 같은 새로운 기능을 갖춘 웜은 훨씬 파괴적인 무기가 되었다. 전문가들은 스턱스넷이 2009년에서 2010년 사이에 원심분리기 1000대 정도를 파괴시켰을 것으로 추정한다. 이것은 그 핵시설에서 가동 중인 전체의 20퍼센트 정도에 불과하며, 이란은 피해를 입은 장비를 대체할 충분한 수의 원심분리기를 보유하고 있었다. 그러나 오바마 행정부는 스턱스넷이 이란의 핵개발 프로그램을 2년 정도 후퇴시켰다고 보았다. 이것은 아주 귀중한 시간이었으며, 스턱스넷은 전쟁을 막도록 설계된 장치였다.

그러나 그처럼 공격적으로 프로그래밍되었기 때문에 발견될 위험 또한 커졌다. 결국 2010년 6월 벨라루스의 한 작은 보안회사에서 컴퓨터 바이러스의 첫번째 증거를 발견하고 나중에 스턱스넷이라는 이름이 붙여졌다. 전문가들은 처음에, 웜 코드(지금은 훨씬 더 복잡하여 오류가 생기기 쉬웠다)에 결함이 있어 타깃으로 설정했던 네트워크 바깥으로 '이탈'하게 되었을 것으로 추정했다. 아마

나탄즈에 근무하는 엔지니어가 감염된 컴퓨터에 랩탑을 연결하고 또 이를 집이나 사무실로 가져가서 인터넷에 연결한 다음일 것이다. 그러나 잘 알려지지 않았지만, 이처럼 멀리 건너뛰어 전파되는 측면은 버그가 아니고 내재된 특성이었다. 스턱스넷은 원심분리기 파괴 기능뿐만 아니라 수색활동의 목적도 있었다. 감염시킨 컴퓨터의 인터넷 주소와 호스트 이름을 명령센터로 전송했다. 인터넷으로부터 분리되어 에어갭 뒤에 위치한 컴퓨터를 공격하는 무기에 왜 이와 같은 기능이 필요했을까? 스턱스넷 개발자들은 이 웜이 에어갭 뒤에만 오랫동안 머물 수 없다는 것을 알았다. 그리고 그대로 있기만을 바라지도 않았다. 스턱스넷은 또한 나탄즈 내부의 컴퓨터와 네트워크를 수색하여 정확한 공격 타깃을 찾아내는 기능도 포함되어 설계되었다. 그 핵시설 내의 협력업자는 다른 시설에서도 협력업체로 일했을 것이다. 그들의 랩탑이 스턱스넷으로 감염된 상태에서 이를 들고 다른 시설에 갔다면 그 웜은 이란 내 다른 핵시설에서도 수색기능을 수행했을 것이다. 스턱스넷은 자신이 감염시킨 그 협력업자가 누구이며 이란내 다른 핵시설의 위치는 어디인지, 그리고 핵농축 과정이 어느 정도 진행되었는지 미국에 알려줄 수 있었다. 이렇게 하여 미국은 이란의 핵무기 프로그램에 대해 어떤 인간 스파이를 통해서보다 더 많은 정보를 얻을 수 있었다. 이처럼 업그레이드되어 오바마의 승인을 받은 스턱스넷 공격에는 위험 또한 수반되었다. 미국의 정보수집 활동이 고스란히 공개될 수도 있는 상당한 위험이 있었다. 맥코넬과 부시가 새로운 군 최고명령권자에게 사이버전쟁과 또 그로부터 얻는 효과를 긴 시간에 걸쳐 설명한 데는 이 같은 이유가 있었다.

물러날 때가 가까워진 맥코넬은 부즈 앨런 해밀턴으로 복귀할 준비를 하던 중 해야 할 일이 한 가지 남았다는 생각이 들었다. NSA는 사이버전쟁의 큰 걸음을 내딛었으며, 군부는 이제 자체적 역량을 개발하고 있다. 그러나 그들의 활동 모두를 일사분란하게 지휘할 사령부가 없었다. 군부는 경직된 위계구조로 움직이며, 전쟁 시 무장병력이 연합해서 싸우는 것이 그 핵심 철학이다. 육군과 공군이 서로 다른 목표 하에 별개의 전투를 벌이는 것이 아니다. 함께 계획하고 연합해서 싸운다. 맥코넬은 사이버전쟁도 그렇게 수행돼야 한다고 생각했다.

그는 새로운 사이버사령부 창설을 원했다. 군대의 전투 지휘체계처럼 구성된 구조로 세계를 지리적으로 나누고(태평양사령부, 유럽사령부, 그리고 중동을 관할하는 중부사령부 등), 구체적 임무에 따라서도 구성한다. 특수작전군으로 이라크에서 NSA와 밀접히 협력하며 활동했던 JSOC는 미국 특수작전사령부 휘하로 편입되었다. 그리고 전략사령부는 우주공간에서의 작전을 수행하고 핵무기를 관리한다.

사이버전쟁에는 특수한 명령이 필요하기 때문에 각각의 군조직마다 이와 관련한 전문적 역량을 갖춰야 한다는 것이 맥코넬의 생각이었다. 군의 고위장교들과 행정부 관료들은 장래의 전쟁이 물리적 세계뿐만 아니라 인터넷상에서도 벌어질 것으로 생각했다. 그러나 사이버전쟁이 일시적 현상이 아니라는 점을 확실히

하기 위해서는 사령부를 새로 구성해야 했다. 맥코넬은 사이버전쟁 수행 조직을 군의 지휘통제 구조 내의 한구석에 처박아둘 것이 아니라 사이버사령부를 창설하여 사이버전쟁 역량을 상설화하는 것이 가장 좋은 방법이라고 생각했다.

　대통령선거 2주 전인 10월 하순 군사 네트워크가 컴퓨터 웜에 감염되어 정보가 대량 유출되는 사건이 발생하자, 펜타곤 고급장교들은 사이버방어에 허점이 많다는 사실을 실감하게 되었다. NSA는 신속히 문제를 제거하고 부시의 남은 임기 동안 감염 제거를 주도해 갔다. 맥코넬은 오랜 친구인 밥 게이츠와 협의했다. 그는 새 행정부에서도 국방장관직을 계속 맡기로 한 상태였다. 게이츠는 새로운 사이버사령부가 있어야 한다는 데 동의했다. 보통은 정권 교체에 따라 전임 행정부의 핵심관료들도 함께 퇴진하기 때문에 부시 행정부 관료들은 차기 정부를 담당할 인사들에게 열쇠를 넘겨주면서 지금까지 자신들이 추진해 온 업무에 대해 상세히 설명했다. 그러나 게이츠는 국방장관직을 계속 이어갔다. 2009년 6월 그는 미국 전략사령부에게 새로운 사이버사령부(사이버커맨더, 사이버컴이라 부른다) 창설을 명령했다. 전략사령부는 그 이름에서 각 군을 포괄하여 정보전쟁을 조율하는 역할을 하는 것처럼 보이지만 명목상으로만 권한을 가졌다. 지금 이러한 임무를 효과적으로 수행할 수 있는 조직은 NSA이기 때문에 펜타곤 장교들은 NSA가 사이버컴을 운영해야 한다고 생각했다. 일단은 전략사령부 휘하에 두되, 점차 확대시켜 사이버컴이 사이버전쟁 전체를 지휘하게 한다는 계획이었다.

현재 NSA 국장인 육군 4성 장군 케이스 알렉산더가 군 경력으로 볼 때 사이버사령관에 가장 적합했다. 그는 박식한 기술자, 노련한 군인이었으며, 최근에는 정치적 수완도 발휘하고 있었다. 새로 창설되는 사이버사령부는 이제 겨우 걸음마 단계지만, 그는 의회와 군부 그리고 백악관의 강력한 지지를 받고 있었다.

2010년 5월 포트미드에서 열린 창설식에서 알렉산더는 미국 사이버사령부의 초대 사령관으로 취임선서를 했다. 그 자리에는 게이츠 국방장관과 데이비드 퍼트레이어스 중부군사령관도 참석했다. 사이버사령부 창설의 공신 중에서는 맥코넬이 유일하게 빠졌지만, 그가 추진한 일이 실현되었다. 이제 미국은 공식적으로 사이버전쟁 시대에 진입한 것이다.

군사-정보 연합은 이라크 반군과 테러리스트의 연결망 공격작전에서 그 효과가 입증되었다. 그러나 사이버공간의 전장에서 대규모로 조직화된 국가 차원의 군대와 대결하면 어떤 일이 일어날까? 그리고 그 군대가 반격을 가해온다면?

2010년 5월 7일, 라스베이거스 외곽에 위치한 넬리스 공군기지에서 약 600명이 참석한 가운데 연례 슈라이버 워게임이 개최되었다(이 모의 군사작전은 현재 미군이 당면한 전략적 주제를 두고 매년 열리는 가상 전쟁으로, 2012년에는 참가자들이 아프리카 소말리아 해적을 상대로 싸웠다).[6] 슈라이버는 워게임을 운영하는 콜로라도 기지에도 붙여진 이름으로, 공군 역사에서 중요한 존재다. 베니라고도 부르는 버나드 슈라이버(Bernard Schriever)는 독일 이민자로 1961년에 장군이 되었으며, 우주 및 탄도미사일 연구에서 선구적인 역할을 했다.

2010년 워게임에는 군의 고위장교들과 모든 전투사령부 대표, 그리고 30개 이상의 정부기관과 군의 사이버보안 전문가들이 참가했다. 첩보위성을 운영하는 극비 정보기관인 국가정찰국과 국토안보부에서도 참여했다. IT기업 경영진도 눈에 띄었으며, 미국의 가장 가까운 우방 3개국인 호주와 캐나다, 그리고 영국 정부의 대표도 참가했다. 지역구에 국방부 및 첩보기관 협력업체들이 많이 있는 전직의원 톰 데이비스(Tom Davis)도 참가하여 워게임에서 대통령 역을 맡았다.

2022년으로 설정되었다. 태평양 연안의 '지역 적성국'(구체적인 국명은 거론하지 않았지만 누구나 중국 혹은 북한을 지칭하는 것이라 생각했다)이 미국 동맹국으로부터 군사적 도발의 증후를 감지한다. 그 적성국은 이에 대응하여 동맹국의 컴퓨터 네트워크에 대규모 사이버공격을 가한다. 그 동맹국은 미국과 상호방위협정이 체결되어 있기 때문에 미국은 대응에 나서야 한다.

한 참가자에 따르면 미군이 첫 행동에 나서기 전 적은 "정교하면서도 파괴적이고 결정적으로" 선제공격을 가하여 미군의 통신 및 지휘명령에 이용되는 컴퓨터 네트워크를 차단했다.

"홍군이 청군을 차단했습니다." 청군은 상수도 차단에 대비한 훈련은 했지만 인터넷 차단에는 대비가 없었다. 그들은 적에게 신호를 어떻게 보내야 할지 알았다. "우린 지켜보고 있다. 물러가라." 그들은 라디오파를 퍼부었다. 불이 번쩍이고 사이렌이 울렸다. 전함을 동원하여 무력시위도 벌였다. 사령관은 치명적이지는 않으면서도 결정적인 조치를 취할 수 있었다. 적의 전함에 실제 사격을 가하지 않고 진격을 중지시키는 것이었다.

그러나 사이버공간에서 그들이 동원할 수 있는 유일한 방법은 적의 네트워크를 공격하여 파괴하는 것이었다. 어떤 위협동작이나 신호, 그리고 선전포고 없이 곧바로 전면전으로 돌입한다. 사이버전쟁에서는 모든 자원을 전장으로 동원한다는 전통적 개념에 해당하는 것이 없다. 공격하거나 하지 않거나 둘 중 하나다. 전쟁 억지 전략은 무용지물이 된다.

사이버무기가 그 자체로 전쟁 억지 전략 효과와 같은 가치를 갖는지는 불분명하다. 군사전략가들은 사이버무기를 핵무기에 비교하곤 한다. 두 가지 모두 대규모 전략적 차원의 피해를 발생시키며, 사용하려면 대통령의 승인을 얻어야 한다. 그러나 핵에 대한 공포감으로, 양측 모두가 핵무기를 사용해서는 안 된다는 묵계가 있었고 사용하지 못하게 하는 방법을 알았다. 냉전 시기를 거치면서 미국과 소련은 상대방을 파괴할 수 있다는 사실을 분명히 함으로써 위태로운 평화를 유지했다. 소련이 신형 미사일을 테스트하면 미국도 그에 상응하는 힘을 과시했다. 그들은 유럽 내 타깃 가까이 미사일을 배치했고, 미국 대통령은 핵무기 사용 가능성을 공개적으로 언급하면서 그런 날이 오지 않기를 바란다고 말했다. 이렇게 허풍과 협박을 섞어 밀고 당기면서도, 양측 모두 핵전쟁을 일으키려는 것이 아니라 이를 피하려 노력한다는 데 암묵적으로 동의했다. 자신들이 가진 파괴력을 상대방에게 과시하여 과열된 상황을 냉각시키고 상대가 물러서게 만들어 체면을 유지했다.

그러나 그 워게임에서는 아시아 지역의 적이 예측할 수 없는 방법으로 공격을 계속했다. 미군의 컴퓨터 네트워크에 타격을 가한 다음, '싸움꾼' 위성을 발사하여 미국 위성을 궤도 밖으로 밀어내고 못 쓰게 만들었다.

그다음 나흘 동안, 군사령부는 양측 모두에 재앙을 초래할 수 있는 전면전으로 치닫지 않고 대응할 방법을 찾으려 노력했다. 국방부와 백악관의 고위관료들도 참가했다. 미군은 미국이 외국 동맹국과 사이버전쟁 관련 협정을 체결한 적이 없기 때문에 국제적 공조 대응의 로드맵도 없다는 것을 알게 되었다. 군지휘부는 기업 경영진에 도움을 요청하기로 했다. 적에게 그 전술을 사용하지 못하게 하는 신호를 보내려는데 기업은 이와 관련된 기술을 가지고 있는가? 파괴적이지 않은 사이버공격과 같은 것이 있을까? 어느 것도 확실하지 않았다.

적은 이미 자신의 이웃 국가로부터 감지되는 공격행위 가능성에 맞대응하고, 미국의 개입을 피하기 위해서는 사이버공간과 우주공간의 공격이 최선이라는 결정을 내린 상황이었다. 그들은 자신들의 한계선을 설정해두었다. 그리고 이미 미국이 개입할 수 없게 만들었다. 미국은 많은 기업의 경영진이 효과적이고 또 합법적인 대응 기술을 찾느라 고심만 하는 사이 수렁에 빠져들어갔다. 초강대국이 혼란 속에서 우왕좌왕하는 한 떼의 무리로 격하되었다. 한 참가자의 말을 빌면 더 나쁜 것은 적이 바로 이런 상황을 노렸다는 것이다. "우리는 부지불식간에 적이 공격하면서 짜놓은 각본을 그대로 따라갔습니다. 적을 억제하려는 우리의 군사행동은 그들의 계산에 아무 영향도 주지 못했어요."

모든 워게임에서는 참가자들에게 닥친 위험이 실제 세계에서 나타나고 다른 대안이 없다는 가정을 전제로 한다. 슈라이버 워게임은 중국이나 북한이 선제적인 사이버공격을 가하는 것으로 구성했다. 물론 그런 일이 없을 수도 있다. 실질적 고립 상태에서 그들은 미국이 자신들에게 사이버공격이나 핵무기까지 동원해 반격할 수 있다고 생각할지 모른다. 양측이 사이버공격의 파괴력을 인정한 상황에서 군은 자신이 설정해 둔 전제조건을 재검토하고 다른 국가가 사이버공간에서 먼저 공격을 가해 올 가능성을 평가해야 한다는 것이 워게임이 주는 교훈이었다.

그 워게임을 통해 군의 전쟁 배치계획이 보강되었다. 군과 펜타곤의 고위장교들은 사이버전쟁이 발발한다면 사전 경고 없이 '빛의 속도'로 진행될 것으로 확신했다. 이후부터 그들은 의회에서 증언하거나 대중연설 혹은 언론인터뷰를 할 때마다 사이버전쟁의 무자비한 파괴력을 경고했다. 그들이 어떤 계획을 수립할 때면 언제나 사이버전쟁을 염두에 두었다. 미국은 이제 필연적으로 발생하게 될 이와 같은 갈등에 준비를 해야 하며, 그 힘을 강화하기 위해 특별한 수단을 동원해야 한다는 것이 그들의 생각이었다. 그리고 이것은 방어와 공격 모두에 해당되는 문제였다.

워게임에서 허둥대며 실망스런 결과가 나오자, 미국 관료들은 위협이 바짝 가까이 다가온 것처럼 걱정했다. 2009년 5월, 오바마 대통령은 백악관 이스트룸에서의 연설에서 "사이버 침입자들이 우리의 전력망을 기웃거리고 있으며 다른 나라에서는 도시 전체를 암흑 속으로 몰아넣은 사이버공격이 있었다."고 발표했다. 오바마는 외국 해커가 미국에서 실제로 불을 끈 적이 있다는 말은 하지 않았다. 그러나 일부 정부관료들은 사적인 자리에서 2003년과 2008년에 있은 대규모 블랙아웃(blackout: 대규모 정전사태-옮긴이)이 중국 해커의 소행이라고 주장했다.[7] 1차 블랙아웃은 5000만 명의 주민이 생활하는 미시간, 오하이오, 뉴욕, 그리고 캐나다 일부까지 9만3000평방마일 지역에 전기 공급이 끊겨 북미 역사에서 가장 큰 규모였다. 그로 인해 공포감이 퍼졌고, 부시 대통령이 직접 나서서 불이 곧 다시 켜질 것이라는 대국민 연설을 해야 했다. 24시간 내에 전력은 대부분 회복되었다.

정부 협력업체에서 일하는 한 정보보안 전문가는 정부와 대기업의 컴퓨터에서 발견된 스파이웨어와 바이러스를 분석한 결과, 2차 블랙아웃 때는 중국 인민해방군 소속 해커가 플로리다 전력시설 네트워크를 해킹하다 실수를 범한 것이라고 주장했다. "그 해커는 상부로부터 시설 시스템의 지도를 작성하라는 지시를 받고 자신의 임무에 열중하다가 '내가 이 스위치를 켜면 어떻게 될까'라고 생각했다."[8] 해커는 연쇄동작을 시작시켰고 그것은 플로리다의 전력망 상당부분을 셧다운시키는 결과를 가져왔다. "시스템이 다운되었을 때 인민해방군 해커는 중국에서, '내가 실수했다. 이를 어쩌나'라고 말했을 것이다."

보이지 않는 전쟁 @ WAR

전력공급망과 발전소를 운영하는 기업은 그러한 주장을 강력하게 부정하며 공식조사 결과를 인용했다. 나무가 지나치게 자라서 전력선이 끊어지는 등의 자연적 원인으로 블랙아웃이 초래되었다고 결론내린 조사였다. 그러나 외국이 개입되었다는 소문은 끊이지 않았다. 이것은 워싱턴이 사이버공격에 대해 편집증에 가까울 정도로 두려워하고 있음을 보여주는 것이었다.

미국 전력망에 대한 사이버공격의 가능성이 확인된 이후, 미국 관료들의 다음 관심은 기업에서 지적 재산이나 상거래 관련 비밀을 훔쳐가는 행위가 되었다. 특히 무자비한 중국 해커들이 문제였다. 2010년 사이버사령부 수장에 임명된 알렉산더는 중국 산업 스파이들이 난무하는 현상을 "역사상 최대 규모로 부를 옮겨간다."고 표현했다. 2012년, 마침내 의회도 법률을 제정할 필요가 있다고 생각했다. 의원들의 컴퓨터가 중국 해커의 소행으로 보이는 스파이웨어에 감염된 것이 발견된 후 6년이 지나서였다.[9] 하원의 몇몇 위원회 사무실 컴퓨터도 감염되었다. 상무위원회, 운송 및 인프라구조위원회, 국토안보위원회, 그리고 막강한 권력을 가진 세입위원회 등이었다. 중국 내 인권과 법률을 모니터링하는 의회-행정부 중국위원회도 당했다. 대부분의 위원회에서는 컴퓨터 한두 대 정도가 감염되었지만 미국 대외정책을 관할하는 하원 국제관계위원회(현재는 외교위원회)는 컴퓨터 25대와 서버 1대가 감염되었다. 중국과의 외교협상은 이 위원회의 소관이었다.

2012년, 정부에 사이버 침입 관련 정보수집 및 기업네트워크 감시 권한을 더 많이 부여하자는 등의 법안이 의회에서 논의되었다. 그 기본 개념은 잠재적 위협에 관한 정보를 공유할 뿐만 아니라 기업이 자체적 보안을 구축하도록 강제한다는 것이었다. 그러나 일부 기업은 비용이 많이 들고 기업의 내부까지 넘보는 새로운 규제 법률이 될 수 있다는 이유로 반대하고 나섰다. 정부에 협력하는 기업을 상대로 고객들이 소송을 제기할 가능성도 기업들이 반대하는 하나의 이유였다. 인터넷서비스 공급자들은 공격과 관련된 정보를 실시간으로 국방부나 국토안보부로 전송하더라도 법률적 문제가 없다는 보증을 원했다. 공격받은 컴퓨터나 해킹당한 사람의 정보 속에 ID나 인터넷 주소 같은 사적인 정보가 포함될 수 있었기 때문이다.

풍부한 자금력으로 강력한 힘을 가진 미국 상공회의소는 대통령선거에서 항상 공화당후보를 지지해 왔는데,[10] 이 법안에 대해서도 정부에 "기업이 자신의 컴퓨터와 네트워크를 보호하기 위해 취할 수 있는 조치에 대해 지나친 통제권"을 부여한다고 말했다. 보수적인 의원들이 오바마의 의료보험법을 정부가 시민의 사적인 삶에 개입하는 것이라고 비난했던 것처럼, 상공회의소도 이 사이버 법안에 가장 큰 반대 목소리를 내며 정부의 월권을 가져올 또 다른 예라고 주장했다. 그러한 기치 아래 공화당 의원이 집결했고 포괄적인 사이버 법률을 제정할 기회는 사라졌다.

의회를 통한 입법 대신에 오바마 대통령은 "국가 필수 인프라 구조의 보안과 활력을 강화하는" 정책의 행정명령에 서명했다. 여기서 필수 인프라 구조라는 폭넓은 용어를 사용한 것은 다양한 비즈니스와 산업을 포함시키기 위한 목적이었다. 대통령은 이를

"물리적 공간 혹은 사이버공간에서 미국에 매우 중요한 시스템과 자산으로, 이것이 무력화되거나 파괴되면 국가안전과 경제, 공중보건 등에 지대한 영향을 미치게 되는 것"으로 정의했다. 이러한 정의에 따를 때 발전소는 분명히 필수적이다. 은행도 마찬가지고 병원도 그렇다. 기차와 버스, 그리고 트럭회사도 속할 수 있다. 물류운송업체인 UPS도 필수 인프라 구조일까? 비즈니스에서 상품과 서비스의 선적 및 적절한 배송은 매우 중요하기 때문에 이 역시 필수 인프라 구조에 속한다고 볼 수 있을 것이다.

오바마 행정부는 인터넷에서 정부의 영향력을 확대시키기 위해 새로운 법률이 제정될 때까지 기다리지 않겠다는 메시지를 행정명령으로 의회와 비즈니스계에 전달했다. 그 명령의 주요 내용은 연방정부기관이 위협관련 정보를 기업들과 더 많이 공유하고, 상무부와 국가표준기술연구소(NIST)에서 기업들이 채택할 보안기준의 '골격'을 만들며, 국토안보부 장관은 "사이버보안 사태가 지역이나 국가에 커다란 재난을 초래할 수 있다고 판단되는" 필수 인프라 구조의 목록을 작성한다는 것이다.

백악관은 아직도 새로운 사이버보안 법률 제정을 위해 분투하고 있다. 그러나 그동안에도 오바마의 행정명령이 몇 가지 중요한 역할을 했다. 군이 사이버전쟁을 준비할 수 있도록 길을 열어준 것이다.

오바마의 행정명령과 5개월 전에 서명한 비밀 대통령훈령은 사이버공격이 있을 때 군이 국가방어를 주도한다는 전략을 분명히 했다. 외국군이 미국을 침범하거나 미국 도시를 향해 미사일이 날아오면 미국 역시 무장병력을 투입하여 대응하듯이, 사이버군대역시 디지털공격을 방어한다. 그리고 반격을 가한다.

행정명령으로 국방부는 위협정보를 공유하는 기밀 프로그램을 방위산업기지에서 확대하여 정부가 정의내린 '필수 인프라 구조' 영역들까지 포함할 수 있게 되었다. 그리고 PDD-20으로 알려진 별개의 훈련은 군대가 어떤 상황에서 어떻게 사이버전쟁을 수행하며 그 명령은 누가 내리는지 등을 규정하였다.[11]

사이버공격은 어떤 형태일 경우에도 대통령의 명령이 있어야 한다. 그러나 긴급 상황에서는 대통령이 국방장관에게 권한을 위임할 수 있다. 예를 들어 발전소에 대한 공격이 임박했는데, 방어책(공격 진원지에 대한 반격도 포함될 수 있다)에 대해 대통령의 승인을 얻을 시간이 없는 경우라면 국방장관이 명령을 내릴 수 있다.

하지만 PDD-20은 실제로 사이버방어에 관한 것이 아니다. 군이 전통적 공격보다 사이버무기로 공격하면 더 쉽고 효과적일 수 있는 '국가적 중요성'을 가진 해외의 타깃을 설정하도록 규정한다. 과거 냉전시기에 전쟁 발발 시 폭격기가 폭탄을 투하할 소련내 우선 공격대상의 사이버전쟁 버전이라 할 수 있다. PDD-20이이러한 타깃 각각의 이름을 나열하진 않지만 국가적 중요성을 가진 타깃이란 커뮤니케이션 시스템, 군대가 사용하는 지휘통제 시스템, 금융네트워크, 방공 및 항공관제 시스템, 전력망 같은 필수인프라 구조 등을 의미한다고 볼 수 있다. 물론 외국군이 사이버전쟁에 대비해 설정하는 미국 내 타깃들도 같은 종류일 것이다.

훈령은 다른 정부기관들(즉 국무부, FBI, NSA, 재무부, 에너지부 등)도 "네트워크 방어나 법집행수단이 불충분하거나 적시에 사용할 수 없을 때", "미국의 이익에 대한 지속적이고 악의적인 사이버 활동"에 대응해 반격할 계획을 수립하도록 규정한다. 대통령의 명령이 있으면 군도 그와 같은 공격을 수행하게 된다.

군 지휘부와 관료들은 PDD-20을 사이버전쟁에 대비한 일종의 교통정리로 생각한다. 권한과 책임 및 명령 체계, 그리고 포괄적 원칙들을 분명히 해두는 것이다. 훈령은 미국이 무력분쟁 관련 국제법을 준수하며 사이버전쟁을 수행할 것이라고 말한다. 공격은 부수적 피해 발생을 최소화하고, 미국에 가해지는 위협이나 공격에 비례하는 형태가 되어야 한다. 군은 또한 공격 타깃과 연결된 네트워크에 피해가 가지 않도록 주의를 기울여야 한다. 이란의 발전소를 공격하도록 설계된 바이러스나 웜이 중국의 발전소를 파괴해서는 안 된다. "우리는 제3차 세계대전을 일으키려는 것이 아닙니다." 국방부와 함께 미국에 대한 사이버공격 대응 체계를 논의했던 국토안보부 고위관료 앤 배런 디카밀로(Ann Di-Camillo)의 말이다.

PDD-20에서는 이와 같이 중요한 규칙들 외에도 앞으로 발생할 수 있는 전쟁에 대한 좀 더 근본적인 원칙에 대해서도 말한다. 사이버작전의 중요성을 전통적 전투와 같은 수준으로 높인다. 지상과 공중, 바다, 그리고 우주에서의 '공격적 전투역량'을 공격적 사이버전쟁과 통합한다.

군에는 사이버전쟁과 관련하여 세 가지의 기본적 임무와 이를 수행하는 세 가지 유형의 군대가 있다. 첫번째 임무, 그리고 가상 큰 군대는 전 세계의 군사 네트워크를 운영하고 방어한다. 전쟁이 진행 중인 이라크와 아프가니스탄의 전장에서부터 중국과의 전쟁이 벌어지면 육해공군, 해병대가 연합하여 공격의 선봉에 설 태평양 지역까지 모든 곳이다. '사이버방어군'이라 부르는 이 병력은 그러한 군사 네트워크에 해커나 외국의 적이 접근하지 못하도록 한다. 침입은 하루에도 수천 번씩 시도되지만 그 대부분은 실제 공격이 아니라 자동화된 찔러보기이며, 자동화된 소프트웨어로 격퇴할 수 있다. 국방부는 군사 네트워크가 인터넷과 연결되는 지점의 수를 제한하여 방어를 강화했다. 그 지점을 지나는 모든 정보를 필터로 스캔하여 웜이나 바이러스, 그리고 다른 여러 침입 신호를 찾는다. 외국의 군대나 정보기관 소속으로 의심되는 인터넷 주소에서 오는 트래픽과 같은 것들이다.

이것은 일상적인 방어다. 이러한 방어군은 전면전 상황에 대비해 자신들의 역량을 쌓아간다. 미국의 적이 최신의 정교한 사이버무기와 고도로 숙련된 사이버전사를 동원해 미군의 지휘통제 네트워크를 무력화시키거나 그 속의 정보를 파괴하려는 상황이다. 이러한 사이버공격은 전통적인 전쟁처럼 사격개시가 있기 전부터 보다 적극적이고 '역동적인' 작전이 시작된다. 예를 들어, 1990년대 발칸 전쟁 때는 미국 해커가 보스니아 공군방어 시스템에 침투하여 침입해 오는 항공기의 방향을 실제와 다른 엉뚱한 곳으로 알려주도록 통제기를 조작했다.

그러나 군이 자체 네트워크 인프라 구조 대부분을 실제로 소유하거나 운영하는 것이 아니기 때문에 군의 방어임무에는 제한이 있다. 군이 사용하는 전자통신의 99퍼센트와 음성통신서비스의 90퍼센트는 민간소유 케이블, 라우터 등의 인프라 구조에서 제공된다. 군의 네트워크를 보호하는 일은 "핵심 네트워크와 시스템이 국방부의 직접적 통제 아래 있지 않기 때문에 어려움이 따를 수밖에 없습니다." 펜타곤의 군 사이버보안 자문관인 존 데이비스(John Davis) 소장은 이렇게 말한다.[12]

그렇기 때문에 사이버방어군은 군사네트워크에 공격을 가해오기 전에 그 위협을 찾아내고자 NSA와 국방정보국(DIA) 해커와 함께 '수색팀'을 구성했다. 그 일환으로 사이버군은 모든 중국 해커의 사건기록이 포함된 데이터베이스에 접근하였다. 그 사건기록을 통해 해커가 주로 사용하는 멀웨어 유형이나 타깃으로 하는 시스템, 그리고 해킹활동을 하는 장소 등을 알 수 있다. 어떤 경우에는 사건기록에 해커의 사진도 포함되어 있었다. 중국 내 정보요원이 확보했거나 지상에서 해커를 추적한 민간 정보회사를 통해 구입한 사진이다. 해커의 정체를 파악하면 그들이 노리는 타깃을 방어하기 쉬워진다. 그리고 '꿀단지'라 부르는 거짓 정보로 해커를 시스템 안으로 끌어들인 후 통제된 환경에서 그 해커의 움직임을 추적할 수도 있다. 해커가 자신이 중요하다고 믿는 서류를 훔치기 위해 시스템 안에 오래 머무를수록, 미국 해커가 그의 기술을 연구하여 대응할 방법을 개발할 시간이 길어진다.

NSA 내의 트랜스그레션 브랜치(Transgression Branch)라는 조직은 이와 같은 해커추적 임무를 전담하며 한 발 앞서 나가고 있다.[13] 이 브랜치는 다른 국가의 컴퓨터 시스템에 침입한 해커도 관찰하여 그를 따라 내부로 들어간다. 2010년에 진행된 '아이언어벤저(Ironavenger)'라는 작전에서는, 이 브랜치가 적성국 정부의 사무실로 멀웨어가 포함된 이메일이 발송되는 것을 발견했다. NSA는 이 정부에 대한 정보를 얻길 원했다. 브랜치가 좀 더 파고 들어가자 그 멀웨어가 미국 동맹국 정보기관이 그 정부에 침투해 들어가기 위해 보내는 것으로 밝혀졌다. 미국은 동맹국이 그 어려운 과제를 하도록 내버려두고 그들이 적국의 시스템으로부터 패스워드와 민감한 문서를 퍼올리는 것을 말없이 지켜보았다. 미국은 동맹국이 훔쳐보는 모든 것을 볼 수 있었고, 거기에 더하여 그들이 벌이는 간첩작전의 기술로부터 깊숙한 지식도 얻어낼 수 있었다.

군이 사이버전쟁에서 수행할 두번째 임무는 실제 전투를 수행하는 부대를 지원하는 활동이다. 사이버전사는 전통적으로 무장한 전우와 함께 싸운다. 이들은 실제 전투부대에 배치되어 방어 및 공격 팀에 합류하고, 부대별로 부여된 임무의 핵심에서 활동하게 된다. 예를 들어, 공군에 배치된 사이버전사는 적 공군의 방어 및 관제 시스템을 해킹해 들어가는 훈련을 받는 반면, 육군은 지상작전을 중심으로 한다. 예를 들어, 포병의 지휘통제 시스템에 침입하는 임무다.

전투에서 사이버공격을 해야 할 모든 상황마다 대통령의 승인을 얻지 않아도 된 것은 사이버전쟁 초창기에 있었던 중요한 변화였다.[14] 타깃팅과 관련된 합동참모회의 공식 지침에 의하면, 누구를 어떻게 공격해야 할지에 대한 결정은 사이버사령부 책임자가 내린다. "사이버공간에서 타깃팅은 전통적 타깃팅에서 이용되는 과정과 절차에 따라한다."고 명시되어 있다. 다른 말로 하면, 군에서는 현재 사이버무기를 미사일이나 폭탄, 그리고 소총과 크게 다르지 않은 것으로 생각하고 있다. 그러나 군지휘관들은 "전통적인 물리적 공간과 비교해서 사이버공간이 갖는 고유한 특성"을 기억해야 한다. 즉 사이버무기가 아주 광범위하게 부차적인 피해를 발생시킬 가능성이다.

이러한 지원팀의 기술은 서로 겹치는 부분이 많다. 즉 앞으로의 전쟁에서는 육군 해커가 별 어려움 없이 공군의 임무를 수행할 수 있을 것이다. 이라크 전쟁에서는 육군 정보팀이 반군의 휴대폰을 해킹하여 거짓 메시지를 발송했다. 육군이 지상에서 반군과 싸웠기 때문이다. 그러나 공군 사이버전사들 역시 그러한 기만전술을 수행할 기술이 있으며, 육군이 다른 전투에 매여 있다면 공군이 그와 같은 작전을 수행하지 못할 이유가 없다. 적 잠수함의 운항 시스템이나 함정의 레이더를 해킹하는 훈련을 받은 해군 사이버전사도 마찬가지로 민간 텔레콤 네트워크를 뚫고 들어갈 능력을 보유하고 있다.

세번째는 미국 자체를 보호하는 것으로 사이버국가임무부대(Cyber National Mission Force)가 담당한다. 이 부대는 공격작전만 수행한다. 중국이 미국의 발전소 파괴를 시도하거나 이란이 미국 주요 은행이나 금융거래 시스템의 데이터베이스를 훼손시키려

한다면 대통령이나 국방장관의 명령을 받게 된다. 이러한 국가임무부대 요원은 타깃을 향하는 악성 트래픽 방향을 다른 곳으로 돌리거나, 필요하다면 그 진원지를 타격하여 오프라인으로 축출하는 훈련을 받는다. 이 부대는 사이버사령부에 보고하며, NSA 및 그 정예요원이 모인 특수목적접근작전(TAO) 팀과 연결된다. 사이버국가임무부대는 사이버 군사력 전체의 극히 일부에 불과하며(대략 1퍼센트 정도), 그 소속 요원의 정확한 수는 비밀이다.

데이비스는 펜타곤이 "이렇게 세 갈래로 구성된 미국 사이버군대를 각 군에 최대한 빠르게 접목시키기 위해" 노력하고 있다고 말한다. 2011년부터 군은 슈라이버 워게임이 열렸던 넬리스 공군기지에서 정기적으로 사이버 워게임을 개최하고 있다. 전 세계 지역별로 구성되어 4성 장군이 지휘하는 전투사령부 내에 연합 사이버작전 본부가 설치되었다. 현재는 비상 다자간 통화 시스템이 있어 미국을 상대로 사이버공격이 임박하거나 시작되면 군과 국방부, 정보기관 및 법집행기관이 대통령 및 국가안보위원회와 함께(일종의 사이버전시 내각이 구성된다) 대응방법을 논의한다. 미국의 사이버공격과 관련된 지휘통제 시스템도 마련되었다. 과거 냉전시대의 비상전화처럼 워싱턴과 모스크바를 연결하는 비상 커뮤니케이션 라인도 있다.

사이버전쟁 수행을 위한 핵심적 인프라 구조는 구축되었으며, 미국은 이제 병력을 키우고 있다.

사이버군대를 구축하기 위해서는 가장 우수한 전사들의 확보가 첫번째 과제다. 각각의 군부대는 부대에서 사용되는 IT의 특성에 맞는 적성검사를 개발하여 지원자가 네트워크 유지와 방어 임무에 적합한지 혹은 정교한 공격임무도 수행할 정도의 특별한 재능이 있는지 판단한다. 각 군은 모든 신임 장교를 대상으로 기본적 사이버보안 훈련을 시작했으며, 공군에서는 의무적으로 이러한 교육을 이수하도록 했다. 그리고 사관학교 다섯 곳은 사이버전쟁을 커리큘럼의 한 영역으로 포함시켰다. 2000년 이후 매년 각각의 사관학교에서 뽑힌 최고의 해커들이 서로를 상대로 경쟁하는 워게임이 NSA의 후원으로 열리고 있다. 서로 상대방 사관학교 네트워크를 뚫고 들어가는 시뮬레이션이지만 정부의 최고 엘리트 사이버전사를 상대로 자신들의 역량을 테스트하는 기회도 된다.

"우린 아무것도 없는 상태에서 네트워크를 구축한 다음 NSA 해킹팀의 공격을 막아냅니다." 공군사관학교 컴퓨터과학 교수이자 사이버공간연구센터장인 마틴 칼라일(Martin Carlisle)의 말이다. 그 전투는 이틀반 동안 계속된다. 2013년에는 사관학교에서 15개 컴퓨터 고수 팀들이 참가하여 '홍팀'에 맞섰다. 홍팀은 워게임에서 침략자 역할을 하는데, 약 30명의 군장교, 민간인, 그리고 NSA 협력업자 등으로 구성되었다.

NSA 팀은 비밀 해킹기술을 이용해서는 안 되었지만, 사관생도들을 대상으로 마치 미국이 외국군과 사이버전쟁을 수행하고 있는 것처럼 보이는 작전을 전개했다. NSA 홍팀은 공군 네트워크 속으로 침투하여 중요 데이터를 신뢰할 수 없게 바꿔놓으려 했다. 그들은 사관생도의 네트워크에 컴퓨터 바이러스를 감염시키고 시스템에 백도어를 심으려 했다. 2013년 대회에서는 공군이 우승했다. 2001년 대회가 열린 이후 네번째이며 첫번째 연속우승이었다.

장래의 공군 사이버 전문가는 미시시피 해안에 위치한 키슬러 공군기지에서 훈련받는다. 파일럿이 하듯이 비행학교를 수료해야 하며, 혹독한 훈련과정을 거친 다음에야 사이버공간 기장(지구를 내려치는 번개가 교차되는 한 쌍의 은빛 날개)을 달 수 있다.

사이버전사 교육의 다음 단계는 가장 중요한 실무훈련으로, 공군의 정보장악 책임자이자 정보책임장교(CIO)인 마이클 바슬라(Michael Basla)는 교육이 "키보드 위에서 진행된다."고 말한다. 바슬라가 담당한 두 가지 직책은 공군이 사이버전쟁의 임무에 어떻게 접근하는지 보여준다. '정보장악'은 선전, 기만 및 컴퓨터작전을 포괄한다. 그리고 CIO는 일반적으로 조직 내의 네트워크 업데이트와 운영을 책임지는 최고 기술진이다. 공군은 네트워크 운영진과 네트워크 방어요원, 그리고 공격담당 담당요원도 총괄하여 관리하는 구조다. 즉 하나의 거대한 기술의 인력망이 형성되어 있다.

공군 사이버요원의 90퍼센트는 방어 영역에 배치되어 있다. 네트워크를 보호하고 취약성을 보완하며, 허점이 생성되는 하드웨어 및 소프트웨어 교체 작업도 병행한다. 공군의 전체 사이버전사들 중 1퍼센트 미만이 바슬라가 말하는 '예민한' 임무에 종사한다. 적의 컴퓨터 시스템에 침투하는 일이다.

이처럼 배치가 크게 불균형한 데는 두 가지 큰 이유가 있다. 첫째, 방어보다 공격이 훨씬 어렵다. 두 가지 임무를 수행하는 원리와 도구는 여러 면에서 기본적으로 동일하다. 그러나 철통같이 보호되고 있는 적의 컴퓨터를 뚫고 들어가라는 명령을 방어요원에게 내리는 것은 자동차 기술자에게(뛰어난 능력을 보유하고 있는 경우라도) 제트전투기 엔진 수리를 맡기는 것과 마찬가지다. 그가 맡겨진 과제의 원리는 이해할지라도 실제 활용은 몇 제곱으로 어려울 것이다.

공격 영역의 규모가 그렇게 작은 두번째 이유는 최근에야 군에서 사이버전쟁에 중요성을 부여하기 시작한 것이다. 군의 네트워크와 컴퓨터를 보호하는 임무는 지난 15년 동안 크게 확대되어 왔으며, 오래전부터 군의 중요한 임무였다. 하지만 지금은 사이버전쟁이 군영역으로 통합됨에 따라 그 중심이 이동하고 있다.

그러나 실제 전쟁이 발생한다면 미국 사이버군은 자신들만큼 숙련되고 규모는 훨씬 더 큰 적을 상대해야 할 것이다.

중국 해커그룹의 활동은 10년이 넘었다. 코소보전쟁 중에 미군이 유고슬라비아 중국대사관을 오폭하는 사태가 발생한 1999년, 그들의 작품 일부가 눈앞에 나타났다. 분노한 '애국 해커들'이 미국 에너지성과 내무부 국립공원관리청 웹사이트를 탈취했다. 해커들은 사이트의 콘텐츠를 삭제하고 대신에 "나치 미국과 싸우자! 잔혹한 NATO와 싸우자!"라는 반미 메시지를 올려놓았다. 백악관 역시 대규모 서비스거부(denial-of-service, DoS) 공격을 받았다. 엄청난 양의 트래픽을 보내서 서버를 다운시키는 공격으로, 백악관은 이러한 예방 차원에서 3일 동안 웹사이트를 폐쇄했다.

이와 같은 중국 해커그룹은 한때 국가적 자부심에 불타서, 또 외국의 군사행동에 대한 반발에서 행동했지만 현재는 중국 군부와 정보기관의 명령을 받는다. 그들이 모두 인민해방군에 징집된 병사는 아니지만, 군은 은밀히 그들의 활동을 지원하면서 공식적으로는 그 존재를 부인한다. 최근의 활동은 주로 정보탈취에 집중되어 있다. 중국 해커들은 연방정부의 모든 부서와 소속기관의 기밀 컴퓨터 시스템을 뚫고 들어가려 한다. 수없이 많은 기업의 데이터베이스에 침입해서 사업기밀을 훔쳐냈다. 2007년 미국 방위사업체에 침입했던 해커처럼 그들도 정보를 찾고 있다. 그 정보가 중요하든 사소하든 중국 군부나 경제에 어떤 도움을 주고 중국의 범세계적 전략을 진일보시킬 것이다.

중국 해커들은 고도로 숙련되었고 무자비하다. 그들은 미국 해커들과는 달리 자신들의 흔적을 지우는 데 크게 주의를 기울이지 않는다. 미국 정부가 가장 중요한 교역 파트너이자 투자자인 중국을 범세계적 해킹활동의 진원지로 지목하여 비판하길 주저하는 것도 중국 해커들을 이렇게 대담하게 만든 한 요인이다. 그러나 또한 중국은 사이버간첩과 사이버전쟁이 자신들보다 좀 더 발전된 경제와 군사, 그리고 정보조직과 경쟁하는 데 도움을 주는 전술이라 생각한다. 그들은 경쟁자의 컴퓨터 시스템에 침입하면서 양심의 가책을 갖지 않는다. 적을 능가하기 위해 가져야 하는 몇 가지 역량들 중 하나로 보기 때문이다. 중국은 전 세계의 대양을 누비며 전투를 벌일 수 있는 입체 함대를 보유하고 있지 않다.

그러나 지구 반대편에서 미국 내 타깃을 파괴해버릴 수 있는 사이버 군사력을 확보했다.

중국 사이버군은 러시아와 마찬가지로 미국 군용 항공기를 해킹할 기술을 개발했다. 특히 미국 공군이 정찰 및 감시활동에 이용하는 세 가지 모델의 항공기에 컴퓨터 바이러스를 침투시킬 수 있었다. 그 공격은 다양한 전자기기를 통해 시작되었으며 신호를 발신하는 내장 감시 시스템을 타깃으로 했다.[15] 아주 정교하고 엄청난 재앙을 초래할 수 있는 방법이었다. 그와 같은 공격은 항공기 통제에 문제를 일으켜 추락으로 이어질 수 있었다.

그러나 중국의 이와 같은 활동은 예측할 수 있는 것이었다. 중국은 수백 년 동안 비대칭전략, 즉 기본적인 무기를 이용해 적의 약점을 공격함으로써 더 큰 적을 제압하는 전략을 구사해 왔다. 중국이 오래전부터 사용했고 자신감을 가진 전략의 최신 버전이 사이버간첩 활동과 사이버전쟁이라 할 수 있다.

중국 해커를 하나의 그룹으로 묶는 것은 조금 곤란하다. 그들은 모두 함께 움직이지 않으며, 그들의 조직구조는 여전히 수수께끼로 남아 있다. 미국과는 달리 중국은 자신들의 사이버전쟁 조직구조와 지휘체계를 공식화하지 않는다. 그러나 미국 안보담당 관료들은 중국 해커들을 하나의 집단으로 생각할 때가 많은데 일정한 특성으로 묶을 수 있기 때문이다. 그것은 국가적 자부심, 산업스파이 활동이 국가발전의 수단이 된다는 믿음, 그리고 힘의 비대칭 전략 등이다. 미국 보안전문가들은 중국 사이버 도적떼에게 지능형 지속공격(advanced persistent threat, APT)이라는 이름을 부여했다. 미국의 모든 컴퓨터 시스템을 감염시켰거나 감염시키려 했던 멀웨어의 전파자도 이들이었다. 해외에서 중국과 경쟁하며 혹은 중국 내에서 비즈니스하는 미국 기업이라면 모두가 중국의 해킹 타깃이 된다. 그러나 그중 많은 기업이 그 사실조차 알지 못한다. 평균적으로 볼 때, 기업이 자신의 네트워크에 침입자가 있음을 알게 될 때까지는 최소한 한 달이 걸린다.

중국의 사이버전사가 몇 명이나 되는지 정확히는 알 수 없지만 전문가들은 다음과 같은 두 가지에는 일치한다. 매우 큰 규모로 수만 명 단위일 것이다. 미국과는 달리 중국의 사이버전사들은 공격에 집중한다.

델 시큐어웍스의 멀웨어 감시 책임자 조 스튜어트(Joe Stewart)는 2013년 블룸버그 비즈니스위크와의 회견에서 2만4000개의 인터넷 도메인을 추적했다고 밝혔다. 중국 사이버간첩들이 렌트하거나 해킹한 것으로 미국 정부와 기업을 상대로 한 공격 기지로 의심되는 것이었다. 해커의 수를 정확히 추정하긴 어렵지만, 스튜어트는 중국 해커가 이용한 멀웨어와 해킹기술의 유형 300개를 확인했는데, 이는 2012년에 확인된 수보다 두 배 이상 증가한 것이었다. "수많은 인력이 속속 해커 진영에서 합류하고 있는 것으로 보입니다."[16]

2013년 컴퓨터 보안회사 맨디언트는 한 APT 공격 그룹을 확인하여 위치를 추적한 결과 상하이에 본부를 둔 유닛61398(중국 단위 군대의 이름)로 확인되었다는 놀라운 보고서를 발표했다. 그 부대에 소속된 핵심 센터들 중 하나는 12만 제곱미터의 12층 건물로

2000명이 한꺼번에 근무할 수 있는 규모였다. 이 보안회사가 유닛61398을 2006년까지 거슬러 올라가며 추적했을 때 150개 정도의 시스템이 이들의 '먹잇감'이 된 것으로 나타났다. 맨디언트는 이 유닛이 중국에서 급성장하고 있는 사이버간첩 부대들 중 하나라는 결론에 이르렀다. 그리고 또 다른 컴퓨터보안 전문가는 그 그룹이 2012년에 있었던 텔벤트 캐나다 지사의 네트워크에 침입한 범인이라고 주장했다. 텔벤트는 북아메리카 석유 및 가스 파이프라인 회사의 보안 시스템과 밸브를 조절하는 데 이용되는 소프트웨어를 설계한 회사로, 해커가 자신들의 프로젝트 파일을 훔쳤다고 밝혔다. 해커는 훔친 정보를 이용해 석유와 가스 회사의 네트워크를 상세히 파악하고 약점을 찾아낼 수 있었다.

유닛61398은 무자비한 집단으로 미국의 필수 인프라 구조에 대한 공격 가능성을 중심으로 해킹했다. 그러나 이 그룹은 맨디언트가 추적하고 있던 20개 해커그룹들 중 하나에 불과했다. 중국 해커들은 대부분의 경우 첩보활동에 관계한다. 그러나 이들은 쉽게 사이버전쟁 모드로 전환하여 시스템을 다운시키고 데이터와 정보를 훼손시키며, 발전소나 통신시설 같은 필수 인프라 구조에 멀웨어를 퍼트릴 수 있다. 이러한 20개 그룹 각각이 유닛61398의 절반 규모라고 가정하면 중국 APT 요원의 수는 2만 명에 이른다.

미국이 중국과 대등한 수준으로 사이버 군사력을 갖추려면 아직 가야 할 길이 멀다. 2013년 NSA의 최고 엘리트 해커로 구성된 핵심조직인 특수목적접근작전(Tailored Access Operations, TAO)에 배치된 요원은 300명 정도에 불과했다. 육해공군, 해병대 각 군의 모든 사이버 관련 분야를 총괄하는 사이버사령부에 소속된 인력도 2013년 900명에 불과했는데, 그나마도 해킹활동에 적극적으로 참여하지 않는 행정지원 요원을 포함한 숫자였다. 국방부는 2016년 말까지 6000명 수준으로 증강할 계획이다. 중국군이 현 수준에서 사이버 군사력 증강을 멈추더라도 여전히 미국보다 최소 다섯 배나 큰 규모다.

미국 군지휘부는 사이버 군사력을 확대하기 위해 네트워크 방어를 담당하는 인력을 다시 훈련시켜 사이버전사로 육성할 계획에 있다. 공군을 예로 들면, 사이버 관련 요원의 대부분은 지원인력과 시스템 운영자들이다. 일반기업의 헬프데스크에 해당된다.

그러나 현재로서는 이 정도가 공군이 활용할 수 있는 모든 인력으로, 사이버 분야에 인력을 신규 배치할 계획이 없는 상황이다. 실제로 현재 공군에서 실전 활용 가능한 병력은 과거 어느 때보다 작은 규모이며, 이마저도 2013년부터 시행된 의무적 지출 삭감 조치로 인해 줄어들고 있다. 각 군의 사이버작전을 총괄하는 사이버사령부 역시 지원인력에서 끌어 쓸 계획이다. 군대 IT 지원기능의 상당 부분을 자동화하여 그 인력을 공격작전 요원으로 활용했으면 하는 바람도 있다.

"고도로 숙련된 전문가가 부족합니다."[17] 펜타곤의 사이버공간 정책 분야 고위 군사자문관인 존 데이비스 공군소장은 이렇게 말한다. 군대는 이와 같은 인력에게 민간영역만큼 보수를 지급할 수 없기 때문에 군대의 정예 해커가 정부 협력업체로 옮겨가면

보이지 않는 전쟁 @ WAR

보수를 수월하게 두 배 이상 높일 수 있다. "공군은 인력을 두고 입찰 경쟁에서 절대로 이길 수 없습니다." 공군의 IT 책임자인 마크 메이버리(Mark Maybury)의 말이다. 다른 군도 마찬가지 상황이다. 그러나 이와 같은 인력문제에는 뚜렷한 해결책이 없다. 군대는 돈이 많지 않아 더 많은 사이버전사를 고용할 능력이 없다. 의회도 기존의 군인력 보수를 높여줄 생각이 거의 없다.

군은 대학에서 공군이 하는 것과 비슷하게 사이버전쟁을 교육해주도록 요청했으며, 일부 대학의 학부과정에 이러한 수업이 개설되었다. 그러나 대부분은 컴퓨터 해킹을 불미스러운 사업으로 간주한다. "대학에서는 (그것에) 손대길 꺼려합니다. 학생에게 무엇을 파괴하는 방법을 가르친다고 인식되길 원하지 않기 때문이죠."[18] NSA 관료로 새로운 대학 강좌 프로그램 개발에 참여했던 스티븐 라파운틴(Steven LaFountain)이 기자에게 한 말이다. 그리고 일부 학생은 NSA의 기준에 맞게 교육받지 못한 상태에서 NSA에 들어오기도 했다. "우리는 그들이 대학에서 배웠어야 할 기술지식을 여기서 가르쳐야 했습니다. 그다음에야 자신들의 임무에 관련된 구체적 기술을 가르쳤죠."

NSA는 몇몇 대학이 교육 커리큘럼을 만드는 과정에 함께했다. 참가하고자 하는 학생은 신원조사를 통과하고 극비취급허가를 얻어야 했다. NSA에서 열리는 비밀 세미나도 교육과정의 일부였다. 일부 학생에게는 컴퓨터과학 학사학위를 취득하고 보안기초과정을 이수할 수 있도록 학비를 지원했다. 랩탑과 매달 생활비를 제공하기도 했다. 학생은 지원을 받은 대가로 졸업 후 NSA에서 일했다. 대부분의 경우 이러한 대학(프린스턴대학에서부터 거의 모든 주의 소규모 커뮤니티칼리지까지)에서 사이버공격은 가르치지 않았다. NSA는 학생이 졸업 후 근무를 시작할 때에야 그 부분의 교육에 주의를 기울였다.

군은 대학입학 전 학생도 대상으로 하여, 사이버방어 클럽을 후원하고 초등학생과 중고등학생의 사이버방어 경시대회를 개최하는 등의 활동을 전개했다. 전국단위 중고등학생의 경시대회인 사이버패트리엇 프로그램은 국방부 협력업체도 후원했다. RTRG 초기 형태를 구축한 SAIC와 노스롭 그루먼도 그 기업들 중 하나였다. 경시대회는 보이스카우트와 어린이재단, ROTC 프로그램, 그리고 여러 항공해양 관련 시민단체 등의 협조도 받았다. 데이비스는 이와 같은 활동을 "젊은 사람들이 우리나라의 국가적·경제적 안전에 기여할 수 있게 하는 방법"이라고 표현했다.

그러나 NSA가 뛰어난 인재를 끌어들이기 위해서는 민간기업과 경쟁해야만 한다. 그들은 스탠포드대학과 카네기멜론대학처럼 컴퓨터과학의 정상에 있는 대학 졸업생을 영입한다. 매년 개최되는 중요한 해커대회인 블랙 햇(Black Hat, 블랙 해커)과 라스베이거스의 데프콘에도 대표단을 보낸다. 2012년 7월 케이스 알렉산더 NSA 국장은 데프콘에 참가하여 많은 해커들 앞에서 연설을 통해 NSA에 들어오거나 협조하는 방법으로 함께할 것을 요청했다. 민간 보안기업에서 일하는 해커들이 많지만 프리랜서로 활동하는 화이트 해커(White Hat, 화이트 햇)들도 있다. 시스템의 허점을 찾아내 제조회사나 개발자에게 경고하여 그들이 시스템을 보완

할 수 있게 하는 해커들이다. 알렉산더는 청중들에게 다가가기 위해 제복 대신 청바지와 T셔츠 차림으로 참석했다. "이곳은 세계 최고의 사이버보안 모임입니다. 바로 여러분이 우리나라의 사이버공간을 지키기 위해 필요한 인재들입니다." 그는 해커들에게 말했다. 그들 중에는 미국 법집행기관에서 범죄자로 간주할 사람도 있을 것이다. "여러분을 정당하게 평가해주지 않는 경우가 많을 것입니다." 알렉산더는 계속해서 말했다. "저는 우리의 시스템에서 취약성을 찾아내려는 여러분의 활동을 매우 위대하게 생각합니다. 우리는 그것을 찾아내고 고쳐야 합니다. 여러분이 그렇게 할 수 있습니다."

그러나 라스베이거스 데프콘에 참가해 인재영입에 나선 사람은 알렉산더 혼자가 아니었다. 회의장에는 사이버보안회사의 임직원들이 회사 소개 팸플릿과 T셔츠를 나눠주고 있었다. 그중에는 NSA의 전직 직원도 있었는데, NSA에서 초일류로 키워낸 해커들이었다.

그해 여름에 NSA의 협력업자였던 에드워드 스노든(Edward Snowden, NSA가 해커로 훈련시킨 요원)이 기밀문서를 유출한 이후 알렉산더는 인재를 영입하기가 훨씬 더 어려워졌다. 전 세계 시스템들을 대상으로 전개한 비밀 첩보활동의 상세한 내용이 엄청난 분량으로 폭로되었다. 여기에는 미국 내 모든 전화통화 기록 수집 프로그램이나 구글, 페이스북, 애플 같은 세계 유수의 IT기업에서 데이터를 수집하는 프로그램도 포함되어 있었다. NSA가 첩보활동을 전개하는 것은 비밀일 수 없었지만, 일부 프로그램은 해킹대상이 너무 넓었다. 스노든의 폭로 이후 데프콘은 알렉산더를 초청하여 중요한 연설 기회를 주려던 계획을 취소했다. 그는 대신 블랙 햇에 참가했지만 그곳에서도 청중들의 야유를 받았다.

*
*
*

케이스 알렉산더는 2010년 미국 사이버사령부 책임
자로 임명되기 전 5년 동안 NSA 국장으로
신호정보 분야를 총괄했다. 그는 노련한 전문가였다. 한 전직
NSA 고위관료의 말이다. "우리 엔지니어들과 이야기할 때 그는
최대한 우리와 같은 눈높이로 맞추었다. 그리고 무슨 말을 하는
지 금방 알아들었다."

2007년과 2008년 감시 관련 법률이 개정되어 커뮤니케이션 네
트워크에 광범위하게 접근할 수 있게 되자, 알렉산더는 이를 정
치적 기회로 낚아채 NSA를 누구도 넘볼 수 없는 인터넷 첩보활
동부의 최고 위치에 올려놓았다. 그는 NSA가 해커 인력을 확보
하는 데 필요한 권한과 자금을 확보했다. 그들은 이 정보기관 소
속 직원들로서 네트워크를 모니터링하는 업무를 담당했지만 사

이버사령부와 연결되면 사이버전사로 탈바꿈된다. 해커들은 한 업무에서 다른 업무로 자유롭게 옮겨갈 수 있었기 때문에 첩보활동과 전투 사이에 뚜렷하게 선을 긋기는 어려웠다. 그중에서 특히 한 그룹의 해커들은 NSA의 비밀무기가 되었다.

NSA에서도 가장 잘 훈련되고 뛰어난 해커는 특수목적접근작전실(TAO)에 배치되었다.[1] 여기에 소속된 인력은 최소 300명에서 600명까지 추정에 따라 다르지만, 600명이라는 수는 분석팀 및 지원인력까지 포함한 것으로 생각된다.

TAO 내에서도 여러 그룹이 다양한 첩보 및 공격 작전을 수행했다. 한 그룹에서 감시를 통해 타깃의 컴퓨터 네트워크를 파악하고 그들의 취약점을 찾아내면, 또 다른 그룹에서 컴퓨터 네트워크 방어막을 뚫고 들어가는 최신 해킹 도구와 기술을 연구하였다. 텔레커뮤니케이션 네트워크에 침입하는 맞춤형 도구를 설계하는 그룹도 있었다. 그 그룹 내에는 랩탑컴퓨터의 비디오카메라를 탈취하기 위한 도구를 개발하는 해커도 있었다. 전력망과 핵발전 시설, 그리고 댐 같은 인프라 구조를 통제하고 조절하는 시스템과 장치 등이 타깃이었다. 한편에서는 다른 그룹이 CIA의 기술관리실이라 불리는 그룹과 합동으로 컴퓨터 네트워크 공격을 수행했다. 이곳에서는 뚫고 들어가기 어려운 네트워크가 있으면 사람이 직접 USB 드라이브를 이용해 바이러스나 스파이웨어를 심어서 NSA가 침입할 수 있도록 도와준다.

TAO 사무실은 메릴랜드 포트미드의 안전건물 내에 있었다. 안으로 들어가려면 망막 스캔을 통과한 다음 무장경비원이 지키는

보이지 않는 전쟁 @ WAR

커다란 철문에서 여섯 자리 암호를 입력해야 한다. 그 해커팀은 정보기관 내에서도 가장 은밀한 조직이었다. NSA의 직원들 중 극소수만 TAO가 하는 일을 알았고 그 사무실로 들어갈 수 있었다.

TAO 소속 해커에게는 한 가지 임무만 있었다. 어떻게 해서든 적의 네트워크에 침입하는 것이었다. 패스워드를 훔치거나 깨트리기, 스파이웨어 심기, 백도어 만들어놓기, 그리고 CIA 첩보요원과의 합동작전 등 정보를 얻기 위해 가능한 모든 방법이 동원되었다. 이와 같은 첩보전에는 두 가지 목적이 있었다. 첫째, 미국의 경쟁자들과 관련된 비밀을 얻는다(적과 동지 모두에 해당된다). 둘째, 대통령의 명령이 있을 때 그러한 컴퓨터 네트워크 및 그에 연결된 인프라 구조를 파괴할 수 있는 정보를 수집한다. 인터넷이라는 이름의 전쟁터에서 TAO는 잠재적 타깃을 감시하고 정보를 수집했다. 그리고 공격명령이 떨어지면 그 정보가 공격을 이끌 것이다.

NSA 협력자였던 에드워드 스노든이 폭로한 기밀문서에 의하면, 정보전문가들은 TAO가 최소한 89개국 8만5000개의 컴퓨터 시스템에 스파이장치를 심었을 것으로 추정하고 있다. 2010년 한 해에만 TAO는 279개의 작전을 수행했다. 그 팀은 블랙베리처럼 널리 이용되는 이메일 시스템의 암호체계를 풀어 전 세계 컴퓨터 사용자들을 대상으로 첩보활동이 가능하게 만들었다. 극단적으로는, 타깃에게 배송되는 컴퓨터를 NSA 시설로 빼돌려 컴퓨터 안에다 스파이웨어를 심은 후 보내는 경우도 있었다. TAO의 파워포인트 프레젠테이션에서는 자신들의 이와 같은 정보탈취 활동을 자랑하며 인텔 로고와 비슷한 문구를 이용한 적도 있었다. 'TAO 인사이드'(안에 TAO가 들어 있다—옮긴이).

대부분의 경우 감염된 컴퓨터 사용자는 TAO 해커가 훔쳐보고 있을 것이라고는 짐작도 하지 못한다. TAO 팀이 소위 제로데이 취약성 정보를 활용할 수 있었기 때문이다. '제로데이 취약성'이란 컴퓨터 시스템이 가진 오류로, 이를 수정하는 패치가 발표되기 전 이를 발견한 해커들만이 알고 있는 상태를 말한다. NSA는 이와 같은 취약성 정보를 회색시장에서 이를 발견한 해커들로부터 구매하였는데, 정보 하나에 수천 달러 이상 지불한 경우도 많았다. 어떤 경우에는 소프트웨어와 하드웨어 기업에 비용을 지불하고 그들이 생산한 제품의 취약성이나 백도어를 공개하지 않게 했다. NSA와 TAO의 해커들이 침투할 통로를 확보하는 방법이었다.

해커가 컴퓨터 안으로 침입하면 암호화되지 않은 모든 문서를 읽고 복사할 수 있다. 텍스트파일과 이메일, 시청각 파일, 프레젠테이션, 접촉목록 등 컴퓨터 내부의 모든 자료들이다. 암호화된 정보는 읽기 어렵지만 불가능한 것은 아니다. 암호 해독도 NSA의 임무에 포함되며 60년 이상 그 분야에서 최고 역량의 보유자였다.

인터넷 접근을 제한하는 국가에 대한 첩보활동은 TAO 해커들이 일을 할 수 없는 유일한 상황이다. 이 최고 엘리트 해커들의 활동 범위에 북한이 거의 포함되지 않는 이유가 여기에 있다. 북한은 외부 세계와의 연결을 엄격히 제한하고 모니터링하며 방어하기 때문에 TAO가 확보한 침입 지점도 극소수에 불과하다.

중국의 상황은 조금 다르다.

중국은 NSA의 감시와 사이버전 계획에서 중요한 타깃이다. 정부가 내부로부터의 인터넷 접속과 활동을 많이 통제하고 있지만, 중국은 거대하면서도 기술이 계속 발전하는 국가다. 그리고 이로 인해 취약성도 많이 존재한다.

정보사학자이자 저널리스트인 매튜 에이드(Matthew Aid)는 TAO에 대해 이렇게 말했다. "그들은 지난 15년 동안 중국의 컴퓨터와 커뮤니케이션 시스템들에 성공적으로 침입해 들어가 중화인민공화국 내에서 일어나고 있는 일들에 대해 신뢰성 있는 정보를 확보할 수 있었다." 실제로 TAO는 중국이 미국의 방위사업자 등의 기업 컴퓨터 네트워크를 뚫고 들어갔다는 증거를 확보하여 미국 관료에게 제공했다. NSA의 기밀문서에 의하면 TAO는 중국계 세계 최대의 텔레콤업체인 화웨이의 네트워크를 타깃으로 했다. 미국 정보 관계자와 일부 의원들은 오래전부터 화웨이가 중국 군부와 정보기관의 일을 수행하고 있는 것으로 의심해 왔다. 미국의 규제당국은 라우터나 스위치 같은 화웨이에서 생산한 텔레콤 장비를 컴퓨터나 네트워크에 장착하는 것을 금지시켰다. 이러한 장비가 사이버첩보 활동의 통로가 될 수 있다는 생각에서였다.

에드워드 스노든은 중국 최고 수준의 교육 및 연구기관인 베이징 칭화대학 컴퓨터에도 NSA가 침입했다고 중국 언론인들에게 밝혔다.[2] 스노든의 폭로에 따르면 NSA의 해킹은 매우 광범위했다. 그는 그 언론인에게 2013년 1월 어느 날 NSA가 최소한 63개의 대학 컴퓨터와 서버를 뚫고 들어갔다고 말하며 증거자료를 보여주었다. 거기에는 그 컴퓨터들에 물리적으로 접속한 사람만이 얻을 수 있는 인터넷 프로토콜 주소들이 실려 있었다.

NSA는 왜 그렇게 중국 대학의 해킹에 많은 노력을 쏟았을까? 스노든과 인터뷰한 그 언론인은 칭화대학이 중국 교육과 연구 네트워크의 본산이며, 수백만 명의 중국인으로부터 인터넷 데이터를 채굴해낼 수 있는 정부운영 시스템이라는 점을 지적했다. 그것은 물론 NSA가 뚫고 들어가려는 한 가지 이유였다. 그러나 미국 분석조사팀은 중국의 대학들이 정부의 중요한 인력 공급처라고 생각했다. 유닛61398은 인민해방군 소속으로 상하이에 본부를 둔 사이버기관인데, 이곳에서는 "하얼빈공과대학이나 저장대학교 컴퓨터과학기술대학 같은 과학기술 분야 대학으로부터 새로운 우수인력을 공격적으로 끌어들이고 있다." 컴퓨터 관련 인력회사인 '맨디언트'의 표현이다.

NSA는 칭화대학 컴퓨터를 해킹해 들어가서 그러한 인력의 명단을 입수하거나 그들이 어떤 훈련을 받는지 알아보려 했다. 칭화대학 내 컴퓨터과학기술부에서는 학사와 석사 및 박사급 교육과정을 운영하고 있다. 한 국제연구조사에 의하면 칭화대학은 중국본토에서 최고의 컴퓨터과학 대학이며 세계에서는 27번째 수준으로 평가되었다.[3] 하지만 그 대학은 스스로를 최고 대학이라고 자부하고 있다. NSA와 군정보 파트에서는 중국에서 활동하는 것으로 알려진 모든 해커의 데이터베이스를 확보하고 있다. 앞으로는 NSA가 활동을 막 시작하려는 미래의 중국 해커를 찾아내기 위해 칭화대학을 가장 먼저 살펴봐야 할 것이다.

근래의 가장 큰 타깃은 중국이지만 TAO 해커의 관심이 중국에만 있는 것은 아니다. 2007년 이라크 증강 배치 때 이 해커들은 수백 명의 알카에다 테러리스트와 반군을 추적했다. 그해에는 이란 핵무기 개발 프로그램에 관한 정보수집 활동으로 NSA 지도부로부터 많은 주목을 받기도 했다.[4] 매튜 에이드는 최근 은퇴한 NSA 관료의 말을 인용하여 TAO가 "이제 제 역할을 하고 있다."고 표현했다.[5] 경력을 쌓고 능력 있는 해커로 인정받으려는 사람들이 TAO에 배치되길 희망했으며, 그곳에는 자신들의 해커기술을 펼쳐 보일 기회가 많았다. NSA의 신호정보 파트 책임자(NSA 내에서 가장 유능한 사람이 담당하는 최고위직)를 역임한 테레사 셰어(Teresa Shea)는 자신이 TAO 정보수집 팀장으로 수행했던 일이 큰 도움이 되었다고 말했다. 정부의 어떤 기관도 하지 못한 일이었다.

이 정예 조직은 직원에게 정교하고도 신뢰성 있는 훈련 기회가 되기 때문에, 민간에서 더 나은 대우를 받으며 사이버보안 활동을 할 수 있는 통로 역할도 했다. TAO에 근무했던 인력은 정부 협력기업에서 비슷한 업무를 계속해갈 수 있었는데, 소프트웨어 생산기업인 SAP, 록히드마틴, 그리고 아마존 같은 이름 있는 기업도 여기에 포함되었다. 이들은 자신들이 직접 사이버보안 기업을 설립하여, 민간회사의 고객들로부터 정보를 훔쳐가려는 외국 조직 혹은 기업들을 상대로 해킹활동을 대행해주기도 한다.

TAO는 NSA의 엘리트 해커가 모인 곳이지만, 그 안에서도 엘리트 중 엘리트가 모인 그룹이 있다. 원격작전센터(Remote Operations Center)가 공식적인 이름이지만 내부에서는 그 약자인 ROC으로 불렸다(바위, 즉 '락(rock)'과 발음이 같다).

ROC은 포트미드뿐만 아니라 콜로라도, 조지아, 텍사스, 그리고 하와이 등에 있는 지부에서 활동하는 해커들 중 최고의 기술과 경험을 갖춘 인력들의 본산이었다. 여기에는 워싱턴 고위 정책결정자들의 영향력도 미치지 않았다. NSA의 기밀 예산문서에 따르면 2013 회계연도에 ROC은 전 세계 컴퓨터 네트워크로 침입해 들어가는 활동에 지출한 6억5170만 달러를 승인받았다. 미국 군대와 그 기밀 컴퓨터 네트워크를 공격으로부터 방어하기 위해 전체 정보기관이 지출한 비용의 두 배에 달하는 액수였다.

규정으로만 볼 때, 미국 사이버사령부는 미군 전투병 지휘관과 협조하여 사이버전을 수행하게 되어 있다. 그러나 실제로는 ROC과 사이버사령부가 협조하여 감시 및 공격활동을 수행하고 대부분의 경우 ROC이 주도한다. ROC의 활동은 사이버전쟁과 밀접하게 관련된다. 공격이 있기 전 필수적으로 감시가 수행되어야 한다. ROC은 시스템과 네트워크에 대한 정찰활동을 하고 타깃의 정보를 사이버사령부에 제공하는 역할을 부여받았다. 그리고 그 두 조직은 같은 사람의 지휘를 받기 때문에(NSA 국장이 사이버사령부 책임자를 겸임한다) 비교적 쉽게 협조가 이루어진다.

지역별 센터는 특히 미국의 적을, 그리고 그 동조자를 추적하는 일에서 큰 활약을 했다. 2009년 후반기에는 하와이 센터의 소

136

규모 팀이 알카에다 지도부 타깃들에 대한 정보확보 작전을 수행했다.[6] 해커들은 테러리스트의 전자장비 내로 뚫고 들어갔다. 이라크에서 사이버작전을 통해 미군에게 테러리스트들의 위치정보를 제공했던 활동과 비슷했다.

지역 센터들은 미국의 동맹국들을 대상으로 하는 매우 민감한 첩보활동의 근거지 역할도 했다. 2010년 5월, 텍사스 샌안토니오의 팀원은 멕시코 대통령과 그 참모들이 이용하는 이메일 서버를 뚫고 들어가는 데 성공했다. 플랫리퀴드(Flatliquid)라는 이름을 붙인 그 작전에 관한 기밀 요약보고서에서 팀원은 "멕시코 대통령 펠리페 칼데론(Felipe Calderon)의 업무 이메일 계정에 침입성공"을 밝혔다.[7] 그 팀은 주멕시코 미국대사관의 첩보팀 및 CIA와 공동작전으로 멕시코 네트워크에서 전화통화와 텍스트 메시지를 도청할 수 있었다.

멕시코 내각 각료들도 NSA가 해킹한 이메일 도메인을 이용하고 있었다. 미국 첩보진은 "외교, 경제 및 정치 관련 커뮤니케이션을 도청하여 멕시코의 정치 시스템과 내적 안정성에 대해 분석할 정보를 확보했다." 칼데론 대통령은 믿을 수 있는 미국의 우방이지만 비밀리에 '이익이 남는' 쪽으로 방향을 틀고 있었다.

멕시코의 폭력 마약 카르텔은 법집행 관료들을 암살하고, 몇몇 도시 전체를 폭력으로 장악하는 등 횡포를 자행하고 있었다. 칼데론은 이러한 마약 카르텔과 싸우기 위해 미국 정보기관과 군부, 그리고 검찰 등과 밀접히 협조하고 있었기 때문에 미국 정보기관의 그 작전은 일종의 배신이었다. 미국 고위 정보관료들이 미국-멕시코 관계에 대해 말할 때는 항상 칼데론과 그의 정부가 미국 기관과 협조하는 방식을 추켜세웠다. 미국은 마약 카르텔에 관한 정보를 제공해 왔는데, 미국 정보기관이 도청한 커뮤니케이션들도 그러한 정보에 포함되었다. 그런데 이제 바로 그 정보기관이 멕시코 대통령을 해킹한 것이다.

미국이 마약과의 전쟁에 대한 칼데론의 의지를 의심한 것은 아니었다. 그러나 미국은 국경 너머에서 그가 약속한 사항을 모두 행하고 있음을 분명히 보여주고, 그에 대항하는 적대적 위협이 없기를 원했다. 그가 알지 못하거나 대처할 능력이 없는 위협 모두가 해당되었다. 신중함과 간섭이 함께한 결과였다. 미국 관료들의 눈에 멕시코는 칼데론의 역량에만 맡겨두기에는 너무 불안해 보였다.

그러나 칼데론에 대한 해킹에는 미국 자신의 이해도 작용했다. 미국 관료들은 마약 카르텔이 국경을 넘어 미국 내로 세력을 확장할 수 있고, 칼데론 정부를 무너뜨리거나 약화시켜 멕시코가 혼란에 빠질 가능성까지 있다고 보았다. 2012년 여름, NSA는 당시 대통령 후보였던 엔리케 페냐 니에토(Enrique Pena Nieto)의 이메일을 해킹했다. 그는 그해 12월 대통령에 취임했다. NSA는 그의 휴대전화도 도청했는데, 극비 NSA 문서에 따르면 '그의 측근 아홉 명'의 휴대전화와 니에토 및 그의 측근들이 보낸 8만5000건 이상의 텍스트 메시지도 함께 도청했다. 첩보진은 그래핑 프로그램을 이용해서 누가 누구와 접촉하는지 모니터링 한 다음, 그중 어떤 커뮤니케이션들을 의미 있는 관계로 볼 수 있는지 파악했다.

NSA가 자신들의 일이 가지는 정치적 민감성에 대응을 잘하지 못한다는 지적도 있지만 이는 잘못된 해석이다. 미국의 동맹국을 해킹하는 행위는 신뢰에 대한 배신이 분명하지만 이와 같은 일들은 첩보 분야에서는 통상적으로 행해지는 첩보활동의 표준이라고 할 수 있다. NSA 간부와 요원들은 자신들이 대통령의 명령과 각료, 그리고 고위 정책결정자의 명령을 따랐을 뿐이라고 주장한다. 사실 그들은 1년에 두 차례 NSA 등의 정보기관이 파악해주길 원하는 정보 주제들을 제시하는 문서를 만들고 승인한다. 오바마 행정부 관료들은 멕시코 정부 내 움직임을 모니터링하는 것이 두 나라의 안전을 지키기 위해 필수적이라고 판단했다. NSA가 멕시코 해킹을 선택한 것이 아니라 그들에게 부여된 임무였던 것이다.

TAO와 ROC은 정보기관과 군대의 경험과 인력을 섞어 배치했는데 이러한 방식은 사이버전쟁의 핵심적 특징 중 하나를 말해주는 것이다. 즉 순수한 정보 및 군사 작전 사이의 구분이 없어진다. 정보기관은 미국 법률에 따라 다른 국가의 법률과 주권을 침해하는 은밀한 작전에 개입할 수 있지만 미국 정부의 개입 사실은 은폐해야 한다. 이에 비해 군사작전은 전쟁 관련 국제법에 따라 수행되고, 완전히 공개된 상태로 행해지는 것은 아니지만 정보작전에 비해 훨씬 투명하고 책임소재가 분명하다. 이 두 영역이 함께하면 정보와 군사관련 법률 중 언제 어느 쪽을 따라야 할지 판단해야 할 문제가 생긴다. 실제로는 국장을 비롯한 NSA의 관료가 결정을 내리는데, 국장 자신이 정보기관(이 경우는 첩보원이다)과 사이버사령부(이 경우는 군인이다) 모두를 지휘하기 때문이다.

이와 같이 첩보원이 되었다가 군인이 되기도 하는 경우가 특수작전군의 세계에서 일어난다. 그곳에서는 군대 특전요원이 전투훈련을 받고 비밀정보임무에 배치된다. 빈 라덴을 사살한 작전도 사실은 합동특수전사령부 빌 맥레이븐(Bill McRaven) 중장이 지휘했다. 그러나 법률적으로는 리온 파네타 CIA 국장의 감독 아래 이루어졌다. 실제로 파네타는 버지니아 랭글리의 집무실에 앉아서 자신은 명목상의 책임자일 뿐이며 맥레이븐이 작전을 책임지고 수행할 것이라고 말했다. 맥레이븐이 작전명령을 내렸고 그의 부하 군인들이 임무를 수행했다는 데 이의를 제기할 사람은 아무도 없다. 그러나 법률적 구분은 중요하다. 첫째, 작전이 밝혀졌을 때 미국 정부가 모르고 있었다고 주장할 근거가 될 수 있다. 둘째, 미국이 전쟁법률을 피해갈 수 있다. 즉 두 국가가 전쟁 중이 아니면 한 국가가 다른 국가를 침입할 수 없다는 것으로, 이 경우는 빈 라덴이 숨어 지내던 파키스탄이다. 지상에서 전쟁이 진행될 때 군인에게 스파이 임무를 맡기는 경우는 흔히 있다. 사이버공간에서도 마찬가지다.

NSA도 CIA의 협조가 없었다면 그 모든 해킹 임무를 다 수행할 수가 없었을 것이다. CIA 요원들은 외국 정부나 군대, 그리고 기업(특히 텔레콤 및 인터넷서비스 공급자들이 주요 대상)의 물리적 시설을 뚫고 들어가 컴퓨터 시스템에 멀웨어를 심거나 감시장치를 장착하는 소위 '007 첩보원' 임무를 100차례 이상 수행했다. 이러한 컴

보이지 않는 전쟁 @ WAR

퓨터 시스템은 NSA가 원격으로 침투하기에는 방어가 너무 견고했다.

이와 같은 비밀 침투임무는 CIA와 NSA가 합동으로 구성한 특수정보국(Special Collection Service, SCS)에서 수행하는데, 그 조직은 NSA로부터 자동차로 10분 거리인 메릴랜드 벨츠빌 인근에 본부를 두고 있다. SCS는 냉전이 격화되던 시기에 소련과 동구권 국가의 공산당 사무실을 도청하는 등 대담한 행동으로 명성을 얻었다. 그 요원들은 영화와 TV 시리즈로 방영된 〈미션 임파서블〉에서 곡예를 하듯 은밀하게 침입해 들어가는 기술자에 비교되곤 했다. 소문에 의하면 그들은 창문에 레이저를 발사하여 사무실 내에서 진행되는 대화를 녹음했다고 한다. 워싱턴DC의 소련 대사관에는 창틀에 둥지를 튼 비둘기에게 도청장치를 장착하기도 했다.

현재 이 특수정보국은 미국 대사관과 영사관 내에 '도청기지국'을 65개 운영하고 있다. 도청장치를 설치하기 어려운 오지의 테러리스트들과 사이버군대를 양성하고 있는 외국 정부, 특히 중국과 동아시아 국가가 이 팀의 새로운 타깃이 되고 있다. (알렉산더는 이라크에서 사이버전사와 협력하여 반군과 테러리스트들을 추적해 체포하도록 특수정보국 요원들을 파견했다.) 이 팀은 도청이 필요하지만 커뮤니케이션 네트워크에 침입하기 어려운 곳에 NSA가 디지털 거점을 확보할 수 있도록 도와주며, 필요할 경우 그러한 시스템을 파괴하는 사이버공격도 감행한다.

몇 년 전 특수정보국은 남아시아의 한 국가에서 광섬유 선로

서비스를 제공하는 스위칭센터에 침입했다. NSA는 그 국가 커뮤니케이션 연결망에 중요한 침입경로를 확보하고 군 최고지휘관들의 커뮤니케이션을 도청할 수 있었다. 이와 같은 형태의 정보작전은 두 가지 효과를 노릴 수 있다. 즉 감시와 사이버공격을 감행할 경우 작전기지를 확보하는 것이다. NSA는 이들 국가의 컴퓨터도 비밀리에 탈취하여 악성 소프트웨어를 퍼트리는 데 이용했는데, 그렇게 하면 미국까지 추적해 올 수 없게 된다. 현재 이렇게 스파이웨어를 심을 수 있도록 비밀작전 훈련을 거친 수십 명의 CIA 요원들이 포트미드의 NSA 본부에 배치되어 활동하고 있다.[8]

CIA도 자체적인 해커 인력을 양성했으며, 정보작전센터(Information Operations Center, IOC)로 알려진 팀이다.[9] 스노든이 유출한 예산문서에 의하면, 이 CIA 팀은 최근 몇 년 동안 규모가 확대되었다. 현재는 수백 명의 요원이 소속되어 CIA에서 가장 큰 팀들 중 하나로 자리 잡았다. 또한 스노든의 문서에는 IOC가 사이버공격을 감행하고 작전 수행에 도움을 얻기 위해 외국인 첩보원도 고용하는 것으로 나타나 있다.

인터넷은 전쟁터가 되었다. 최근에는 군대와 정보기관 사이의 협력이 더욱 강화되어 합동으로 싸우는 영역도 확대되었다. 그들은 이라크에서 효과가 이미 입증된 추적 기술을 아프가니스탄으로 수출했다. NSA 해커들이 전쟁 지역으로 파견되어 전투병력과 함께 탈레반 전사를 사로잡거나 사살한다. 시프팅섀도(Shifting

Shadow)라는 프로그램에 따라 NSA는 아프가니스탄에서 휴대전화 커뮤니케이션과 위치정보를 수집하여 작전에 활용했는데, 기밀 문서에서는 이를 '외부접근지점'으로 이름 붙였다. 다른 데이터들도 분석 컴퓨터에 입력되었다.[10] 여론조사 결과 교통상황 보고, 그리고 시장의 식품가격까지 포함되었다. 분석팀은 대중들의 분위기를 파악하고 연결고리를 찾는다. 예를 들어 감자 가격의 폭등과 폭력발생 사이의 관계와 같은 것이다. 작전의 결과에 대해서는 평가가 달랐다. 한 미국 관료는 그 시스템이 '미래를 예측'할 수 있었다고 주장하며, 탈레반 공격의 시간과 위치를 60~70퍼센트 정확도로 맞추었다고 신뢰를 나타냈다. 그러나 다른 일부에서는 그 시스템이 과장되었으며, 실제로는 그 지지자들이 주장하는 만큼 유용한 결과가 한 번도 나온 적이 없는 값비싼 실험에 불과하다고 비판했다.

그러나 그 효과를 어떻게 평가하든, 아프가니스탄의 군 고위 지휘관들은 사이버전쟁이 큰 역할을 했으며, 전쟁이 지지부진해짐에 따라 비밀작전이 많아지는 상황에서 새로운 전쟁형태를 만들어준 것으로 생각했다. "나는 2010년 아프가니스탄에서 군을 지휘했던 군인으로 사이버작전을 이용해 적들에게 큰 타격을 주었다고 말할 수 있습니다." 해병대 중장 리처드 밀스(Richard P. Mills)는 2012년 8월 볼티모어에서 열린 IT 컨퍼런스에서 행한 연설 중에 이렇게 말했다. "우리는 적들의 네트워크 속으로 침입하여, 그들의 지휘통제 체계를 감염시켰습니다. 적들도 거의 항상 우리 네트워크 속으로 침입하여 우리 작전에 영향을 미치려 시도

했지만 막아냈습니다." 당시 밀스는 아프가니스탄 주둔 해병대 최고위 장교였으며 남서부의 전투병력을 지휘했다. 그는 아프가니스탄에서도 이라크에서 사용한 것과 동일한 기술과 방법이 쓰였다고 말했다.

두 차례의 전쟁을 치르면서 NSA는 6000명 이상의 자체 인력을 전투지역으로 파견했으며, 그중 20명이 사망했다. 사이버전쟁을 수행하는 요원들에게 아무런 위험이 없다고 말할 수는 없다.

사이버전사들도 크고 작은 전쟁에 파견된다. 2011년 무아마르 카다피(Muammar Gaddafi) 추출로 이어진 리비아에서의 미국 군사작전 동안에 NSA는 해군의 사이버전사와 협력하여 리비아 내 타깃을 추적하고, '공격 패키지'를 구성하는 데 도움을 주었다. 해커들이 전자장비와 전파신호를 이용해서 지상의 타깃을 찾아내면 이를 위치좌표와 함께 항모 엔터프라이즈에서 출격하는 공중공격 그룹에 전달했다. 해군의 정보작전사령부에서 그 같은 사이버작전을 수행했는데, 그 본부는 NSA가 있는 포트미드에 위치한다.

해군과 NSA의 합동작전은 처음이 아니었다. 2010년 국방장관이 지휘한 6개월 프로젝트 동안 해군 정보작전사령부는 NSA 및 그 산하 특수정보작전과와 협조했다. 미국 커뮤니케이션 기업을 모니터링하는 활동으로 여기에는 프리즘 시스템에 정보를 제공해주는 기업도 포함되었다. 그 목표가 외국 정부였는지 아니면 테러리스트 네트워크였는지 등의 자세한 내용은 기밀로 분류되어 있다. 그러나 한 참가자에 따르면, 최소한 14개 국가에서 600개가 넘는 개별적 타깃을 실시간으로 추적하는 작전이었으며, 거의 150건의 서면 보고서가 만들어졌다고 한다. 그것은 사이버전 쟁과 첩보전에 있어 또 다른 진화로, 전투병력의 한 지부가 정보 기관과 협력하여 미국 기업들이 확보한 정보를 이용한 형태였다. 역사적으로 미국 국토 내에서는 군사작전을 하는 경우가 거의 없 었다. 그러나 타깃이 그곳에 없더라도 이 새로운 전쟁에서 싸우 기 위해 이용하는 도구들은 있었다. 이와 같은 상황에서는 인터 넷이 국경 없는 전쟁터나 마찬가지다.

사이버전사는 국경 없이 움직이는 테러리스트 그룹에 대해서도 많은 전과를 올렸다. ROC은 알카에다 요원이 커뮤니케이션에 이 용하는 웹사이트와 포럼들을 찾아냈다. ROC 해커들의 내부 통신 망에 게시된 한 글에서는 자신들이 특정한 웹 포럼을 방문하는 '상당히 많은 수의 누군가'에게 스파이웨어나 바이러스를 감염시 킬 수 있었다고 주장했다.

사이버전사는 알카에다 잔당과 그 협조자에 대해서도 많은 활 약을 했다. 2013년 8월, 공군 제70 정보감시정찰비행단 소속 상 병 한 명이 도청으로 수집한 커뮤니케이션들을 걸러내는 작업을 하던 중 의심스럽게 보이는 부분을 발견했다. 비행단에서는 포트 미드의 사이버사령부로 보고했다. 그들은 정기적으로 다른 국가 의 커뮤니케이션 네트워크에 침입하여 무기에 관한 정보를 훔치 고, 협정준수 여부를 모니터링하며, 지휘통제 관련 정보를 긁어 모으고 있었다. 그러나 이 커뮤니케이션은 국가와 관련된 정보가 아니었다. 암호관련 훈련을 받았던 그 공군병사는 이것이 알카에 다 지도부가 공격을 계획하는 '컨퍼런스콜(conference call, 사이버회의)'이라고 경고하는 정보를 첨부했다.[11] 그 정보는 오바마 대통령까지 이어지는 명령체계에 있는 고위장교들을 긴장시켰다.

그 정보에 따라 국무부는 중동 전역의 22개국 미국대사관을 일시적으로 폐쇄시켰다. 그 테러 음모는 최근에 있었던 가장 큰 사건들 중 하나였으며, 미국대사관이나 해외의 다른 정부 시설물들을 대상으로 대규모 공격이 있을 가능성에 대비하여 정보기관과 군부, 그리고 해외에 있는 미국인의 경계를 강화했다.

그 컨퍼런스콜은 전화회의가 아니라 암호화된 인터넷 메시지전달 시스템이었다.[12] 회의에 관한 소식을 처음으로 전했던 〈더 데일리 비스트〉의 보도와 공군 고위장성의 말을 토대로 하면, 그 공군병사는 알카에다 요원이 여러 암호화 계정들에 텍스트문서 형태로 업로드했던 회의기록을 발견했다. 그가 문서를 해독하고 번역한 덕분에, 미국은 계속해서 문서를 가로채고 알카에다 요원의 위치를 확인할 수 있었던 것으로 보인다. 그 알카에다 요원은 CIA의 도움을 받은 예멘 당국에 의해 체포되었다. 그 요원은 전세계에 걸쳐 20명이 넘는 알카에다 지도부가 참여한 또 다른 인터넷 회의 기록도 가지고 있었다.

사이버전쟁 최전선에서의 생활은 미국 군인을 변화시켰으며, 전에는 한 번도 생각한 적이 없는 위협의 세계로 그들의 시선을 향하게 했다. 2007년 이라크에서 돌아온 밥 스타지오 대위는 어느 날 포트미드 NSA 본부에서의 점심식사 중 어깨에 별이 세 개나 붙은 장군 옆에 앉게 되었다.[13] 음식이 차려진 방은 제복차림의 남녀로 꽉 찼으며, 그들 중 한 명이 스타지오를 비롯한 사이버전사들이 이라크에서 수행한 일을 격찬하는 기사를 읽는 소리가 스타지오의 귀에 들렸다. 어떻게 겨우 35명으로 구성된 신호정보 소대가 450명의 일급 타깃들을 잡을 수 있단 말이야? 1개 소대의 성과로는 정말 놀랄 만한 숫자지. 1년도 안 돼 공격이 90퍼센트나 줄어들었다고 하잖아. 스타지오와 그 동료들에게 명예로운 국장표창이 수여되었다. 신호정보 종사자로서 최고의 명예였다. 그때까지 스타지오 팀은 그 상을 수상한 가장 소규모 그룹이었다. 사회자가 스타지오의 이름을 부르자 사람들은 박수갈채를 보냈고, 옆자리의 3성 장군은 그에게 미소를 짓고는 옆구리를 슬쩍 찌르며 말했다. "자네, 훌륭했어." 케이스 알렉산더 NSA 국장이었다.

그것은 그들 사이에 새로운 관계의 시작에 불과했다. 알렉산더는 스타지오를 사이버사령부 액션그룹으로 데려갔다. 알렉산더의 'A-그룹'이었다. 스타지오는 알렉산더를 직접 대면하는 고위 간부에게 보고했다. 그는 새로운 사이버사령부를 구성하는 초기 작업을 도왔다. 2009년 그는 NSA에서 군사 사이버작전을 담당하는 중대의 지휘를 맡아 70명의 군인과 고가의 최첨단 장비를 감독했다. 컴퓨터 네트워크 운영센터의 당직사관 임무도 겸했는데, 그는 그 방이 항공우주국(NASA)의 존슨우주센터 주조정실과 비슷하게 생겼다고 생각했다. 스타지오는 마침내 군대를 떠났지만 민간인으로 NSA에 남아서 NSA 사이버센터의 운영책임자가 되었다.

스타지오는 자신이 '상시적 위기 모드'라 표현한 곳에서 일했다. 그는 군사 네트워크가 침입을 엿보는 해커로부터 항상 테스트당하고 있음을 알고 있었다. 그뿐만 아니라 인터넷 전체가 정보를 훔치려는 자, 컴퓨터를 탈취하려는 자, 혹은 정보네트워크와 그에 연결된 인프라 구조를 파괴하려는 자들로 가득 차 있는 것이 보였다. 그 일은 스타지오의 눈을 위협의 세계로 향하게 만들었다. 그는 이러한 사실을 직시하고 대처할 준비를 하는 사람이 거의 없다고 생각했다. 자신이 직접 그런 일을 했었기 때문에 스타지오는 해커들이 어떤 일을 저지를 수 있는지 알았다. 열차 탈선 소식 등을 전하는 뉴스를 들을 때 스타지오는 의심의 생각이 먼저 올라온다. '혹시 해커의 짓은 아닐까?'

밥 스타지오는 미국에 대한 초대형 사이버공격에 대비하며 몇 년을 보냈다. 그리고 NSA를 떠난 다음 로닌 아날리틱스(Ronin Analytics)라는 자신의 사이버보안회사를 시작했다. 스타지오는 여러 기업의 경영진이 그들 자신의 사이버방어 능력이 정교하고 네트워크가 활기차게 운영되고 있다며 자랑하는 말을 듣곤 한다. 그들은 잘 보호되고 있고 안전하다고 자신한다.

스타지오는 머리를 저으면서 생각한다. 당신들은 내가 보는 것을 보지 못하는 거야.

5. 우리 내부의 파괴자들

*
*
*

인터넷은 전쟁터였다. 그러나 적이 숨어 있는 곳은 평범했다. 케이스 알렉산더의 눈에는 사이버공간 어디에나 도사리고 있는 위협이 보였다. 은행과 전력망에, 군대와 정보기관 컴퓨터 네트워크에. NSA 사이버전사가 어떻게 그 모두를 찾아낼 수 있을까?

알렉산더는 NSA에 부임하고 1년이 지나 참모에게 "네트워크상에서 싸워야 할" 때가 다가오고 있다고 경고했다. NSA는 이제 9·11테러 이후부터 주력해 온 대테러 활동 임무에서 방향을 진화시켜, 해커를 찾아내고 대항해 싸우는 활동을 임무의 중심에 두어야 했다. 테러리스트 조직이나 범죄고리 혹은 적성국가 등을 위해 활동하는 해커들이었다. 알렉산더는 터벌런스(Turbulence, 소용돌이)라는 이름의 비밀 프로그램에 배치된 NSA 요원에게 메모를 보냈다. 그 프로그램은 센서 네트워크를 이용해 전 세계에서 해커와 멀웨어들을 모니터링하는 활동으로, 필요한 경우에는 위협을 제거하기 위해 사이버공격을 가할 수도 있었다. 알렉산더는 메모에서 "안보국 내에서 이보다 중요한 활동은 없다."고 강조했다.[1]

NSA는 임무수행을 위해 전 세계의 컴퓨터에 감시와 모니터링 장치를 심는 일에 더 공격적으로 나섰다. 사이버 위협으로부터 국가방어에 종사할 것을 서약한 미국 해커는 적의 입장에서 생각하기 시작했다. 적은 분명히 노련하고 교활한 고수들이다. 적이 공격에 사용하는 바로 그 기술을 우리가 방어에 사용할 수 있을 것이다. 사이버전사들은 이제 공격과 방어의 경계가 애매해지는 회색지대로 들어가고 있었다. 인터넷 안전을 확보하려는 시도가 바로 그 인터넷의 기반을 훼손시킬 수 있었다.

NSA 사이버전사들은 인터넷 공간에 도사린 위협 상황을 검토한 후, 사이버공간을 구성하는 핵심들 중 어떤 요소들이 자신들의 임무 수행에 장애물이 될 수 있는지를 판단해 그 장애물을 제거하기로 했다. 그중 첫번째가 토르(Tor: The Onion Routing)라고 불리는 대중적 라우팅 시스템으로 이것을 이용하면 전 세계 사람들이 익명으로 인터넷에 접속할 수 있다. 토르는 범죄에 사용되거나 미국의 적국이 운영하는 시스템은 아니다. 2002년 미국 해군 연구소가 개발해 현재는 독재자의 감시를 피하려는 반정부인사나 민주화운동가들이 이용하고 있다. 그러나 해커나 간첩, 그리고 범죄자들처럼 인터넷 활동 중에 자신의 위치를 숨기려는 사람들도 많이 이용한다. 토르는 인터넷의 도로망에 어두운 구석을 만들어주고, 사람들은 그곳에서 익명으로 불법 상품과 서비스를 사고판다. 마약과 무기, 컴퓨터 바이러스와 해킹서비스, 그리고 청부살인까지 거래된다.

익명성은 NSA의 사이버전쟁 활동에 걸림돌이 된다. 타깃의 위치를 모르면 해커도 공격할 수가 없다. 따라서 NSA가 2006년부터 토르의 익명성을 없애는 작업을 시작한 것은 이해할 수 없는 일이 아니었다.[2]

토르 사용자는 소프트웨어의 한 조각을 자신의 컴퓨터에 다운로드받는다. 사용자가 웹사이트에 익명으로 접속하려 할 경우, 소프트웨어는 자동적으로 그를 수천 개의 중개지점(릴레이 포인트)으로 구성된 네트워크 속으로 끌어들인다. 자발적으로 운영되는 지점들이다. 토르 내부 트래픽은 네트워크의 여러 층을 거치면서 암호화되기 때문에 흔히 양파에 비유되기도 한다. 사용자가 사이트에 접속하면 그의 데이터는 여러 차례 암호화를 거치고 여러 중개지점을 돌아다니므로 그 위치를 정하기가 거의 불가능해진다. 토르를 이용하는 사람은 누구나(마약거래상이나 아동포르노 공급자, 해커, 테러리스트, 첩보원 등) 온라인상에서 이를 이용해 익명성을 확보하고, 법집행 기관이나 정보기관의 추적을 피할 수 있다.

2012년 2월, NSA는 영국의 정부통신본부(Government Communications Headquarters, 영국의 NSA에 해당)와 합동으로 토르 시스템 내에 11개의 '중개 지점(relay)'을 설정했다. 중개지점은 라우터 혹은 노드로 알려져 있는 것으로, 시스템 내에서 트래픽을 받아 방향을 변경해주는 지점이다. 이렇게 정부가 심어둔 중개지점은 프리덤넷(Freedomnet)이라 불렸다.

토르 시스템 내에 첩보 거점을 구축하는 방법은 토르 노드들을 공격해서 차단하는 것보다 좋은 방법으로 생각되었다. 사실 극비 문서에 따르면 NSA 해커들이 이렇게 파괴적인 방법을 고려했지만, 그 노드들이 미국 내에 있을지 아니면 해외 어디에 있을지 알수 없었고, 미국 내에 위치한 공격 장비가 법률적 문제를 야기할수도 있었기 때문에 결국 배제되었다. 토르 시스템 내에 수천 개의 중개지점이 있고, 하나가 파괴되어도 여러 다른 지점들에서 대행해줄 수 있는 상황에서 노드를 제거하는 공격은 어리석은 일이기도 했다. 그래서 NSA는 사용자가 네트워크 내에 들어오면 자신들이 설정한 중개지점을 이용하도록 유도하여 그들이 누구인지 파악하려 했다. 그리고 NSA 해커들은 토르를 이용할 것으로 생각되는 사람에게 스피어 피싱(spear phishing) 이메일이나 메시지를 보냈다. 그 메일은 신뢰할 수 있는 곳(그 사용자의 접촉목록에 있는 친구 등)에서 발송된 것처럼 위장된 형태로, 실제로는 바이러스나 링크가 탑재되어 있어 사용자가 이를 열면 스파이웨어가 심어진 웹사이트로 이끌려가게 된다.

'토르 스팅크스'라는 이름의 문서에 따르면 NSA 해커들은 토르 시스템을 '혼란'시키는 방법도 고려했다고 한다.[3] 속도를 느리게 만들거나 "실제로 속도가 느린 노드들을 많이 만들어 네트워크의 전체적 안정성에 혼란을 주는 방법이었다." 사람들이 토르에 접속하기 어렵게 만드는 방법도 고려 대상이었다. 말하자면 NSA는 컴퓨터를 가지고 노는 풋내기 악동처럼 행동했다.

NSA 해커들은 네트워크 외부로부터 토르 이용자들에 대한 공격도 시도했다. 이용자가 토르를 출입할 때 여러 전자 마커를 이용해 컴퓨터에 '태그'를 달거나 컴퓨터를 감염시키는 방법이었다. 해커들은 네트워크에 연결된 혹은 연결되지 않은 컴퓨터에 들어가기 위해 여러 통로를 찾았다. 한 번은 웹브라우즈 파이어폭스의 한 버전에서 그 브라우즈를 사용하는 컴퓨터에 태그를 달기 쉽게 해주는 취약지점을 발견했다. 그 부분을 보완하지 않는다면 토르에 대해 들어보지도 않고 자신의 온라인 흔적을 지우려는 생각조차 없던 무고한 사람들이 피해를 입을 수도 있었지만 모른 척하고 넘겼다.

2013년 NSA의 이와 같은 토르 파괴 활동이 에드워드 스노든이 유출한 극비문서에 포함되어 폭로되었다. 그 문서는 또한 그와 같은 활동이 대체로 실패한 것으로 판단했다. NSA가 찾아내거나 그 위치를 확인한 토르 사용자는 수십 명에 불과했다. 이는 또한 토르가 얼마나 잘 작동하는 시스템인지를 말해주는 것이기도 했다. 그러나 NSA의 그와 같은 공격은 적을 제압하기 위해 어떤 비용도 치를 수 있다는 것을 보여주는 척도였다. NSA가 토르 사용자의 컴퓨터 위치를 항상 알 수는 없었지만 그 시스템을 통해 미국인의 컴퓨터를 감염시키고 있는 것만은 분명했다. 토르 시스템을 이용해 미국 내 네트워크에 직접 접속하고 있는 사용자는 대략 40만 명 정도로 추정된다.

NSA가 사용한 전술은 또한 미국의 대외정책에도 혼선을 가져왔다. 지난 몇 년 동안 국무부는 수백만 달러를 투입해서 해외의 민주활동가와 반체제인사들이 토르를 이용할 수 있도록 지원했다. 시리아의 독재자 바샤르 알 아사드(Bashar al-Assad)를 몰아내기 위해 힘든 싸움을 수행중인 시리아 반군도 여기에 포함되었다. NSA는 국무부가 토르 이용을 지원하고 있는 것을 알면서도 그 시스템에 공격을 가했다. 미국은 이제 정반대이면서 서로 경쟁하는 두 정책을 가지게 되었다. 토르를 많이 활용하라. 그리고 동시에 그것을 파괴하라.

전임 NSA 국장 마이클 헤이든은 이러한 딜레마를 NSA의 관점에서 솔직히 털어놓았다. "국무부는 아랍 전역에 소프트웨어 보급을 위해 비정부기구를 통해 돈을 쏟아붓고 있습니다. 거리로 나선 아랍 주민이 정부로부터 공격당하는 것을 막기 위해서죠." NSA의 토르 파괴 활동이 폭로되기 전인 2012년 워싱턴의 한 싱크탱크에서 그가 말했다. "그렇게 한쪽으로는 익명성을 보장하기 위해 싸우면서 다른 한쪽으로는 익명성을 보호하는 소프트웨어를 파괴해 가고 있습니다."

민주주의와 인터넷에 자유로운 접근을 증진하려던 미국의 노력은 NSA 활동으로 후퇴했다. "미국 정부가 운영 중인 프로그램은 믿을 수 없을 정도로 다양합니다. ……그래서 직원들도 모든 프로그램들이 일관성을 갖고 NSA의 세계관에 부합하도록 할 수는 없습니다." 자유아시아 라디오방송 오픈테크놀로지 기금 국장인 댄 미어디스(Dan Meredith)의 말이다. 이 기구는 민간 비영리 조직으로 인터넷 반검열 활동을 하며 미국은 활동지원을 위해 매년 교부금을 제공하고 있다. 토르를 이용한 활동도 여기에 포함된다. "수단의 활동가들에게 이를 설명하려고 해도 정책에 일관성이 없어 곤란할 때가 많습니다. 내가 스파이가 아니라는 점을 확인시키는 데 많은 시간이 필요하기도 하죠."

인터넷에서의 보안과 프라이버시 보호 같은 핵심 기둥들을 훼손시키는 활동은 NSA 혼자만 한 것이 아니었다. 시진트 인에이블링 프로젝트(SIGINT Enabling Project, 암호체계 무력화 프로그램)라는 비밀 프로그램에서는 IT기업들이 NSA와의 협의에 따라 자신들의 생산품에 백도어를 삽입했다.[4] 의회는 2013년에 그 프로그램에 2억5000만 달러의 예산을 배정했다. NSA는 FBI와 합동으로 마이크로소프트의 이메일 제품인 아웃룩(Outlook)의 내부 구조에 대해 파악했다.[5] 그대로 두면 감시활동에 장애물이 만들어질 수 있었기 때문이다. NSA는 인터넷전화 및 대화 도구인 스카이프(Skype)와 마이크로소프트의 클라우드 스토리지 서비스에도 접근하여 이용자의 메시지가 암호화되기 전에 NSA 분석팀이 읽을 수 있었다.

기밀문서에 따르면 NSA는 암호화 제품 생산자들을 초대해 그 제품들의 알고리즘을 강화시킨다는 명목상의 목적으로 그들의 생산과정을 살펴보았다. 그러나 실제로는 도청이나 사이버전쟁 수행에 이용하기 위해 그 제품들 내에 취약점을 삽입했던 것이다. 그 문서에 따르면, NSA는 이와 같은 작업을 통해 "타깃 목표점을 향해 원격으로 정보를 보내거나 그로부터 정보를 수신할 수 있게 된다." 다른 말로 하면, 컴퓨터로부터 정보를 훔치거나 악성 코드를 심을 수 있다.

이와 같은 기술이 깔린 제품이 전 세계에서 판매되고 이용되면 NSA로서는 발각의 염려 없이 해킹을 할 수 있으며, 필요할 경우에는 그 기술 자체를 못 쓰게 만들 수도 있다. 이란 핵시설 내의 원심분리기를 파괴했던 스턱스넷 컴퓨터 웜은 지멘스 통제 시스템의 알려지지 않은 취약점을 이용한 것이었다. 그 기업이 취약점을 인지하고도 무방비 상태로 두는 데 동의했던 것인지는 확인할 방법이 없다. 하지만 어떤 경우라도 NSA는 취약점에 관한 어떤 사전지식을 가지고 이를 스턱스넷 설계에 포함시켰던 것이 분명하다.

군에서도 사이버사령부를 통해 세계에서 가장 널리 이용되는 커뮤니케이션 장비를 해킹하기 위해 사이버전사들을 훈련시킨다. 군은 시스코 네트워킹 장비 구축 및 사용방법을 학생에게 가르치는 교육과정에 병사를 파견했다. 이것은 장비의 유지관리 역량을 갖추게 하는 목적뿐만 아니라 그 속으로 뚫고 들어갈 수 있게 하고, 또 뚫고 들어오려는 다른 해커를 막아낼 수 있게 하려는 의도였다.

시진트 인에이블링 프로젝트에서 NSA는 또한 전화회사와 인터넷기업들에게 비용을 지불하고, 그들이 네트워크를 구축할 때 자신들이 그 속으로 들어가서 이용할 수 있도록 만들게 했다. 기밀예산문서의 좀 더 모호한 용어를 이용하면, 이것은 "중요 텔레콤 사업자와의 협력관계를 지속하여 글로벌 네트워크를 접근과 정보수집에 용이한 구조로 만들기 위한" 것이다.

이와 같이 은밀한 작업들로, NSA는 소프트웨어와 하드웨어를 생산하거나 인터넷 일부를 소유하고 운영하는 기업들에 더 크게 의존하게 되었다. 이러한 기업의 협조가 없다면 NSA는 감시나 사이버전쟁을 수행할 수 없을지도 모른다. 그러나 전쟁의 '다섯 번째 영역(육해공, 우주에 이어)'을 주도하려는 노력은 개별적 기업들과의 협상 차원을 넘어서는 것이다.

지난 10년 동안 NSA는 영국의 NSA에 해당하는 영국 정부정보통신본부와 합동으로 암호화 기술의 광범위한 사용을 막기 위해 흔히 이용되는 암호화 표준에 취약점을 삽입했다. 암호화는 단순히 커뮤니케이션에서 전환 과정이다. 말하자면 발신자의 이메일을 수신자가 가진 열쇠를 이용해야만 해독될 수 있는 무의미한 숫자와 부호의 조합으로 바꾸는 것이다. NSA는 한때 암호의 열쇠에 접근하여 메시지를 해독할 수 있는 권한을 얻기 위해 싸움을 벌였다. 하지만 그 싸움에서는 NSA가 패배했다. 그래서 NSA는 커뮤니케이션의 암호화에 흔히 사용되는 알고리즘을 약하게 만드는 쪽으로 방향을 바꾸었다.

NSA는 세계 최고 수준의 암호화 기술자의 본거지라 할 수 있다. 그들은 암호화 알고리즘을 강화시키는 방법에 대해 정기적으로 정부기관 등 여러 조직으로부터 자문을 받는다. 알렉산더가 부임한 다음해인 2006년, NSA가 암호화 표준 개발을 지원하고, 그 표준이 미국 국립표준기술연구소(NIST)에 의해 채택되었다. 이 기구에서 결정하는 무게와 길이 등에 대한 기준은 모든 측정

기구와 산업장비, 과학도구에 적용된다. 그러므로 NIST에서 보증하는 암호화 표준은 공식적으로 승인받았다는 의미가 된다. 전세계 기업이나 그룹, 개인, 그리고 정부기구들이 그 표준을 사용하도록 권장된다. NIST는 공개적이고 투명한 과정을 통해 전문가들이 표준을 검토하고 의견을 제출할 수 있다. 이 기구의 보증이 힘을 가지는 이유도 여기에 있다. NIST가 이렇게 신뢰를 받고 있기 때문에 미국 정부에 판매되는 상업제품에 이용되는 암호화 알고리즘도 이 기구의 승인을 얻어야 한다.

공개적으로 운영되는 것처럼 보이는 이 승인과정의 장막 뒤에서도 NSA는 암호화의 핵심적 요소인 난수발생기라는 알고리즘 개발에 개입했다.[6] NSA가 알고리즘 구조의 일부 지점에 자신들의 기술을 반영해주기만을 원했다고 주장하지만, 실제로는 NSA 독자적으로 그 과정을 비밀리에 처리한 것으로 기밀문서에 나타나 있다. 난수발생기에 NSA만 아는 방식으로 허점을 남겨서 암호화 표준 전체에 문제를 만들 수 있었다. NSA에게는 백도어가 되어 이를 이용해 암호 해독 정보를 얻거나 민감한 컴퓨터 시스템에 접근할 수 있었다.

알고리즘 구성에 NSA가 개입한 것은 비밀이 아니다. 실제로 NSA의 개입이 그 과정에 어느 정도의 신뢰를 더해주기도 했다. 그러나 그 표준이 채택된 지 1년도 지나지 않아 컴퓨터보안 전문가들이 알고리즘에 숨겨진 취약성을 찾아내고, 첩보기관이 그것을 고의로 만들어두었을 가능성이 있다고 공개적으로 주장했다. 유명한 컴퓨터보안 전문가인 브루스 슈나이어(Bruce Schneier)는

보이지 않는 전쟁 @ WAR

NIST가 승인했던 난수발생기에 사용된 네 가지 기술 중 하나를 정조준했다.[7] 2007년 그 하나에 대해 이렇게 썼다. "다른 것들과 다르다."

무엇보다도 슈나이어가 보기에 그것은 다른 것들보다 속도가 세 배나 느리게 작동했다. 그것은 또한 "NIST가 관련된 표준화 프로젝트가 있기 수년 전에 NSA가 처음 제시했던 것"이기도 했다.

슈나이어는 NIST가 사람들에게 수준이 떨어지는 알고리즘을 사용하도록 권하고 있다며 경고했다. 그 알고리즘은 NSA가 포함시키려 노력해 왔던 것이다. 암호를 깨는 것이 임무인 NSA의 작품이었다. 그러나 NSA가 꾸민 일이라는 증거는 없었다. 그리고 난수발생기의 오류 때문에 암호화 알고리즘이 작동하지 않는 것도 아니었다. 슈나이어가 지적했듯이, 그 약점을 피해 갈 방법은 있었지만 까다롭기 때문에 그 방법을 사용하려는 사람은 거의 없을 것이다. 암호전문가에게는 그 약점이 눈엣가시였다. NSA는 분명히 피해가기가 어렵다는 사실뿐만 아니라, 자신들의 비밀개입을 지적하는 사람들이 늘어나고 있는 것도 알았다. 하지만 그 새로운 알고리즘을 채택한 163개국을 대표하는 국제표준화 기구가 NSA의 뒤를 받쳐주고 있었다. NSA는 전 세계 사람들이 사용하도록 그 암호화 표준이 널리 보급되길 원했다. 그러면 사람들이 사용을 포기할 수도 없을 것이다.

그 한 가지와 관련해서 슈나이어는 NSA가 왜 그처럼 명백하고 지금은 누구나 알고 있는 오류를 백도어로 선택했는지 이해할 수 없었다(그 약점은 1년 전 마이크로소프트사 직원이 처음으로 지적했다).

NSA가 세계 굴지의 컴퓨터 보안기업인 RSA와 거래한 것도 그 한 가지 이유일 것이다. 2013년 로이터통신에 따르면 그 기업이 "NIST의 승인이 있기 전부터 NSA가 만든 알고리즘을 채택한 것을 들먹이며…… 정부 내에서 NIST가 승인해야 한다고 주장하고 다녔다."[8] 그 알고리즘은 b세이프툴킷(bSafe toolkit)이라는 RSA의 보안상품에서 '자동적으로 선택하는 난수발생기'가 되었다. 로이터는 이렇게 썼다. "전직 직원의 말에 따르면, 기술진이 아니라 비즈니스 고위층이 주도한 거래였기 때문에 아무런 경고도 없었다고 한다." 그리고 취약성을 내포하고 있는 그 알고리즘을 RSA가 순순히 그리고 적극적으로 채택해주는 대가로 1000만 달러라는 거금이 지불되었다고 보도했다.

NSA가 명백한 백도어를 만들어둔 것은 문제가 되지 않았다. 알고리즘은 세계 최고 컴퓨터 보안회사에 의해 판매되었고 NIST와 국제표준기구들이 채택했다. 자신들의 목적을 위해 범세계적 보안을 약화시키려는 NSA의 활동은 완벽하게 작동하고 있었다.

2013년 에드워드 스노든이 유출한 문서를 통해 NSA의 이와 같은 활동이 폭로되자 RSA와 NIST는 모두 NSA와 거리를 두면서도 백도어가 심어진 적이 없다고는 주장하지 않았다.

RSA는 로이터통신의 보도에 대응한 성명에서 자신들은 NSA와 '비밀계약'을 체결하지 않았다며 부정하고, "우리 RSA의 제품을 약화시키거나 다른 목적에 이용할 수 있도록 제품에 백도어를 설정하는 어떤 프로젝트에도 참여한 적 없다."고 주장했다. 그러나 백도어가 존재했거나 존재한다는 것을 부정하지는 않았다. 실제

보이지 않는 전쟁 @ WAR

로 RSA는 몇 년 전, 취약성이 내포된 난수발생기를 채택하기로 결정했을 때, "NSA는 암호화 기능의 약화가 아니라 강화시키려는 IT 영역의 노력에 신뢰성 있는 역할을 하고 있다."고 말한 바 있다. 스노든이 유출한 문서에 의해 NSA의 그와 같은 활동이 확인되자 RSA는 고객들에게 난수발생기 사용을 중지하도록 권장했다. NIST도 그렇게 했다.

표준기구에서는 스노든의 폭로 이후 자체적으로 성명서를 발표했다. 매우 조심해서 선택한 단어들로 엮은 문장이었다. "NIST가 고의로 암호화 표준을 약화시키지 않았을 것이다." 그 기구는 공식 성명에서 확인하는 대신에 이렇게 말하며 가능성을 열어두었다. NSA가 비밀리에 취약성을 삽입했으며 그것은 NIST의 의도와는 다를 수 있다는 것이다. "NIST는 오래전부터 전 세계 암호 전문가들과 협조하여 강력한 암호화 기능을 지원하기 위해 노력해 왔다. NSA는 NIST 암호화 기능 개발과정에 참여했으며, 그것은 이 분야의 탁월한 전문가였기 때문이다. NIST는 또한 NSA의 자문을 받도록 법률로 규정되어 있다."

표준기구는 세계를 향해 자신들에게는 NSA의 개입을 막을 방법이 없었다는 말을 효과적으로 하고 있었다. 표준설정 과정에서 그 기관이 개입하지 못하게 하고 싶어도 법률 때문에 그렇게 할 수 없었다는 것이다. NSA의 한 고위관료는 나중에 그와 같은 논쟁에서 NIST를 편들기도 했다. 2013년 12월, NSA와 IT기업들의 협력을 관리하는 앤 노이버거(Anne Neuberger)는 그 개발과정에서 비밀리에 NSA가 알고리즘에 취약성을 만들어두었다는 보도에 대해 질문을 받았다. 그러자 노이버거는 그 비난에 대해 긍정도 부정도 하지 않는 태도를 취했다. 그녀는 NIST를 "여러 사항에 있어 매우 높은 평가를 받는 밀접한 동반자"로 표현했다.[9] 그러면서도 "NIST가 정보기관은 아니지 않습니까."라고 지적했다.

"그들이 하는 일은 모두 순수한 화이트 해커입니다." 노이버거는 계속해서 이렇게 말했다. 나쁜 목적에서가 아니라 암호기능을 보호하고 보안을 강화하기 위한 목적이라는 뜻이었다. "표준을 설정하는 것이 그들의 유일한 임무입니다." 그리고 "자신들이 할 수 있는 최대한으로 암호를 강화하는 것입니다."

사실 그것은 NSA가 나설 일이 아니었다. 노이버거는 NIST가 곤경에서 탈출하도록 지원하는 것으로 보였다. 취약성을 삽입한 데 어떤 책임도 없다고 주장하는 것이다.

NSA가 난수발생기에 취약성을 삽입하여 약화시킨 사건은 별개의 특별한 일이 아니라 NSA의 좀 더 폭넓고 오래 계속된 활동의 일부였다. NSA는 전 세계의 사람과 조직이 자신들의 정보보호 목적으로 사용하는 기본적인 표준들을 약화시키려 하고 있었다. 문서에 따르면 NSA는 1990년대 초부터 NIST의 협조를 받아 암호화 표준이 채택되기 전에 취약성을 삽입하는 활동을 해왔다. NSA는 디지털신호표준(Digital Signature Standard) 개발 과정을 주도했는데, 이것은 전자 커뮤니케이션 발송자 ID와 그 속에 담긴 정보의 신뢰성을 확인하는 도구다. "NIST는 1991년 8월 그 '표준'을 공개적으로 제안했으며, 처음에는 그 표준을 개발하는 과정에 NSA가 어떤 역할을 했다는 언급이 없었는데, 그것은 일반 시민들의 비암호화는 커뮤니케이션 시스템에 사용할 의도였습니다."[10] 정보공개법을 적용하여 개발과정에 관한 문서를 입수한 전자정보프라이버시센터(Electronic Privacy Information Center)가 밝힌 사실이다. 그 센터의 보고에 따르면, 컴퓨터보안 전문가 그룹이 법률소송을 제기하자 NIST는 "그 표준이 컴퓨터 업계 내에서 크게 비난받을 정도로 보안의 취약성과 기존에 인증된 기술에 비해 성능이 떨어진다."고 인정하며, 그 표준을 NSA가 개발했다고 시인했다. 그리고 "많은 사람들은 NSA가 기존의 기술을 좋아하지 않는 이유가 기존의 기술이 NSA가 제안한 암호화 알고리즘보다 보안성에서 더 우수하기 때문이라고 생각했다."

NSA의 관점에서 볼 때 암호화 기능을 약화시키려는 자신들의 시도는 정당한 것이었다. 무엇보다 NSA 자체가 암호해독 기관이었다. 그것은 NSA의 임무였기 때문에 그렇게 해야 했다. 이 기관에서 암호화 알고리즘 내에 자신들만이 아는 약점을 삽입한다고 해서 무슨 문제가 있겠는가?

그러나 약점은 비밀로 남아 있지 않았다. 2007년 저명한 보안 전문가들이 권위 있는 웹사이트에 난수발생기 속의 백도어에 대한 글을 게재했다. 약점의 특성(NSA의 백도어를 열 수 있는 열쇠)을 밝히기는 어려울 수도 있었다. 그러나 불가능한 일은 아니었다. 외국 정부는 암호를 깨는 방법을 찾아내고, 이를 그 알고리즘을 이용하는 자국민을 대상으로 혹은 미국 정부기관이나 기업들을 해킹하는 데 이용할 수 있었다. 범죄조직도 약점을 찾아내 개인

정보나 금융정보를 훔칠 수 있었다. 그 알고리즘을 이용하는 모든 것(세계 최고의 보안기업이 만드는 제품도 포함하여)이 위험했다.

NSA는 다른 국가의 암호해독 기관들도 자신들이 알고리즘을 조작하는 것처럼 암호화 기능을 약화시키는 공작을 하고 있을 것이라며 합리화했다. 그러나 그것으로는 어느 한 알고리즘만이 아니라 암호화 표준이 만들어지는 전체 과정에 개입한 이유를 설명하지는 못한다. NSA의 비밀공작으로 인해 NIST의 신뢰성이 크게 훼손되었다. 그리고 인터넷에 가장 기본적인 일부 기술들을 만들고, 사람들이 데이터를 저장하고 유지하는 장치를 만들며, 나아가 세상을 좀 더 안전하게 만드는 데 NSA가 신뢰할 수 있고 가치 있는 기여를 해왔다는 오랜 명성에도 먹칠을 했다. NSA가 건물의 출입문 잠금장치를 만드는 사업을 하고, 미국의 모든 건축업자에게 그 장치를 설치하도록 권한다고 상상해 보자. 그리고 그 장치에 비밀리에 허점을 만들어놓았다. 이제 그 장치를 사용할 사람이 있을까? 소비자단체는 법률소송을 제기할 것이고 조직 지도부에 사임을 요구하는 목소리가 거세게 터져나올 것이다.

그러나 암호기능을 약화시키는 NSA의 공작에 대한 반응은 차분한 편이었다. 오래전부터 암호학자 같은 많은 전문가들이 NSA의 임무가 음지에서 이 같은 종류의 공작을 하는 것이라고 생각해온 영향이기도 했다. 그 폭로는 사실을 드러내주었지만 그렇게 놀랍지는 않았다. 의원이나 관료들 중에도 NSA가 하는 일이 그런 것이라 생각하는 경우가 있었다. 정보를 훔치기 위해서는 암호를 깨트려야 한다. NIST는 공개적이고 투명한 과정을 거쳐 암호화 표준을 설정한다. 그것은 NSA의 비밀스런 특성에는 저주였다. 깨기 어려운 알고리즘과 암호화기술은 정보보호에 매우 중요했지만, NSA가 임무를 수행하는 데는 방해가 되었다. 따라서 NSA의 관점에서 볼 때 표준설정 기구는 이러한 방해물을 전파하는 위협이었다. 수년 동안 NSA의 예산을 승인해준 의원과 NSA의 업무를 감독해온 행정부 관료들은 NSA를 편들었다. 그들도 약간은 불안했지만, NSA의 공작이 비밀로 유지되는 한 인터넷 보안이나 미국의 명예를 훼손할 일은 없을 것이라고 생각했다. 하지만 2013년의 폭로는 이러한 계산을 뒤집었다.

NSA의 비밀 임무 중에서도 사이버무기 확보 활동은 인터넷 보안이나 이를 이용하는 사람들에게 가장 큰 위험이 될 수 있을 것이다.

지난 20여 년 동안 NSA 분석팀은 전 세계의 수많은 소프트웨어와 하드웨어, 그리고 네트워크 장비들을 점검하며 취약성을 찾아냈다. 제로데이라는 컴퓨터 공격도구로 만들기 위해서였다. 아직 알려지지 않은 취약성을 찾아내 방어 방법이 갖춰지기 전에 공격하는 것이다(타깃은 공격에 대비할 시간이 없다. 즉 제로데이다).

제로데이는 가장 효과적인 사이버무기다. 전투에서 최고의 요체가 되는 기습이 가능해지는 것이다. 제로데이 공격은 구체적인 취약성에 따라 달라지는 맞춤형, 주문형인 공격이다. 그리고 시스템 내에서 방어가 결여된 지점은 그 타깃이 제로데이 공격을 파악하면 빠르게 패치로 방어가 구축될 수 있기 때문에 대부분 단지 한 차례만 사용된다.

제로데이 공격은 알려지지 않은 취약성을 찾아내야 하기 때문에 설계가 매우 어렵다. 그러나 NSA는 수년 동안 그와 같은 취약성을 모아왔다. 최근에 기밀해제된 NSA 소식지에 따르면, 1997년 조직 내 최소한 18개 그룹에서 비밀리에 취약성 데이터들을 모아들였다고 한다.[11] 전 세계의 개인이나 기업, 그리고 정부에서 사용하는 기술에 존재하는 것들이다. 보안전문가와 정부관료들은 현재 제로데이를 조달하는 가장 큰 단일조직이 NSA일 것으로 생각한다. NSA는 그중 많은 것을 온라인 회색시장에서 프리랜서 해커와 중개업자로부터 구매한다.

이러한 회색시장은 엄밀히 말하면 불법이다.[12] 그러나 인터넷 세계의 변두리에서 엄연히 작동하고 있다. 이 시장이 움직이는 방식은 이렇다. 보안연구자(해커의 다른 이름이다)가 취약성을 찾아낸다. 유럽에 이와 같은 연구자들이 많은데, 미국에 비해 컴퓨터 해킹 대응법률이 허술하기 때문이다. 그 연구자들은 찾아낸 취약성을 공격할 도구(익스플로잇)를 만들어낸다. 그때까지 그 취약지점은 자신들만 알고 있다. 다음에는 그 제로데이 공격도구를 중개업자에게 판매한다. 이들은 주로 대규모 방위사업자이다. 레이시언과 해리스코퍼레이션이 제로데이 시장의 가장 큰 사업자이다. 그들은 펜타곤의 가장 큰 협력업자로 전통적인 군사용 재래식 무기체계도 개발한다. 군대 및 NSA와 그들 사이는 매우 오래전부터 깊숙이 연결되어 있다. 소규모 부티크회사들도 제로데이를 모으고 판매하는데, 군대나 정보기관에서 근무했던 사람들이 운영하는 회사가 그중 많은 수를 차지한다.

제로데이를 확보한 중개업자는 이를 자신의 고객에게 판매한다. NSA가 그 고객이다. 이와 같은 공급망은 해커로부터 시작된다. 해커는 제로데이 사냥꾼이 되기 위해 원래 프로그램 개발자의 입장에서 생각해보고 그의 설계 속에서 오류를 찾아낸다. 자동화 기술도 이용된다. 예를 들어, '퍼징(Fuzzing)' 기술은 예상할 수 없는 무작위 데이터를 컴퓨터 프로그램 인풋에 던져넣고 컴퓨터 프로그램이 망가지도록 만들어본다. 해커는 시스템 내의 어떤 오류가 프로그램을 망가지게 했는지 찾는다.

그러나 해커가 깊숙이 존재하는 틈새를 찾아내기 위해서는 새롭고 정교한 기술을 고안해서 컴퓨터로부터 약점을 드러내야 한다. 예를 들어, 2005년 UCLA 박사과정 학생 한 명은 컴퓨터 내부 시계에서 '미세한 현미경적 편차'를 측정하여 수천 대가 연결된 네트워크에서 한 컴퓨터를 찾아낼 수 있는 약점을 발견했다는 논문을 발표했다. 그 기술은 대단히 유용해서 컴퓨터 위치를 숨기려는 소프트웨어(라우터 시스템을 익명화하는 '토르'가 대표적인데, 이 소프트웨어는 NSA가 파괴시키려 애를 썼다)를 사용하는 적들의 위치를 정확하게 파악할 수 있을 것이라고 논문에 밝혔다.[13] 그 논문이 발표된 지 1년이 지나 케임브리지대학의 한 연구자는 실제로 네트워크 내의 어느 서버가 작동하고 있는지 찾아낼 수 있었다. 따라서 토르의 익명화 소프트웨어는 자신의 중요한 모든 특성들을 잃어버렸다. 그는 익명의 토르 서버에 과도한 부담을 줄 만큼 정보요청을 해서 무리한 작동으로 컴퓨터가 과열되도록 만드는 방법을 사용했다. 컴퓨터가 열을 받으면 컴퓨터 내 전자가 움직이는 속도에 변화가 오고 이것이 시계의 정확도에 영향을 주게 된다. 그는 그 익명의 서버가 어디에 위치하는지 여전히 알지 못하지만, 독특한 '클럭 스큐(clock skew, 시계편차)'를 가지고, 공공 인터넷의 컴퓨터에 이와 일치되는 컴퓨터를 조회하여 마침내 찾아낼 수 있었다.[14] 클럭 스큐는 숨겨질 수 있었던 토르 서버 위치를 확인해주었다. '토르 스팅크스'라는 이름의 NSA 기밀문서는 NSA가 어떻게 네트워크를 장악하려 했는지 보여주는데, 이 기관은 네트워크에서 라우터를 찾아내기 위해 이러한 클럭 스큐 기술을 연구했던 것으로 나와 있다.

그처럼 깊숙한 곳에 거의 눈에 띄지 않는 약점을 찾아내는 능력은 뛰어난 해커가 갖추어야 할 조건이며 이것이 제로데이 발견으로 이어진다. 해커들은 자신의 제로데이 공격에 높은 가격을 붙인다. 시스템 공격용 무기 형태라면, 대략 5만 달러에서 시작해 해커에 따라서는 하나당 가격이 10만 달러 이상을 부르는 경우도 있다. 그러나 일부 제로데이 공격도구는 타깃이 좀 더 가치 있거나 뚫기 어렵다는 이유로 더 높은 가격을 요구하기도 한다. 아이폰 등의 여러 모바일 장비에 이용되는 애플의 iOS 운영체제에 대한 공격도구는 현재 거래되는 가격이 50만 달러라고 한 전문가는 말한다. 좀 더 복잡한 공격, 예를 들어, 하드웨어의 내부 기계장치 움직임의 취약점에 대한 공격 같은 것들은 100만 달러를 넘어갈 수도 있다. 이처럼 기계장치 그 자체의 엔지니어링을 타깃으로 하는 경우는 소프트웨어를 이용해 새로운 코드를 부여하는 방식으로 패치될 수 없기 때문이다. 그와 같은 무기를 구입할 동기와 수단을 가진 곳은 조직화된 범죄집단이나 정부뿐이다.

NSA 같은 제로데이의 중요 구매자는 단지 일회성으로 이를 조달하지는 않는다. 앞으로 있을 공격에 사용하기 위해 구매해 비축해둔다. 한 전직관료가 NSA와의 비밀회합에서 들었다는 말에 의하면, NSA가 중국 시스템 하나에 사용할 목적으로 구매해 비축해둔 제로데이만 해도 놀랍게도 2000개를 넘는다고 한다. 미국이 이스라엘과 합동으로 이란 핵시설을 파괴하기 위해 만들어 사용했던 스턱스넷 컴퓨터 웜의 경우는 한 차례 공격을 위해 제로데이 공격도구 네 개로 구성한 세트였다. 2000개의 제로데이 공격도구를 비축한 것은 핵무기 저장고의 사이버 버전이라 할 수 있다.

이것은 전 세계 사람들을 위험하게 만든다. NSA가 취약성이 발견된 하드웨어와 소프트웨어가 장착된 IT 제품 메이커에게 그와 같은 사실을 알리지 않고 비축해두기만 한다면, 악성 해커들을 방어하는 데 가치 있는 정보를 묻어두는 결과가 될 것이다. NSA가 제로데이 공격 지식을 IT기술의 허점을 막는 데 이용하는 것은 분명하다. 군사용으로나 정보기관에 제공하기도 할 것이다. 하지만 NSA는 이를 널리 경고하지는 않았다. 그렇게 했다면 제로데이 공격도구의 효과가 떨어지고 무용지물이 될 수도 있었다. NSA가 IT기업에게 그들의 기술에 있는 허점을 경고해주었다면 중국이나 이란에 있는 NSA의 최종적 타깃의 귀에 들어갈 수도 있었다.

그러나 이러한 음지의 제로데이 시장에서도 NSA가 항상 제로데이에 대한 독점적 지식을 구매한다는 보장이 없다. 프랑스 기업인 뷔팽 같은 경우는 제로데이 취약성 정보와 익스플로잇을 여러 다른 나라 정부기관 등 복수의 고객들에게 판매했다. NSA도 뷔팽의 고객이었다. 공개된 문서에 따르면 NSA는 계약 기간 내에 제로데이 정보 최소수령 횟수를 규정하는 방식으로 구입했다고 한다. 그 정보를 토대로 NSA는 자체적으로 무기를 구축할 수 있었다. 뷔팽은 정교하고도 언제라도 실행 가능한 제로데이 공격의 목록을 가지고 있었는데, 그것은 계약을 통해 수령하는 정보보다 훨씬 가치 있는 것들이었다.

　NSA는 뷔팽이 항상 단독 계약만 하는 것이 아니라는 사실을 알기 때문에 더 많은 제로데이를 구매해야만 한다. 그중 일부를 다른 국가나 기업 혹은 범죄집단이 한 번이라도 사용하면 소용없게 될 것이기 때문이다. 그래서 뷔팽이 '사이버무기 경쟁'을 부채질한다는 비판이 많이 제기된다. 정부 정보기관들 사이에서 각국 군부가 경쟁적으로 제로데이를 구매하게 된다는 것이다. 뷔팽의 고객들은 만약 제로데이를 구매하지 않고 넘어가면 뷔팽이 다른 고객에게 팔 것이라고 생각한다. 뷔팽이 발견한 취약성은 한 국가에만 있는 것이 아니다. 그중에는 전 세계에 널리 판매되는 제품에 장착되어 있는 기술이 많다. 그래서 각국은 최대한 많은 제로데이를 구매하려고 한다. 자신들을 방어하고 자신이 적들을 공격하기 위해서다.

　뷔팽은 자신들이 '신뢰할 수 있는 조직'에게만 제로데이 정보를 판매한다고 말한다. 그들은 '방어 솔루션을 제공하는 보안사업자', '승인된 국가'의 정부조직, 그리고 〈포춘〉지에서 선정한 1000

개 기업을 포함한 '세계적 기업'을 그러한 조직으로 정의했다. 이렇게 하면 뷔팽의 고객이 될 수 있는 조직은 매우 많다. 구독계약을 통해서나 목록에서 무기를 선택해 구입하는 조직들이 그 제로데이를 뷔팽이라면 절대로 직접 판매하지 않을 사람들에게 넘겨주지 않을 것이라고 확신할 수도 없다는 것을 뷔팽도 시인했다. 회사 경영진은 자신들이 판매하는 위험한 제품이나 지식이, 구입해 간 정부에서 프리랜서 해커나 용병들에게 넘어가지 않도록 하는 내부 프로세스를 갖추고 있다고 애매하게 말한다. 이것은 북아프리카와 중동에서 특히 문제가 될 수 있다. 반체제 인사를 탄압하는 독재정권이 해커들을 고용하고 멀웨어를 구입하여 그들에 대한 도청이나 추적에 이용할 수도 있다. 뷔팽과 같은 기업에서 판매하는 멀웨어다. 자신들의 제품을 절대로 그와 같이 불미스런 목적에는 판매하지 않겠다고 다짐하는 기업들이다. 그러나 그들의 제품은 반체제 인사의 컴퓨터와 휴대전화에 등장해서, 일부는 이로 인해 당국에 체포되어 가혹행위를 당하고, 또 다른 일부는 이것을 반독재 활동에 활용한다.

어떤 시장에서나(회색시장도 포함하여) 구매력이 가장 큰 바이어가 계약 기간과 조건을 정할 때 막강한 힘을 행사한다. NSA는 제로데이 취약성과 공격도구의 최대 단일 구매자라 할 수 있기 때문에 제로데이들을 모두 다 구입하여 시장 문을 닫게 할 수도 있다. NSA는 사이버보안을 위해 수십억 달러를 쏟아 붓는 조직이다. 그 비용 중 일부를 활용해 전 세계를 향해 어떤 오류가 있으니 이렇게 수정하라고 경고할 수도 있지 않았을까? 취약성을 내포한 기술의 소유자와 운영자에게 그 취약성을 향해 공격이 가해질 수 있다고 경고해야 할 책임이 NSA에게 있을까? 이것은 NSA가 해결할 수 없는 윤리적 딜레마다. 그러나 심각한 물리적 손상과 대규모 공황(그리고 사망까지)을 초래할 수 있는 사이버공격이 미국을 향해 가해진다면, NSA에게 그와 같은 재난을 예방하지 못한 책임을 물을 수 있을 것이다. 그리고 장래의 NSA 국장은 의회 증인석에 앉아 TV 카메라 앞에서, 미국의 적들이 찾아낸 취약성을 자신들이 이미 알고 있었다는 사실을 국민들에게 설명해야 할지도 모른다. 하지만 지금은 입을 다문다. NSA가 언젠가 그것을 이용해야 할지도 모르기 때문이다.

제로데이 공격에 가장 취약한 타깃은 NSA가 보호를 위해 노력하는 대상과 동일하다. 즉 발전소, 핵시설, 천연가스 공급망, 그리고 은행 등 금융기관과 같은 필수 인프라 구조들이다. 이 모든 기업들이 발견된 제로데이 취약성과 공격도구에 대한 정보를 공유하는 시스템을 갖추고 있는 것은 아니다. 때로는 어떤 이익을 위해서라기보다는 IT기업에 그들의 제품에 내포된 문제점을 경고하려는 순수한 목적의 해커가 이러한 취약성을 발견해 알려주는 경우도 많다. 기업이 자신들의 시스템에 존재하는 위험을 알게 되어 패치를 적용하고 방어가 가능하도록 수정하는 것은 그 기업의 책임이며, 관련된 기술력은 기업에 따라 차이가 많다. 일부는 재빨리 시스템에 패치를 적용하는 반면, 다른 일부는 자신들이 취약성을 내포한 소프트웨어를 사용하고 있다는 것도 알지 못한다. 그중에는 판매자가 그들의 제품에 업데이트를 인스톨하거나 보안설정을 더 안전하게 변경할 필요가 있다고 경고해주는 메시지를 받지 못하는 경우까지 있다. 기업이 인터넷을 통해 정기적으로 업데이트를 받는 소프트웨어를 사용하더라도, 기업의 시스템 운영자가 수정 업데이트를 끊임없이 다운로드하여 그것을 기업 전체가 적용하도록 확인하며, 또 추가 업데이트 할 것이 있는지 계속해서 지켜보아야 한다. 한 시설 내의 수백 대 혹은 수천 대 컴퓨터에 대해 그렇게 하는 작업은 만만치 않은 과제가 될 수 있다.

미국 비즈니스와 필수시설들을 위험으로 몰고 가는 사이버무기 시장에 NSA는 많은 제로데이를 구입하는 방법으로 개입한다. 다른 국가나 테러리스트 집단이 미국 도시를 블랙아웃으로 몰아넣고자 계획하고 제로데이를 사용한다면 NSA에 그것을 판매한 기업으로부터 구입할 가능성이 충분히 있다. 제로데이 판매자들은 인터넷을 위험하게 만드는 데 최소한 추상적인 책임의식은 가질 것이다. 하지만 그들은 금방 뚫리고 마는 프로그램을 만들었다며 소프트웨어 제조자들에게 비난의 방향을 돌린다. "우리는 무기를 파는 것이 아닙니다. 정보를 팔 뿐입니다."[15] 제로데이 판매기업인 리번 창업자가 로이터 통신과의 인터뷰에서 한 말이다. 회사에서 만든 프로그램이 시스템을 파괴하거나 사람들을 살상하는 공격에 이용된다면 회사가 곤란해지지 않겠냐는 질문에 이렇게 대답한다. "그건 보안이 허술한 제품을 만들어 판매한 자들에게나 해야 할 질문 같군요."

이렇게 방어막을 치는 것은 도둑맞은 일에 열쇠공을 탓하는 것과 비슷하게 보인다. 맞는 말이다. 열쇠공은 집에 침입자가 들어오지 못하도록 튼튼한 제품을 만들어야 한다. 그러나 도둑이 어떤 방법으로 들어와서 TV를 훔치거나 주인을 공격했을 때 우리는 열쇠공을 탓하지는 않는다. 리번 같은 기업은 도둑이 아니지만, 열쇠를 따는 도구를 팔고 있다. 자신들의 제품을 이용해 범죄가 행해질 때 그들은 법률적 책임은 아닐지라도, 분명 도덕적 책임은 느껴야 한다.

NSA의 경우는 어떨까? 도둑의 세계에는 NSA가 하는 일과 같은 것이 없다. 자물통을 모두 구입해 없애버리려는 사람은 없다. 그러나 NSA는 인터넷의 경비원 역할을 하려 한다. 마을을 감시하라고 고용한 경비원이 창문이 열린 것을 발견하고도 집주인에게 말해주지 않는다면 어떻게 될까? 더 나아가 마을의 모든 집에 있는 창문 제품의 디자인에 중요한 하자가 있어 이를 이용해 외부에서 문을 열 수 있는 것을 발견했다면? 경비원이 마을 주민들에게 이 사실을 알리지 않는다면 그들은 경비원을 해고할 것이다. 어쩌면 경찰에 신고해 체포할지도 모른다. 경비원이 집주인을 보호하기 위해 창문의 하자를 비밀로 했다고 주장해도 주민들은 이를 받아들이지 않을 것이다. 경찰은 그가 창문 하자의 비밀을 혼자만 알고 있었던 것은 언젠가 남의 집에 침입해 도둑질 할 생각이었다고 판단할지도 모른다.

비유가 적절하지 않을 수도 있다. NSA는 법집행기관이 아니고 군사 및 정보 조직이다. 임무가 다르며 활동에 적용되는 법률도 다르다. 그러나 NSA가 사이버전쟁 위협에 큰 목소리를 내고, 스스로 사이버공간의 침입자와 사이버공격으로부터 국가를 방어하는 데 있어 가장 적임자라 말하고 있으므로, 도둑보다는 경비원과 비슷하게 행동해야 한다.

2013년, NSA는 제로데이를 구매하는 예산으로 2500만 달러 이상을 배정했다. 내부 예산문서에는 '소프트웨어 취약성을 은밀히 구입'이라고 기재되어 있다.[16] 그러나 NSA의 사이버무기 조달이 전적으로 회색시장 같은 음성적 시장에만 의존하는 것은 아니다. 자체적으로 만들어내는 경우가 더 많다. NSA 조직 내부에는 미국 최고 수준의 해커들로 구성된 생산라인이 있다. 그중에는 군 정보기관 출신이나 정부의 학비지원으로 대학원에서 컴퓨터보안 과정을 이수한 사람들이 많다. 그와 같은 인력은 비싸고 장기적인 투자라 할 수 있다. 미국은 그들의 지식과 기술에 의존해서 중국과의 사이버전쟁을 수행해야 하고, 활용 가능한 해커의 수에서 언제나 우위에 있어야 한다.

그러나 최고수준의 사이버전사가 정부조직에 언제까지나 몸담고 있지는 않으려 하는 것이 NSA의 문제다. 민간영역에 가면 손쉽게 몇 배의 보수를 받을 수 있으며, 요즈음은 정부영역보다 민간영역에서 그들의 기술에 대한 수요가 더 많은 상황이다.

맥북에어와 아이폰 등의 애플제품에서 찾아내기 어려운 버그를 발견하여 유명해진 전직 NSA 직원 찰리 밀러(Charlie Miller)도 2012년 트위터로 옮겼다. 밀러 같은 인물을 해커그룹 내에서는

'화이트 해커'라고 부른다. 그는 '블랙 해커'가 오류를 발견하여 피해를 주기 선에 시스템의 오류를 찾아 수정하기 위해 시스템 내로 침입한다. 사회적 네트워킹 기업이 성장함에 따라 이들 기업은 자연스럽게 스파이나 범죄조직들의 중요한 타깃이 되었다. 밀러는 NSA에서 갈고 닦은 기술과 타고난 재능을 트위터와 수억 명의 이용자를 보호하는 데 쓰고 있다.

저스틴 슈(Justin Schuh)도 비슷한 과정을 밟았다. 그는 1990년대 중반 해병대에서 정보분석가로 시작하여 소프트웨어 엔지니어, 그리고 시스템운영자를 거쳤다. 2001년 NSA에 들어가 조직의 시스템과 네트워크 제휴프로그램(System and Network Interdisciplinary Program, SNIP)에 참여했다. 사이버전사 양성 프로그램이었다. NSA 홍보 팸플릿에는 공격이라는 말 대신 기술적 용어를 사용해서 "프로그램 수료자는 컴퓨터 네트워크 운영의 문제를 해결하는 데 있어 NSA의 필수 요원이 됩니다."라고 적혀 있는 프로그램이다.[17] 그로부터 2년이 채 되기 전에 슈는 CIA에 합류하여 기술운영유닛에서 일했는데, 그 유닛은 손을 쓰기 어려운 지역에 NSA가 감시장치를 설치하는 것을 도와주는 임무를 수행하는 곳이었다. 그는 곧 민간영역으로 떠나 최종적으로는 구글의 정보보안 엔지니어로 일하고 있다.

구글은 슈를 포함한 인력으로 팀을 구성하여 보안 약점과 제로데이를 찾는 업무를 맡겼다. 그것들은 이메일 및 웹브라우즈 같은 구글의 제품 및 고객을 상대로 한 공격에 이용될 수 있었다. 회사 자체도 정교한 해킹공격의 타깃이 되고 있었는데, 2010년 중국 해커그룹이 지적 재산인 소프트웨어 코드 데이터베이스를 뚫고 들어간 공격은 유명하다.[18] 그 해커는 이용자가 구글의 여러 응용 프로그램에 로그인할 수 있는 패스워드 시스템 코드를 훔쳤다. 보안연구자들은 회사의 지적 재산들 중 '알토란 같은' 것을 도둑맞았다고 표현했다. 그 도둑은 구글 최고위 임원들을 공황상태로 몰아넣었다. 당시까지 이용자들의 보안과 사적 데이터를 철통같이 보호한다며 자랑하고, 이를 토대로 명성을 쌓아올린 회사였다.

구글은 이제 자체 탐정 팀을 보유하고 있으며, 그 팀원들 중 다수가 NSA나 다른 여러 정보기관에서 일하며 회사에 대한 위협을 찾았던 경력을 가지고 있다. "여기에 비밀이 있습니다. 의심되거나 확인된 멀웨어의 방대한 목록을 확보하게 되면 수억 명의 사용자들을 보호하는 데 많은 도움이 됩니다." 2012년 이메일과 웹사이트를 스캔하여 바이러스를 찾아내는 작은 기업을 구글이 인수한 이후 저스틴 슈가 트위터에 올린 글이다. 현재 구글은 고객들의 G메일을 스캔하여 어떤 위협이 있는지 확인하고, 외국 정부에 속한 해커가 바이러스를 보낸 것으로 의심되면 눈에 띄는 붉은색 배너에 메시지를 담아 그들에게 경고한다. 그 경고는 중국을 직접 지칭하지는 않지만 누구를 의미하는지 명확하다.

구글은 회사와 전 세계 수억 명의 고객에게 위협이 될 수 있는 모든 제로데이를 찾아낼 충분한 인력을 확보하고 있지 않다. 그래서 독립 해커들에게 상여금도 지불한다. 그들이 방위사업자에게 판매할 때와 같은 수준의 금액이다. 구글 직원은 제로데이 회색시장에서 가장 큰 경쟁자가 NSA라고 말한다. NSA는 누구보다 빠르게 제로데이를 구입해 쓸어가버리며, 최고액을 지불한다.

구글은 제로데이 조달을 위해 자체적으로 중개업자도 채용한다. 구글 보안 프로그램에 정통한 두 소식통에 의하면, 워싱턴 DC 외곽에 위치한 '엔드게임'이라는 부티크기업을 이용하여 제로데이 취약성 정보와 알려진 공격도구를 독점 구입하고 있다고 한다. 이 소식통들은 구글이 이제 공격으로부터 방어하는 데만 관심을 갖는 것이 아니라 회사에 피해를 주려고 하는 해커를 추적할 역량을 확보하려 한다고 말한다. 구글이 자체적으로 사이버공격을 시작했는지는 불분명하지만 이것은 확실하다. 첫째, 회사가 사적으로 사이버전쟁을 시작할 수 있을 정도로 제로데이 공격도구를 많이 비축하고 있다. 둘째, 그것은 법을 위반하는 것일 수 있다. 컴퓨터 시스템에 피해를 초래하는 공격적 사이버작전을 수행할 수 있는 권한은 미국 정부만이 가지고 있다.

그러나 해커는 정부만 타깃으로 하는 것이 아니며, 미국은 이를 잘 알고 있다. 실제로 미국 관료들을 자극하여 사이버군대를 구축하게 만든 것은 방위사업자를 대상으로 한 대규모 해킹 공격이었다. 그러나 현재 미국 기업들은 이러한 군대는 절대로 그들 모두를 보호할 수 있을 만큼 크고 강력할 수 없다고 깨닫기 시작했다. 그들은 자신을 스스로 방어해야만 한다. 그리고 방어방법을 찾을 때 가장 먼저 눈길을 향하는 곳이 회색시장, 해커들의 은밀한 네트워크다. 최고액을 부른 입찰자에게 자신들의 기술과 무기를 파는 곳이다.

6. 목적에 따라 특화된 사이버 용병들

*

*

*

폴로셔츠에 진바지를 입은 20~30대 젊은 이들이 밝은 얼굴로 허만밀러 의자에 앉아 매킨토시 랩탑과 매끈한 평면 스크린 모니터를 마주 하고 있다. 배달된 점심을 게걸스레 먹거나 간식으로 튀긴 치킨 을 뜯고, 혹은 그날 밤에 있을 회사 내 소프트볼 경기를 계획한 다. 탁 트인 마루에 높은 천장, 의도적으로 드러낸 냉난방 도관 및 급배수관 등 잡동사니창고 같은 사무실이었다. 어느 모로 보 아도 엔드게임은 전형적인 신생 IT 벤처기업이다.

그러나 실제로는 그렇지 않다. 엔드게임은 사이버무기 비즈니 스계에서 세계 굴지의 기업이다. 이 회사는 제로데이 정보를 입 수하여 정부와 기업에 판매하는데, 그 가격은 엔드게임에서 책정 하기 때문에 매우 수익성 높은 비즈니스다. 마케팅 관련 문서에 의하면, 엔드게임은 연간 25회 사용 가능한 제로데이 구독패키지 가격을 250만 달러로 정했다. 150만 달러를 내면 전 세계에서 취약성을 가진 컴퓨터 수백만 대의 인터넷주소와 그 물리적 주소를 보여주는 데이터베이스에 접근할 수 있다. 엔드게임의 고객은 이와 같은 정보로 무장하여 자신의 컴퓨터 시스템에서 공격에 취약한 부분을 확인하고 방어체계를 구축할 수 있다. 물론 자신이 공격할 다른 컴퓨터 시스템의 취약성을 찾는 데 이용할 수도 있다. 그러한 컴퓨터의 데이터는 훔쳐가서 이용하거나(정부문서나 기업의 거래비밀 등과 같이), 멀웨어를 이용해 파괴해버릴 수 있다. 엔드게임은 비즈니스 거래 상대를 결정할 수 있지만 자신이 판매한 정보를 고객이 어떻게 이용할지까지 간섭할 수는 없으며, 불법 행위에 사용되어도 막을 방법이 없다. 미국 총기회사 스미스웨슨이 총기 구매자가 범죄에 이용하는 것을 막을 수 없는 것과 마찬가지다.

엔드게임의 비즈니스 핵심은 네트워크 내의 약점과 취약한 컴퓨터에 관한 방대한 양의 데이터를 소화하여 이를 그래픽 정보로 표시해내는 능력에 있다. 엔드게임은 이를 위해 본소(Bonesaw, 뼈톱)로 알려진 특허 소프트웨어를 이용하는데, 회사에서는 '사이버 타깃확인 어플리케이션'이라고 설명한다.

"본소는 기본적으로 인터넷에 연결된 모든 장비들의 지도를 그리고, 그것이 어떤 하드웨어 및 소프트웨어인지 확인한다."[1] 엔드게임의 한 직원이 2013년 기자에게 한 말이다. 그 소프트웨어는 어떤 시스템이 바이러스에 감염되어 공격에 취약한 상태인지 보여준다.

보안연구자와 전직 정부관료의 말에 의하면 엔드게임의 가장 큰 고객은 바로 NSA다. 그 회사는 사이버사령부, 영국정보국, 그리고 미국 주요 기업들에도 판매한다. 엔드게임은 네 개의 사무실이 있는데 그중 하나는 펜타곤에서 자동차로 10분 혹은 지하철로 네 정거장 떨어진 버지니아 알링턴의 우아한 클라렌돈 스트리트에 자리 잡고 있다.

엔드게임은 미국의 적들이 보유하고 운영하는 컴퓨터 목록을 작성하여 고객에게 제공한다. 2010년에는 베네수엘라 정부기관 및 대규모 공기업 18곳에서 운영하는 컴퓨터들 중 공격 가능한 대상을 보여주는 도표를 작성했다. 상수도관리처, 은행, 국방부, 외무부, 그리고 대통령실 등이 포함되었다. 그 도표는 감염된 시스템 각각의 인터넷 주소, 위치한 도시, 그리고 감염된 어플리케이션 등을 보여주었다. 도표의 맨 끝에는 'EGS Vuln'이라는 제목이 붙어 있었는데, 공격에 취약한 어플리케이션이라는 뜻이다. 그리고 감염된 컴퓨터들 거의 전부에 '예스'로 표시되어 있었다.

엔드게임은 러시아에서도 타깃을 찾았다. 내부 문서에 의하면 이 회사는 러시아 재무부와 정유시설, 은행, 그리고 핵발전소 등의 컴퓨터도 공격에 노출돼 있는 것을 확인했다고 한다.[2] 중국과 라틴아메리카, 그리고 중동에서도 타깃들을 찾아냈다.

이와 같은 종류의 정보는 정부 소속의 정보기관이 거의 독점적으로 이용했다. 그들만이 취약성을 가진 컴퓨터를 정확히 식별하여 접근할 수 있었으며, 또 그 시스템들을 공격할 사이버무기를 확보할 수 있는 동기와 수단도 이들 정부 영역에만 있었다.

엔드게임은 특화된 사이버 용병들 중 하나다. 보안전문가들이 완곡하게 '적극적인 방어'라는 용어로 표현하는 일을 전문으로 하는 집단이다. 이와 같은 유형의 방어는 방화벽을 쌓거나 바이러스 백신 소프트웨어를 설치하는 일만이 아니기 때문에 그리 적당한 용어가 아니다. 선제공격이나 보복공격을 의미할 수도 있다. 엔드게임은 공격을 가하지는 않는다. 하지만 공격을 가하고자 하는 고객에게 필요한 정보를 제공할 수 있다. 회사가 사이버공격을 가하는 것은 불법이지만 정부기관의 경우에는 그렇지 않다. 엔드게임을 잘 아는 소식통에 의하면 회사의 고객들 거의 전부가 미국 정부기관이라고 한다. 그러나 2013년 이후 회사 경영진은 상업적 비즈니스를 키우고자 공격기술 관련 기업이나 은행과도 거래하고 있다.

엔드게임은 2008년 크리스 롤랜드(Chris Rouland)가 설립했다. 그는 톱클래스의 해커로 1990년 펜타곤 컴퓨터 속으로 해킹해 들어간 이후 국방부의 레이더에 처음으로 잡혔다. 들리는 말에 의하면 그는 정부를 위해 일하기로 약속하고 기소를 면제받았다고 한다. 처음에는 소규모 해커그룹과 함께 엔드게임을 시작했는데, 그들은 인터넷 시큐리티 시스템스(Internet Security Systems)라는 회사에서 일하던 화이트 해커들이었다. 그 회사는 2006년 13억 달러로 IBM에 인수되었다. 회사에서 그들은 고객의 컴퓨터와 네트워크를 방어하는 일을 담당했지만, 그들이 배우고 개발한 기술은 공격에도 사용될 수 있는 것이었다.

과거 함께 일했던 동료들이 오만한 성격에 다혈질이라고 표현하는 롤랜드는, 회사가 공격을 받으면 공격 주체가 개인이거나 그룹 혹은 국가거나 상관없이 보복공격을 가해야 한다고 주장하는 사람이었다. "결론적으로 우리는 이 나라 기업들이 반격을 가할 수 있게 해야 합니다.[3]" 2013년 9월, 뉴욕에서 열린 윤리와 국제문제에 관한 컨퍼런스의 패널토의 중 롤랜드가 한 말이다. "매년 수백만 달러를 도둑맞고 있지만, 정부가 그들을 돕기는 너무 어려운 상황입니다. 그들이 스스로 대처할 수 있게 해야만 합니다." 롤랜드는 사이버간첩이나 조직범죄의 타깃이 된 적이 있는 많은 기업 경영진의 낭패감을 대변했다. 펜타곤은 방위사업자들을 특별히 보호해 왔으며, 미국 경제에 덜 필수적인 기업에 대한 공격보다는 전력망 같은 필수적 인프라 구조에 공격이 가해질 때를 크게 우려하는 것으로 보였다.

반격은 여러 형태로 가능했다. 먼저 악성 컴퓨터에 트래픽을 쏟아부어 다운시켜버리는 방법이 있다. 중국 사이버간첩의 하드드라이브에 침입해서 중요 문서를 훔친 다음 삭제해버릴 수도 있다. 물론 그 간첩의 컴퓨터 안으로 들어가서 다른 파일들 역시 삭제하고 그 네트워크에 바이러스를 풀어놓을 수도 있다. 자기방어 활동 하나만으로도 문제를 크게 증폭시켜 온갖 갈등이 유발될 수 있다. 무엇보다 중국 사이버간첩 활동이 중국 군부의 지원을 받는 만큼, 미국 기업의 사이버공격은 결국 외국 정부를 상대로 한 사이버전쟁으로 번질 수 있다.

기업이나 개인이 사이버공격에 반격으로 대응하는 것(hack back,

핵백)은 불법이다. 그러나 엔드게임이 하듯이 제품과 서비스를 제공하는 것은 법률에 위배되지 않는다. 엔드게임은 잘나가는 벤처 캐피털 기업들로부터 5000만 달러 이상을 벌어들였다. 베세머 벤처 파트너스, 클라이너 퍼킨스 코필드 & 바이어스, 그리고 팔라딘 캐피털도 그 고객이다. 신생 사이버보안회사, 특히 그와 같이 논란이 있는 분야에 특화된 기업으로서는 놀랄 만큼 높은 실적이다.

2012년 해커그룹 어노니머스(Anonymous)가 회사 내부의 마케팅 문서를 폭로하자, 롤랜드는 엔드게임 CEO에서 물러난다. 엔드게임은 언론에 노출되지 않고 되도록이면 조용히 있으려 해왔으며 회사 웹사이트도 내릴 정도였다. 그러나 롤랜드는 컨퍼런스에서는 입장을 바꾸어 개인자격으로 하는 연설임을 강조하면서, 미국 기업들이 보복을 하지 않는다면 사이버공격으로부터 절대로 자유로울 수 없다고 열정적으로 말했다. "오늘날 사이버공간에는 억제라는 개념이 없습니다. 글로벌 무차별 사격지대입니다." 롤랜드의 동료 패널리스트 중 한 명은 이에 동조하는 것처럼 보였다. 해군 사이버보안연구센터의 법학교수인 로버트 클라크(Robert Clark)는 한 강의에서, 기업이 도둑의 컴퓨터 안으로 침입해 들어가 훔쳐간 정보를 삭제하는 행위는 불법일 수도 있다고 말하며 강조했다. "내가 생각할 때 이것은 정말 어이없는 규정입니다. 거기 있는 그 데이터는 내 것이므로 나는 그것을 삭제할 수 있어야 합니다."

롤랜드가 뉴욕에 나타난 후 몇 달이 지나 엔드게임은 새로운

CEO를 지명했다. 네이트 픽(Nate Fick)은 서른다섯의 해병대 대위 출신으로 이라크와 아프가니스탄에서도 복무했으며, 하버드경영 대학원에서 경영학석사를 받고 워싱턴의 한 싱크탱크 운영을 돕고 있었다. 픽은 자신의 참전 경험을 회고록으로 썼으며, 미국 영화채널 HBO 미니시리즈로 만들어졌던 논픽션 〈제너레이션 킬 Generation Kill〉 속의 한 주인공이기도 했다.

엔드게임의 비즈니스 전략과 픽에 대해 개인적으로 잘 아는 사람에 따르면, 이 신임 CEO는 회사가 제로데이 비즈니스 사업에서 손을 떼기를 원했다고 한다. 비즈니스를 둘러싼 논란이 너무 심하고, 궁극적으로는 제로데이 공격도구 하나를 수십만 달러에 구입해도 될 정도로 수익성이 높지 않을 것으로 생각했기 때문이다. 사이버무기가 가져다줄 이익이 너무 작은 것으로 보였다.

그러나 그 비즈니스를 포기하기는 쉽지 않았다. 엔드게임 투자자들로서는 정부 고객들이 중요했기 때문이다. 그들은 자금력이 풍부하고 앞으로도 사이버방어와 공격에 수십억 달러를 지출할 계획을 가지고 있었다. 엔드게임 자문이사회는 이전부터 수익성 높은 고객을 중심으로 했다. 이사회에는 퇴역한 펜타곤 고위관료로 여러 IT기업의 경영진을 역임했던 사람과 전임 CIA 정보책임자도 참여하고 있었다. 자문이사회 의장은 CIA가 투자해 설립한 벤처캐피털인 인큐텔 CEO가 맡고 있으며, 전임 NSA 국장도 자문이사회 구성원이었다.

그러나 픽은 2012년 CEO로 지명된 직후 한 인터뷰에서, 이라크와 아프가니스탄 전쟁이 막을 내리면서 9 · 11 이후 크게 늘어난 군사비 지출이라는 황금시장도 끝나고 의회는 긴축재정과 더욱 작은 정부를 요구할 것이라고 전망했다. "국방예산에는 압력이 가해질 것이며, 또 마땅히 그렇게 해야 합니다." 픽은 이렇게 말했다. "지난 10년처럼 과도한 지출은 유지 가능하지 않습니다." 그는 덧붙였다. "그렇지만 저는 계속해서 성장할 영역도 있을 것으로 생각합니다."

그가 말한 성장은 민간영역이었다. 픽의 지인 두 사람은 구글이 엔드게임 제로데이 패키지의 최대 구매자들 중 하나가 되었다고 말한다. 구글이 자신의 지적 재산을 훔쳐가려는 자들, 특히 중국 해커에 대항해서 반격을 가했는지는 알 수 없다. 그러나 구글은 중국의 사이버간첩 행위에 대해 비판하고, 중국 정부가 자국의 해커를 제지하지 못하면 외교적 조치를 취해야 한다고 의회와 행정부에 가장 큰 목소리로 요구하는 기업이다. 그리고 물론 영향력도 가장 크다. 구글은 중국 해커의 대규모 공격으로 지적 재산 일부를 도둑맞은 이후부터, 자신의 네트워크에 가해지는 공격에 관한 정보를 NSA와 공유하기 시작했다.

롤랜드는 정부가 방어해줄 능력이 없거나 그렇게 할 의지가 없을 때는 기업 스스로 자신을 방어할 권리가 있다고 주장한 최초의 엔드게임사 임원은 아니었다. 어노니머스 해커가 엔드게임사 컴퓨터에 침입하여 회사의 민감한 프레젠테이션 파일을 훔쳐 폭로한 사건이 있었다. 감염된 컴퓨터를 봇네츠(botnets: 해커의 조정을 받는 컴퓨터 네트워크, 일명 좀비컴퓨터-옮긴이)로 이용하여 웹사이트를 공격하거나 패스워드 등의 민감한 정보를 훔치는 방법을 고객에게 설명하는 내용이었다. 그 이후 엔드게임의 한 투자 파트너는 그 같은 생각을 옹호하며 이렇게 말했다. "앞으로 전쟁이 사이버세계에서 벌어진다고 생각한다면, 앉아서 당하기보다는 사이버무기로 무장하고 이를 사용할 수 있어야 하지 않겠습니까?"[4] 엔드게임의 이사회 임원이 된 테드 쉬레인(Ted Schlein)은 로이터통신 기자에게 이렇게 말했다. "필요한 상황인데도 사이버무기를 사용하지 않을 이유가 있을까요?"

민간 사이버보안 회사들 대부분은 자신들이 '핵백', 즉 침입자의 컴퓨터 속으로 뚫고 들어가는 보복공격을 하지 않는다고 강조한다. 미국에서는 불법이기 때문이다. 그렇지만 기업은 고객의 네트워크 안에 침입자가 있으면 그를 상대로 해킹할 것이다. 크라우드스트라이크는 이와 같은 비즈니스에서 특히 눈에 띄는 기업으로, 침입을 엿보는 해커에게 꿀단지로 미끼를 던진다.[5] 이 회사는 고객의 네트워크처럼 보이는 곳으로 해커를 유인한다. 그러나 실제로는 중요 컴퓨터가 없는 청정지역이다. 침입자를 지켜보기 위해 시간을 버는 것이다. 침입자의 행동에서 그들이 무엇에 관심을 가지는지(기술적 도표 혹은 주요 탐색지점이라 부른다), 그리고 그러한 정보를 훔쳐가기 위해 어떤 도구나 기술을 사용하는지를 파악한다. 침입자가 사용하는 기술과 도구를 알게 되면 앞으로 그 침입자가 다른 시스템을 뚫기 위해 어떤 방법을 사용할지 예측할 수 있다. 고객이 침입자를 속이길 원하면 비즈니스 전략이나 신제품 출시 계획 문서처럼 보이는 파일에 거짓 정보를 담아둘 수도 있다.

크라우드스트라이크는 침입자가 해킹을 시도한 고객들을 비교해 보고, 그 침입자가 특정한 산업 혹은 특정 기술을 타깃으로 하는지 분석한다. 그리고 사건기록을 작성하는데 어떤 경우에는 해커에 이름을 붙이기도 한다. 크라우드스트라이크의 분석팀은 한 '적성 해커'를 1년 이상 추적하기도 했다. 앵커 팬더(Anchor Panda)라는 이름을 붙인 그 해커는 해사통신위성 사업과 우주선, 그리고 방위산업 협력업체 등을 해킹하고 우주탐사 프로그램에 적극적인 외국 정부를 타깃으로 하고 있었다. 크라우드스트라이크의 고객들은 해커가 찾는 정보가 무엇이고 또 어떻게 뚫고 들어가는지 구체적인 정보(해커의 특성)로 무장하여, 좀 더 정밀한 방어조치를 취할 수 있다. 의심스러운 사람의 행태에 대해 일반적인 경고를 하는 데 그치지 않고, 구체적으로 범인 및 그 수법과 관련된 자세한 정보와 함께 대응 조치를 포함한 공지를 보내는 방법 등을 사용한다.

이와 같은 일은 법집행 기관의 임무와 많이 비슷하게 보인다. 그래서 크라우드스트라이크의 최고경영진 중 두 명이 FBI 관료 출신인 것도 그리 놀랍지 않다. 크라우드스트라이크에서 침입자를 추적하고 확인하는 부서의 CEO인 숀 헨리(Shawn Henry)는 FBI에서 24년을 복무하고 2012년에 전 세계적 사이버 프로그램과 수사를 담당하는 책임자를 끝으로 은퇴했다(FBI의 사이버부 전임 부책임자는 회사의 법무자문위원이었다). 헨리는 "보안사건에 대응할 때 우리는 실질적으로 적들을 잡아내기" 때문에 크라우드스트라이크가 다른 사이버보안 기업과는 다르다고 말한다. 그는 그 회사가 네트워크 사이버 범죄수사기법 및 멀웨어 대응엔지니어링을 채용하여 해커의 기술과 동기를 파악한다고 밝혔다. 그는 자기 회사가 적의 컴퓨터 속으로 침입해 들어간다는 꼬투리를 잡히지 않으려 아주 주의를 기울였다. G-맨(FBI 수사관을 일컫는 대중적 용어-옮긴이)으로 해킹 관련 법률을 위반한 사람들을 기소하면서 24년을 보낸 베테랑다웠다. 그러나 그 비즈니스에 종사하는 다른 많은 기업이 하는 방식보다 훨씬 공격적인 형태라는 사실이 그가 표현한 '잡아낸다(hunt)'라는 단어에서도 드러난다. 크라우드스트라이크는 고객의 네트워크에 센서를 배치하고, 크라우드소싱을 이용하여 해커가 등장할 때부터 더 많은 정보를 수집한다. 해커가 고객을 공격할 때를 기다리거나 사건이 벌어진 다음 증거를 수집하는 방식이 아니다. 정보를 활용하여 해커를 특정 국가나 그룹에 최대한 가깝게 묶어낸다. 이것은 사이버범죄 수사에 있어 가장 어려운 과정인데, 숙련된 해커들은 자신의 물리적 위치를 지우고, 또 다른 국가 내에 자신들의 좀비로 만들어둔 컴퓨터에서 공격을 시작하는 경우가 많기 때문이다. 크라우드스트라이크는 고객에게 그들이 어떻게 공격받는지 뿐만 아니라 왜, 그리고 누구로부터 공격받는지도 알려준다고 약속한다. 그 회사는 특히 외국 정부의 사주로 움직이는 해커와 간첩들에게 집중한다. 중국과 이란, 그리고 러시아가 대표적이다. 회사의 마케팅 자료에는 특수한 정보수집 도구를 이용하여 침입자를 확인하고 그들에 관한 구체적이고 유용한 정보를 고객들에게 제공한다고 적혀 있다.

이것은 FBI 요원들의 지침서에서 인용한 기술이기도 하다. FBI는 해커집단 어노니머스에서도 가장 유명한 해커 및 멍을 체포할 때 그들이 기업과 개인으로부터 데이터를 훔치는 과정을 지켜보았으며, 그 정보는 법정기소의 증거로 활용되었다. 그러나 크라우드스트라이크나 그 고객들이 항상 범죄 기소를 기대하지는 않는다. 그렇기 때문에 이 부분에서 그 회사의 비즈니스 모델이 공격적이 된다. 크라우드스트라이크를 다른 경쟁 기업들과 차별화해주는 또 다른 특징은 그들의 '반격 능력'이다.

"우리가 해커에게 핵백을 가한다는 말이 아닙니다." 헨리는 회사가 합법과 불법의 경계선을 넘어선다는 인상을 피하면서 이렇게 말한다. "우리는 고객에게 그들의 네트워크에 적대적인 작업 환경을 만들 수 있는 특정한 역량을 제공하는 것입니다." 크라우드스트라이크 경영진은 일부 고객 기업이 만들어내는 그와 같은 적대적 환경을 만드는 방법 중 하나가 꿀단지 안에 멀웨어를 심어서 자신들의 네트워크 전체로 퍼트리는 것임을 알고 있다. 꿀단지에 현혹되어 네트워크에 침입한 해커가 문서나 파일을 그의 컴퓨터로 가져가서 여는 순간 바이러스가 들어간다. 바이러스는 그의 하드드라이브 속 데이터를 파괴하거나, 계속해서 접근할 통로가 되는 백도어를 만들어둔다. 크라우드스트라이크는 자신들은 속임수를 이용하여 감염시키지 않는다고 말하지만 그 회사의 공동창업자인 드미트리 알페로비치(Dmitri Alperovitch)는 2013년 한 인터뷰에서, 자신이 조지아 정부의 이와 비슷한 행동을 승인했다고 말했다.[6] 속임수를 써서 러시아 해커가 스파이웨어를 다운로드하도록 만든 것이다. 그 스파이웨어가 해커 컴퓨터의 웹캠을 켜서 조지아 정부는 그의 사진을 얻을 수 있었다. 그리고 정부 공보에 그 사진을 게재했다. "민간영역은 이와 같은 종류의 행동을 취할 수 있어야 합니다." 알페로비치의 말이다.

2014년 2월 타겟(Target)사가 1억 건 이상의 신용카드 및 현금카드 번호가 해커에게 유출되었다고 보고한 이후, 크라우드스트라이크는 사이버범죄와 싸우는 방법을 가르치는 온라인 세미나를 열었다. "반격: 타깃이 되면 안 된다." 회사가 잠재적 고객들에게 발송한 이메일에 적힌 문구다. "귀사의 네트워크를 방어하기 위해 선제적 조치를 취하는 방법"을 가르쳐주고, "위협 정보를 게임이 시작되기 전에 사용하는 방법"을 보여준다고 약속한 것은 물론이다. 크라우드스트라이크가 핵백을 말하는 것이 아닐 수 있다. 하지만 그 회사는 고객들에게 경고를 보낼 뿐만 아니라 회사의 광고처럼 고객들이 스스로 반격을 가하고자 한다면 필요한 기술을 가르쳐줄 수 있음을 시사하고 있다.

기술적으로나 법적으로 적을 찾아내는 것은 적의 행동을 지켜보는 것 이상으로 중대한 단계다. 그러나 여기에도 시장이 존재한다. 사이버 용병들이 스파이웨어와 해킹도구를 만들고 판매하는 곳이다. 몇 년 전 미국 정부가 만들어내던 것만큼이나 정교하다. 클라우드 서비스 같은 컴퓨팅 플랫폼이 널리 보급되어 몇 명으로 구성된 소규모 그룹에서도 어느 때보다 더 복잡한 프로그래밍을 할 수 있게 되었고, 작은 기업들도 조만간 크고 강력한 사이버무기를 만들 수 있을 것이다. 지금까지는 정부가 독점하는 영역이었다. 이미 독재정권이 반체제 민주인사를 위협하고 압박하는 일에 자신의 기술로 도움을 주는 용병들이 있으며, 그들이 만든 장치는 사이버공간에서 커다란 위협과 공포가 되고 있다.

영국의 감마는 핀피셔(FinFisher)라는 스파이웨어 프로그램을 판매하는데, 회사의 마케팅 문서에 의하면 그 프로그램 내에는 "흔히 사용되는 소프트웨어를 업데이트한다고 속이는 소프트웨어"가 숨겨져 있다.[7] 그 스파이웨어는 컴퓨터를 장악하여 파일을 복사하고 사용자가 입력한 모든 단어를 기록하는 것이지만 아이튠즈(iTunes) 앱을 업데이트하는 것으로 위장할 수 있다. 사용자는 그 뮤직 소프트웨어 최신 버전을 얻는다는 생각으로 업데이트를 클릭하지만 실제로는 자기 컴퓨터에 핀피셔를 인스톨하게 되는 것이다. 이집트 민주인사들은 회사가 호스니 무바라크(Hosni Mubarak) 독재집단에 그 소프트웨어를 제공했다고 비난하지만 회사에서는 이를 부정한다. 무바라크는 2011년 권좌에서 쫓겨나기 전까지 이집트 국민들을 무자비하게 탄압했다. 보안전문가들은 또한 바레인의 민주인사들에게 발송된 이메일에서 핀피셔를 발견했다고 주장한다.[8]

기술을 팔려는 사이버간첩과 해커들은 법집행기관이나 정보기관에 공개적으로 자신의 서비스에 대해 마케팅한다. 밀라노에 본사를 둔 이탈리아 기업 해킹팀은 '보이지 않는 기술'을 이용하여 '은밀하면서도 추적 불가능하게', '귀하의 목표물을 완전히 장악'해준다고 광고한다.

회사 홈페이지의 한 프레젠테이션에서는 마치 NSA처럼 "암호를 깨트립니다."라고 말한다. "암호화 커뮤니케이션이 하루에 몇천 건이어도 문제없습니다." 2011년 이 회사는 메릴랜드 아나폴리스에도 사무실을 열어 미국 고객들에게 판매를 시작했다.

해킹팀은 이와 같은 비즈니스의 선두주자라 할 수 있다. 이 회사 스파이웨어 툴 제품 중 하나인 리모트 컨트롤 시스템(Remote Control System)의 마케팅 팸플릿에는 이렇게 적혀 있다. "때로는 관계된 데이터가 철통같은 장치에 둘러싸여 절대로 누출되지 않도록 잘 보호된 경우가 있습니다. ……그러나 그것은 당신에게 이 시스템이 없을 때의 이야기입니다."

문제는 그 장치를 손쉽게 뚫고 들어갈 방법이 무엇이냐는 것이다. ……암호를 피해가서 어떤 장치로부터 관련된 데이터를 모으고, 타깃이 어디에 있든 그들을 계속 모니터링 하는 것이다. 모니터링 영역 밖에 있어도 가능해야 한다. 리모트 컨트롤 시스템이 정확히 그렇게 한다. 타깃을 통제가능하게 만들고 그들이 암호화하거나 이동할 때라도 모니터링한다. 최첨단의 감염 매체를 이용해 타깃을 뚫고 들어간다. 타깃의 무선네트워크 속으로 들어가 움직이는 중에 작동하도록 설계된 임시장치로 속속들이 알아낸다. 모든 타깃을 한 스크린에 보이게 해놓고, 한눈으로 모두를 보면서 원격통제할 수 있다.

그 제품은 랩탑컴퓨터의 카메라와 마이크를 원격으로 켜서 도청장치로 만들어버릴 수 있다. 해킹팀은 팸플릿의 끝에 제품이 '정부의 활동'에 사용하도록 만들었다고 적어놓았다(그 회사는 이탈리아 지방경찰에게 판매된 스파이웨어 제품을 만든 해커 두 명이 설립했다). 해킹팀은 그 제품을 법집행 정부기관과 정보기관에만 판매하고, 미국이나 유럽연합(EU), 북대서양기구(NATO), 혹은 동남아국가연합(ASEAN)이 '블랙리스트'로 지목한 국가에게는 판매하지 않는다고 주장한다. 그리고 기술이 '인권을 침해'하는 데 이용되지 않도록 할 것이라고도 약속한다.

그러나 2012년 10월, 토론토대학의 시티즌랩(Citizen Lab) 연구진은 해킹팀의 '리모트 컨트롤 시스템'이 아랍에미레이트연합(UAE) 민주활동 지도자의 컴퓨터를 감염시키는 데 이용되었다고 보고했다. 권위주의적인 군주가 지배하는 그 나라에 선거제도 도입을 요구하는 온라인 청원에 서명했다는 이유로 투옥된 적이 있는 만수르라는 이름의 44세 전기엔지니어였다. 그는 의심스럽게 보이지 않는 이메일에 숨겨져 있던 그 스파이웨어를 우발적으로 다운로드했다.[9] 스파이웨어는 그의 PC 속으로 깊이 파고들어 만수르가 입력하는 기록과 파일들을 감시했다. 그는 컴퓨터 속도가 느려진 것을 알았고, 바레인에서 반체제인사 감시에 핀피셔가 이용됐다는 보고서를 접고 난 후 보안전문가와 접촉해 자신의 컴퓨터가 해킹당했다는 사실을 확인했다. 그 스파이웨어는 워낙 강력해서 그가 이메일 패스워드를 바꾼 후에도 보이지 않는 침입자는 여전히 그의 메시지를 훔쳐볼 수 있었다. 침입자는 컴퓨터를 완전히 장악해 만수르의 모든 커뮤니케이션과 동료 민주활동가들의 네트워크를 추적하고 있었다. 침입자는 UAE 내의 인터넷 주소를 사용하는 것으로 확인되었다.

만수르와 보안전문가가 감염된 컴퓨터를 깨끗하게 청소하고 한 달이 지난 후, 그는 시내에서 암살범의 공격을 받았다. 만수르는 자신의 이름을 알고 있는 그 암살범이 휴대전화를 추적했을 것으로 추정했다. 그는 암살범과의 격투 끝에 약간의 부상을 입었다. 그러나 그로부터 일주일도 안 돼 또 다른 사람이 그를 공격했다. 머리에 부상을 입었지만 만수르는 살아남았다.

해킹팀의 스파이웨어 피해를 입은 민주활동가는 만수르만이 아니었다. 북아프리카와 중동에서 격동의 시기 동안 독재정권은 상용 스파이웨어를 이용해 민주활동가들을 탄압했으며 이 사례는 그중 하나일 뿐이다. 해킹팀이 만수르에 대한 공격에 관여했거나 이를 인지했다는 증거는 없다. 회사는 자신의 제품이 불법에 이용되었다면 명확한 증거를 제시하라고 요구하며 '단지 상황으로 추정'한 것일 뿐이라고 주장한다.[10]

그 회사에도 윤리규정이 있지만 이와 관련해 특별한 내용은 없다. 그리고 스파이웨어와 해킹툴이 합법적 목적에만, 그리고 민주활동가와 인권을 탄압하지 않는 정부에만 판매해야 한다는 국제규정이나 이를 감시하는 국제기구도 없다. 스턱스넷 같은 사이버무기 확산을 통제하기 위한 규약도 없다. 최근 미국, 러시아, 중국 등 많은 나라에서 사이버무기 규약이 필요하다고 공개적으로 주장하지만, 어떤 나라에서도 차세대 사이버무기 제조금지 협정에 선구적으로 나서고 있지 않다. 사이버무기 협정을 현실화할 수 있는 뚜렷한 방법도 없다. 핵물질농축 시설은 감시가 가능하다. 탱크, 군함, 그리고 전투기 등은 멀리서도 관찰할 수 있다. 그러나 컴퓨터 안에 만들 수 있는 사이버무기는 발사될 때까지 보이지 않는 형태다.

사이버보안 회사가 정부의 청부업자 역할을 한 것은 '아랍의 봄'이 처음이 아니었다. 2010년 가을, 위키리크스(WikiLeaks) 웹사이트가 뱅크오브아메리카(BOA)를 곤란하게 만들 수 있는 내부 기록과 문서 등의 정보를 폭로할 준비를 하고 있을 때, 미국 법무부 관료는 은행 법률진과 접촉하여 워싱턴 법률회사인 헌튼 앤 윌리엄즈의 도움을 받도록 권했다.[11] 그 회사는 미국 상공회의소의 적대자들을 대상으로 하는 일종의 사이버 선전활동을 펼치기 위해 소규모 IT기업 세 곳을 모아 트리오그룹을 구성했다. 상공회의소는 워싱턴에서 가장 큰 비즈니스 로비스트다. 그 그룹은 데이터 마이닝 기술로 웹사이트와 소셜미디어를 정리할 계획을 세우고 상공회의소 적대자들에 관한 사건기록을 만들었다. 훈톤 앤 윌리엄즈는 '팀 테미스'라 이름붙인 그 그룹에 위키리크스 지지자들에게 같은 일을 해달라고 요청했다. 그리고 그 조직이 익명의 제보자로부터 얻는 기밀정보를 어디에 저장하고 있는지 알아내 달라고도 요청했다.

"위키리크스가 특정 국가에 데이터를 저장하고 있는 것을 확인할 수 있다면 법정 기소가 쉬워질 것입니다." 그 트리오 그룹의 한 구성원이 친구에게 보낸 이메일에 이렇게 적혀 있다. 법무부

관료는 위키리크스 설립자 줄리안 어산지(Julian Assange)를 기소하는 데 이용할 정보를 찾고 있었다. 기밀인 국방부 정보보고서와 국무부 통신자료를 게시했다는 죄명이었다. 연방정부/FBI가 BOA를 '팀 테미스'에 연결시켜주는 방식으로 자신들의 수사 과제 일부를 외주로 돌리려고 한 것이다. 이 트리오 팀의 팀명은 그리스신화에서 인간의 법률과는 다른 신의 법률을 주관하는 거인의 이름에서 따왔다.

'팀 테미스'에 참가한 실리콘밸리의 팰런티어 테크놀로지는 리처드 펄(Richard Perle) 전임 국방정책자문위원장과 같이 국가안보에서 비중 있는 인사와 조지 테닛(George Tenet) 전 CIA국장 등과 밀접한 관계를 맺었다. 특히 테닛은 국장에서 물러난 후 팰런티어 대주주이자 앨런 앤 컴퍼니 사장인 허브 앨런(Herb Allen)과 함께 일하고 있었다. 매년 저명한 언론인과 운동선수, 비즈니스 지도층 등이 모이는 선밸리 컨퍼런스를 개최하는 기업이다. 팰런티어는 창업 초기에는 CIA에서 설립한 벤처캐피털인 인큐텔이 지원을 했는데, 엔드게임의 이사회 의장이 책임자로 있는 조직이다.

팀 테미스 트리오를 구성하는 나머지 두 조직은 사이버보안 기업인 HB게리 페더럴과 베리코 테크놀로지로, HB게리는 NSA의 협력업자가 되기 위해 열심히 노력했지만 별 성과가 없었고, 베리코는 이라크 전쟁에서 사이버무기 현장경험을 가진 퇴역군인들을 채용했다. 팀 구성 제안서를 보면 테미스는 '적들의 실체와 대상 네트워크'에 관한 법률적 정보를 확보할 분석세포를 만들 계획이었다. HB게리 CEO인 아론 바(Aaron Barr)는 그 팀이 위키리크스의 '범세계적 지지자들과 자발적 협조자들'에 관한 정보와 이 조직(위키리크스－옮긴이)에 기부한 사람들의 정보를 수집해야 한다고 말했다. 협박하는 데 사용하기 위해서였다. "그 조직을 지원하는 사람이 있으면 우리가 추적한다는 것을 알게 할 필요가 있다." 아론 바가 이메일에 쓴 말이다. 그는 위키리크스에 허위문서를 제공하고 사이트에 발표하게 만들어 불신을 조장하자고 제안했다. 그는 '글렌 그린왈드와 같은 사람들'을 타깃으로 할 것을 촉구했다. 위키리크스에서 직접 음성으로 보고하는 기자였다. 아론 바는 위키리크스에 정보를 제공하는 익명의 소스에 대한 '데이터를 얻어' 폭로하기 위해, 위키리크스가 이용하는 서버(스웨덴에 있었다)에 '사이버공격'을 가하고 싶다고도 말했다.

팀 테미스는 위키리크스를 상대로 해킹공격과 선전활동을 벌일 기회를 갖지 못했다. 2011년 2월, 〈파이낸셜 타임즈〉는 아론 바가 어노니머스 핵심부를 뚫을 수 있었다고 과장하는 기사를 실었다. 어노니머스 그룹은 그의 이메일 계정에 침입해 수년 동안 주고받은 메일을 훔쳐 공개하는 것으로 반격했다. 여기에는 팀 테미스 제안서와 커뮤니케이션들도 포함되어 있었다. 아론 바는 회사를 떠나면서 기자들에게 이렇게 말했다. "가족들과 더 많은 시간을 보내며 명예를 회복할 생각입니다."

베리코는 지금도 정부기관에 데이터마이닝과 위치확인 소프트웨어를 판매하는 비즈니스를 계속하고 있다. 팰런티어는 국가안보 영역에서 급성장하는 IT기업들 중 하나로, CIA와 특수작전사령부, 그리고 해병대 등을 고객으로 하여 테러리스트를 색출하는 소프트웨어를 공급하고 있다. 국방정보국(DIA), 국가테러센터, 국토안보부, 그리고 FBI도 고객들이다. 전임 NSA 국장인 케이스 알렉산더는 NSA가 해커와 사이버공간의 간첩들을 '찾아내는' 데 팰런티어가 도움을 주었으며, NSA는 그 회사의 제품을 높이 평가한다고 말했다. 로스앤젤레스 경찰청도 뉴욕경찰청처럼 팰런티어의 또 다른 고객으로, 많은 사람들은 그곳에서 운영하는 정보 및 테러대응팀이 FBI나 CIA보다 더 정교하다고 생각한다.

팀 테미스는 실패했지만 미국 정부는 다른 민간 사이버탐정을 동원해 위키리크스를 추적하고 다른 수사에도 도움을 받고 있다. 피츠버그에 본사가 있는 티버사는 2011년 위키리스크를 비난하며 언론 헤드라인을 장식했는데, 음악다운로드에 이용되는 P2P 방식의 파일공유 시스템을 통해 미국 국방부 기밀서류를 입수했다는 비난이었다. 그들은 내부고발자로부터 받은 문서만 공개한다는 위키리크스의 주장을 '완전한 거짓'이라고 지적했다. 티버사는 어산지에 대한 법정 기소에 활용할 수 있도록 자신들이 확인한 자료를 정부 수사관에게 제공해주었다. 티버사의 자문위원회에는 유명한 보안전문가와 전직 고위관료들이 포진해 있는데, 전임 NATO 유럽연합군 최고사령관이자 민주당 대통령 후보 지명전에도 나섰던 웨슬리 클라크(Wesley Clark) 장군, 버락 오바마의 사이버보안 보좌관인 하워드 슈미츠(Howard Schmidt) 같은 인물들이다.

티버사는 파일공유 네트워크에서 떠다니고 있는 민감한 기밀문서 목록을 제시했고 이것은 어느 정도 효과를 보았다. 유출된 데이터로 인해 곤란해진 회사와 정부기관은 자체 보안을 강화하고 민감한 정보를 더 엄격하게 보호하기 시작했다. 티버사는 자체 분석팀이 이란 내 한 컴퓨터에서 미국 대통령 전용 헬리콥터인 해병1호기의 설계도를 발견했다고 주장했다. 메릴랜드 베데사에 위치한 한 협력 방위사업체 직원이 파일공유 시스템을 사용했고, 이로 인해 이란의 한 컴퓨터 사용자가 그의 하드드라이브 자료에 접근할 수 있었던 것이다. 2009년 티버사는 의회에서 회사의 연구진이 시크릿 서비스(Secret Service, 비밀경호국—옮긴이) 안전가옥 위치가 실려 있는 문서를 발견했다고도 증언했다. 국가 비상사태 때 영부인을 보호하는 시설이었다. 그리고 미국 군사요원 수천 명의 개인 식별정보가 포함된 스프레드시트, 핵시설 위치가 명시된 문서, 수천 명의 보험 청구정보와 진단코드 등이 포함된 의료 정보도 발견했다고 주장했다.

그러나 티버사가 허약한 보안을 지적한 것이 여러 논란을 불러일으켰다. 2013년, 애틀랜타에 본사를 두고 암진단을 전문으로 하는 기업 랩MD는 티버사가 P2P 네트워크를 통해 자신들과 다른 여러 보건의료기관으로부터 환자 정보를 훔쳐냈다고 비난하며 고소장을 제출했다. 이에 따라 유출된 것으로 추정되는 환자 정보 데이터를 추적하며 연방통상위원회가 랩MD를 대상으로 조사를 실시했다. 회사는 정부가 티버사에 의뢰하여 랩MD에게 알리거나 동의를 받지 않고 문서를 가져갔다고 주장했다.[12] 재판서류에 따르면, 티버사는 P2P 네트워크에서 랩MD 환자 정보를 발견하여, 보건의료기관에 자신의 사이버보안 서비스를 판매하기

위해 전화를 걸거나 이메일을 보낸 것으로 보인다.[13]

사이버공간에는 뚜렷한 경계선이 없다. 하지만 지역에 따라 사이버 용병이 고객의 문제를 해결해주기 위해 개입하는 정도가 다르다. 유럽 기업들은 핵백 공격을 하는 데 별 거리낌을 갖지 않는다. 해킹처벌 법률이 느슨하거나 아예 존재하지 않기 때문이다. 루마니아는 돈을 받고 멀웨어를 실행시켜주는 해커와 온라인 사기꾼이 득실거리는 국가 중 하나다. 제로데이 공격이 거래되는 회색시장에서도 해커들이 자신의 기술을 팔고 있다. 토르 익명 라우터 시스템을 통해 접근 가능한 온라인 시장인 실크로드(Silk Road)에서는 핵백 공격이 은밀히 거래되었지만 2013년 연방정부가 폐쇄시켰다.

현재까지 적의 컴퓨터 시스템을 파괴하거나 정보를 훔치는 등 공격적으로 사이버방어 활동을 한다고 말하는 미국기업은 한 곳도 없다. 그러나 전직 정보관료들은 공개적으로 선전하지는 않지만 이러한 핵백이 실제로 일어나고 있다고 말한다. "그것은 불법입니다. 하지만 하고 있답니다."[14] 현재는 기업에 자문을 해주고 있는 전직 NSA 고위관료는 이렇게 말한다. "아주 합법적인 형태로 이루어집니다. 하지만 저는 고객에게 그렇게 하라고 권하지 않습니다."

퇴역 정보장교 한 명은 금융업계에서 가장 적극적인 핵백 공격이 행해진다고 말했다. 지난 수년 동안 은행들은 사이버범죄로 인한 손실이 수십억 달러에 달했는데, 주로 동유럽과 러시아에 근거지를 둔 해커들이었다. 그들은 정교한 멀웨어를 이용해 이용자 이름과 패스워드를 훔쳐서 그들의 계좌를 깨끗이 털어갔다.

2013년 6월에는 마이크로소프트가 세계 최대 금융기관들과 힘을 합쳤다.[15] 뱅크오브아메리카, 아메리칸 익스프레스, JP모건체이스, 시티그룹, 웰스파고, 크레딧 스위스, 홍콩상하이은행(HSBC), 캐나다왕립은행, 그리고 페이팔 등으로, 해킹당해 좀비가 되어 온라인범죄에 이용되는 컴퓨터들을 무력화시키기 위해서였다. 이들의 타깃은 시타델(Citadel)이라는 악명 높은 그룹으로, 전 세계에서 수천 대의 컴퓨터를 감염시켜 그 소유자도 모르게 좀비(봇네츠)로 만들고 수백만 명의 신용계좌를 훔쳐서 돈을 빼내 갔다. 마이크로소프트는 '작전b54'라는 암호명을 붙인 대응활동을 전개했다. 그 작전에서는, 시타델이 좀비로 만든 1400대 이상의 컴퓨터와 멀웨어로 감염시킨 500만 대로 추정되는 PC 사이에서 회사의 디지털범죄대응팀이 커뮤니케이션 연결선 역할을 했다. 마이크로소프트는 또한 시타델이 이용하는 서버들도 접수해 장악했다.

마이크로소프트는 시타델을 해킹했다. 법원으로부터 승인을 받지 않았다면 불법인 작전이었다. 그들은 감염된 사실을 모르는 시타델의 먹잇감들을 효과적으로 통제할 수 있게 되었다. 마이크로소프트는 그들에게 경고하여 취약한 소프트웨어에 패치를 적용시킬 수 있었다. 말하자면, 마이크로소프트는 사용자들을 해킹하여 그들을 구출한 결과가 되었다. 그리고 자신을 구출하기 위해서였다. 처음에는 마이크로소프트 제품에 내재된 취약성 때문에 사용자 컴퓨터가 감염된 것이기 때문이다. 사실 마이크로소프트 제품의 취약성이 전 세계에서 가장 자주 공격당할 것이다.

이때 마이크로소프트는 처음으로 FBI와 협력하여 움직였다. 그러나 회사가 봇네츠(좀비컴퓨터)를 다운시킨 것은 2010년 이후 일곱번째였다. 회사 법률진은 새로운 법률적 주장을 펼쳤다.[16] 그들이 마이크로소프트 제품을 해킹하여 상표권을 침해했기 때문에 범죄라는 주장 등이었다. 법률논쟁이 새롭게 전개되었다. 전직 검사도 포함된 마이크로소프트 법률진은 자신들이 법규를 위반하면서까지 사이버공격 허가를 얻으려 한 적이 없다고 말했다. b54 작전에서 마이크로소프트와 은행들은 FBI에 말하지 않고 6개월 동안이나 시타델을 해킹했다. 마이크로소프트 해킹대응팀은 펜실베이니아와 뉴저지에 위치한 인터넷 호스팅 시설에까지 추적해 들어갔다. 그들은 그곳에서 연방보안관과 함께 시타델의 봇네츠 네트워크를 공격하기 위한 법적 증거를 모았다. 군대에서 말하는 타게팅 데이터 수집활동이었다. 많은 면에서 b54는 군대의 사이버공격과 비슷했다. 엄격히 말하면, 그것은 이라크에서 미국의 사이버전 병력이 알카에다의 오벨리스크 네트워크에 가했던 공격과 크게 다른 점이 없었다.

마이크로소프트는 세계 80개국에서 시타델을 공격하기 위해 정부 법집행기관과 함께 움직였다. 유럽연합 법집행기관인 유로폴의 사이버범죄 수사책임자는 b54작전이 감염된 컴퓨터들로부터 시타델을 거의 다 제거했다고 선언했다. 그리고 마이크로소프트의 디지털범죄대응팀과 법률진은 "나쁜 녀석들의 복부에 강력한 펀치를 먹었다."고 표현했다.

　마이크로소프트는 봇네츠를 계속 공격했으며 그 성공으로 정부 관료와 기업 경영진은 사이버범죄에 맞선 싸움에서 경찰과 기업 해커들의 연합 대응이 매우 효과적인 방법이 될 수 있다고 생각하기 시작했다. 그러나 시타델에 대한 공격 같은 연합 반격작전은 계획수립에 시간이 소요되며, 법률진의 승인을 받아야 한다. 기업이 핵백을 할 때까지 6개월을 기다릴 수 없거나 연방 법집행 관료의 보호를 받지 못한다면 어떤 일이 일어날까?

　퇴역 군정보장교는 핵백이 비교적 쉬운 기술이기 때문에 특히 은행들은 마이크로소프트와 같은 기업과 연합하여 자체적으로(법률적 승인을 요청하지 않고) 핵백을 가할 생각을 할 수 있다고 우려한다. "은행들은 하도 많이 당해 왔기 때문에 반격을 가하고 싶어 죽을 지경일 것입니다." 그는 이렇게 말한다. "기업은 이제 더 이상 그런 위험을 수용할 수 없는 지점에 도달했습니다. 그래서 정부가 할 수 없다면 혹은 할 의지가 없다면, 그들 스스로 하는 것만이 해법입니다." 그는 핵백이 대기업의 전유물이 될 수 없다고도 말한다. "당신이 유명인사라면 당신이 흉측하게 나온 사진을 온라인에 퍼트리려는 자를 찾아내도록 누군가에게 돈을 주고 부탁하지 않겠습니까? 당연하죠."

당신은 분명히 그 일을 할 수 있고 또 하려는 능력자들이 갖춰진 공급처를 찾아낼 것이다. 2012년 라스베이거스에서 열린 블랙 햇 USA 컨퍼런스 참석자 181명을 대상으로 한 설문조사에서는 '정보보안 전문가'들 중 36퍼센트가 보복성 핵백에 개입한 적이 있다고 말했다.[17] 그러한 전문가들 중 아직 소수에 머물고 있지만, 응답자 중 일부는 정직하게 답하지 않았을 것이다. 그리고 핵백 공격을 하지 않겠다는 사이버보안 기업들도 그 기술을 보유하고 있고 사적으로 사이버전쟁을 벌이는 방법을 알고 있다.

전직 NSA 관료 한 사람은 자신이 추정하기에 현재 최고의 민간 보안회사는 전직 시진터(siginter), 즉 비밀정보수집 관료들이 운영한다고 말한다. 그 회사들은 전자정보뿐만 아니라 인적 자원도 활용하고 있다. 그들은 NSA에 근무할 때의 경험을 활용해서 최신 경향을 따라잡는다. 그리고 해커들이 자주 사용하는 채팅 채널에서의 대화를 배우며, 범죄처럼 보일 수도 있는 악성 소프트웨어 구입 방법도 터득한다.

한 민간 보안회사 경영자는 새로운 종류의 멀웨어나 해킹기술, 그리고 타깃이 나오는 곳은 충분히 예상할 수 있듯이 중국이라고 말한다. 미국에 대한 간첩 및 도둑행위의 가장 큰 진원지다. 사설 사이버탐정이 되기 전 군대의 컴퓨터 응급대응팀을 지휘한 경험이 있는 릭 하워드(Rick Howard)는 자신이 민간 보안기업인 아이디펜스 정보책임자로 있을 때 정기적으로 중국의 해커 및 사이버무기 판매상들과 접촉했다고 밝혔다.[18] 그들은 현재 유통되는 최신 멀웨어가 무엇인지(미국의 회색시장에서 판매되는 것처럼), 가장 큰 활동을 하는 자가 누구인지, 그리고 해커들의 타깃은 무엇인지 알려주었다. 무엇보다도 해킹은 사람이 하는 비즈니스다.

하워드는 2013년까지 자체적으로 '사이버보안 작전센터'를 운영하는 대형 보안기업인 TASC에서 정보보안 책임자로 일했다. TASC는 버지니아 샹티이 외곽의 사무실단지에 위치해 있는데, 워싱턴을 미국에서 가장 부유한 대도시들 중 하나로 만들어준 IT 기업 전용로 인근이다. TASC 사무실은 세 개 빌딩에 분산되어 있어 NSA의 배치구조와 비슷한 형태다. 홀에는 '기밀'로 표시된 문들이 배열되어 있으며, 출입은 디지털키와 카드스캐너를 거쳐야 한다. 그와 같은 보안룸 내부에 들어가면 마치 포트미드에 온 것 같은 생각이 든다.

NSA의 해커로 근무했던 많은 사람들은 그곳에서의 경험에 대해 말하길 꺼려하지 않으며, 널리 알리는 경우가 많다. NSA에서도 엘리트가 모인 TAO에서 일했던 브랜든 컨론(Brendan Conlon)은 '바나'라는 이름의 사이버보안 회사를 설립하고, 링크드인의 자기소개란에 "NSA에서 10년 동안 '공격형 컴퓨터 네트워크 작전'을 담당했다."고 밝혔다. 컨론은 스파이웨어 개발에서 시작하여 TAO로 옮긴 후 하와이 유닛 책임자를 역임했다. 그는 NSA의 헌팅 팀에서 중국 해커의 추적을 전담하기도 했다. 해군사관학교를 졸업한 그는 아프가니스탄에서 세 차례나 NSA 요원으로 활약했고, CIA의 해킹 임무도 수행했다. 바나는 직원들에게 "정보나 국방관련 사이버기구에서 경험을 쌓도록" 권한다. 그리고 "당신의 정보보안에 존재하는 취약성을 탁월한 방법으로 평가하며, 당신의 기술이 남긴 발자취 전체에 걸쳐 위험을 제거하고, 보안이 뚫리면 즉시 대응할 기술을 제공합니다."라고 선전한다. 다른 말로 하면, 컨론이 NSA에서 일하며 쌓았던 모든 훈련과 경험을 이

보이지 않는 전쟁 @ WAR

제 회사를 위해 사용한다는 것이다.

지난 수년 동안, 대형 방위사업자들은 인력과 소프트웨어를 얻기 위해, 그리고 정보기관이나 군대, 기업 고객 확보를 위해, 소규모 IT기업이나 사이버보안 판매상들에게 달려들었다. 2010년 미국의 최대 방위사업자 중 하나인 레이시언은 군대와 정부를 주 고객으로 하는 사이버보안 기업인 어플라이드 시그널 테크놀로지에 4억9000만 달러를 지불하기로 계약했다. 그 금액은 객관적으로는 큰 액수지만 레이시언에게는 전년도 현금수입 270억 달러에 비해 상대적으로 작은 부담이었다. 2013년 네트워크 장비업계의 거인 시스코는 소스파이어를 현금 27억 달러에 인수하기로 계약했다. 〈뉴욕타임스〉는 이를 두고 사이버공격과 사이버간첩으로부터 다른 기업을 방어해줄 기업을 '애타게 찾는다'고 표현했다. 합병이 발표된 이후 한 전직 정보장교는 시스코가 그렇게 큰 액수를 지불한 데 놀랐다고 말했다. 합병한 회사의 대표 제품은 누구나 사용할 수 있는 오픈소스(공개 소프트웨어) 침입탐지 시스템인 스노트(Snort)를 기반으로 만든 것이기 때문이다. 사이버보안 전문가가 얼마나 높은 가치로 대우받는지 보여주는 거래였다. 아니면 시장에 큰 거품이 끼었을 수도 있다고 그 전직 정보장교는 말한다.

그러나 기업은 확실한 쪽에 배팅한다. 사이버보안에 돈을 지출하는 곳은 정부다. 2014년 펜타곤의 사이버보안 예산은 47억 달러로 전년에 비해 10억 달러나 늘었다. 군대는 더 이상 값비싼 미사일 시스템을 구입하지 않는다. 많은 경영자들은 드론 항공기의 발전에 따라 현세대 전투기가 사람이 직접 조종하도록 만들어진 마지막 전투기가 될 것이라고 생각한다. 냉전시대를 관통하며 워싱턴 권력의 협력업자를 지탱시켜주었던 값비싼 무기체계에 대한 지출은 급격히 줄어들고 사이버 시장 쪽으로 옮겨가고 있다.

엔지니어링과 도둑질이 만나 스파이웨어라는 괴물을 만들었다. 스파이웨어는 침입한 컴퓨터에 숨어서 이메일과 각종 문서들을 포함해 컴퓨터에 입력되는 모든 것들을 읽는다. 그러나 스파이웨어가 찾는 핵심은 패스워드다. 특히 PGP(Pretty Good Privacy의 약자)라는 암호화 프로그램을 가동할 때 입력하는 문장이나 문자와 숫자의 조합이다. PGP는 인터넷에서 다운로드할 수 있고 암호화 프로그램치고는 쉬워서 누구나 이를 이용해 과거에는 정부기관이나 첩보원만 가능했던 보안수준을 확보할 수 있다. 클릭 몇 번과 패스워드 입력만으로 누구나 자신의 커뮤니케이션을 암호화하여 수신자만 해독할 수 있도록 만들 수 있다. 그러나 스파이웨어가 그 패스워드를 낚아채 자신의 주인에게 보내면 암호화된 메시지를 풀어 읽어볼 수 있다. 물론 스파이웨어에 감염된 컴퓨터 소유자는 이 사실을 까맣게 모른다. 스파이웨어를 설계한 사람들은 자신들의 창조물이 어둠의 공간 속에 불을 비추는 마술의 등불이라는 의미로 '매직랜턴(Magic Lantern)'이라는 평범한 이름을 붙였다.

이 멀웨어 창조자는 중국 해커가 아니었으며 러시아 도둑도 아니었다. 그들은 미국 FBI 직원으로 수사국 내에서도 가장 은밀하고 정교한 기술을 요하는 작전팀에 소속된 베테랑 요원들이었다. 현재 그 팀은 사이버전쟁과 첩보활동에 있어 NSA의 긴밀한 파트너로 활동한다.

팀의 이름은 데이터포착 기술팀(Data Intercept Technology Unit)이지만[1] 내부에서는 줄여서 DITU라 불렀으며, FBI 내에서 NSA처럼 신호정보 작전을 수행한다. 언론에서는 거의 다루지 않았고 의회에 출석한 경우도 지난 15년 동안 단 몇 차례에 불과했다. DITU는 버지니아 콴티코 해병대 기지의 대규모 복합시설에 위치하는데 FBI 훈련학교도 그곳에 있다. 그곳에서 DITU는 미국 내에서 발신되는 테러리스트와 스파이들의 전화와 이메일을 도청한다. NSA가 구글이나 페이스북, 야후 등 IT 공룡들로부터 산더미 같은 정보를 모으려 할 때 정보추출을 위해 DITU가 파견된다. NSA의 프리즘 프로그램 운영에 필요한 지원 기술 인프라 구조 유지도 DITU가 담당한다. 대규모 IT기업들로부터 개인정보를 수집하는 프로그램이다. 미국의 모든 기업이 자신들의 네트워크와 소프트웨어 어플리케이션을 감시 법률에 맞게 구축하여 정부가 쉽게 감시할 수 있도록 하는 것도 DITU의 임무다. 그들이 이를 따르지 않을 경우에는 DITU가 그들에게 맞춤형으로 감시장치를 설치할 것이다.

NSA의 임무는 DITU 없이는 불가능하다. 그 팀은 AT&T, 버라이즌, 스프린트 같은 미국 최대 커뮤니케이션 기업들의 밀접한 협조 속에서 일한다. "DITU는 국가안보 측면에서 공급자들과의 핵심적 인터페이스라고 할 수 있습니다." 그 팀과 함께 여러 차례 일했던 IT기업 대표의 말이다. 팀에서는 그러한 기업들이 운영하는 광섬유 케이블의 방대한 네트워크에서 전화와 인터넷 커뮤니케이션을 쉽게 도청할 수 있도록 만들었다. 최근에는 데이터 필터링 소프트웨어 프로그램을 구성하는 데 참가했는데, 이것은 FBI가 전화와 인터넷 네트워크에 심으려는 것으로 이를 이용하면 정부가 과거보다 더 방대한 데이터를 수집할 수 있다. 이메일의 라우팅 정보, 트래픽 흐름에 대한 정보, 인터넷 주소, 포트 번호 등을 수집하여 들어오고 나가는 커뮤니케이션들을 감시하고, 컴퓨터가 어떤 어플리케이션과 운영 시스템을 사용하는지도 알 수 있다.

매직랜턴은 그 팀의 초기 업적들 중 하나였다. 1990년대 후반에 개발되었으며, 잘 알려진 이메일 도청 프로그램인 카니보어(Carnivore, 육식동물)와 함께 이용되었다. 수사관은 이 프로그램을 이용해 이메일에서 표제정보('to', 'from' 그리고 날짜 줄)를 추출하여 커뮤니케이션 패턴을 파악하고, 그 패턴에 따라 범죄 네트워크 구성원을 연결할 수 있었다. 이 두 가지 소프트웨어는 다른 몇 가지 첩보프로그램(쿨마이너, 패킷티어, 파이플트로닉스)과 함께 마약상과 테러리스트, 그리고 아동포르노 판매자 등을 검거하는 데 이용하기 위해 개발되었다. 그러나 언론에서 카니보어를 폭로했을 때 이는 빅브라더 형태의 정부 감시로 간주되었으며, 시민단체들은 FBI의 그와 같은 활동이 금융데이터나 환자정보 보호 같은 합법적 목적의 암호화에도 문제를 발생시킬 수 있다고 비난했다. 그로부터 10년 뒤 NSA가 비밀리에 암호화 알고리즘에 취약성을 포함시킨 사실이 폭로되었을 때도 동일한 비난이 쏟아졌다.

FBI의 사이버 첩보프로그램은 9·11테러 수년 전부터, 그리고 NSA가 감시망을 미국 전역으로 확대시키려고 하기 전부터 시작되었다. FBI의 국내 사이버 첩보활동은 NSA보다 훨씬 오래되었다. 그리고 현재 두 정보기관은 국내 첩보활동을 합동으로 전개하고 있다. 콴티코 기지와 포트미드의 NSA 본부는 광섬유망으로 연결되어 있어, DITU가 기업들로부터 수집해 들이는 정보가 즉시 NSA로 전달된다. 법무부에서 파견된 FBI 법률고문과 에이전트들은 구글 이메일을 수집하거나 페이스북 게시물을 모니터링하자는 NSA의 요청을 검토하였다. 그들은 비밀 해외정보감시법정(Intelligence Surveillance Court)에서 정보국을 대리했으며, 법정도 미국인들에 대한 첩보행위 요청에 대해 검토했다. 전화회사로 하여금 미국 내에서 행해진 모든 전화통화 기록을 NSA에 제출하도록 하는 명령을 법정에 요청한 것은 FBI였다. 기자나 의원들이 "미국인들을 상대로 NSA가 첩보활동을 한다."고 말했을 때 그 실제적 의미는 FBI가 이를 도와주고 있다는 것이었다. 즉 FBI는

NSA의 국내 정보활동에 필요한 기술적·법률적 인프라 구조를 제공해주고 있다. DITU를 통로로 활용함으로써 IT기업들은 자신들이 고객의 어떤 정보도 NSA에 직접 넘겨주지 않는다고 공식적으로 말할 수 있는 근거가 생겼다. 그리고 그것은 사실이다. 기업은 DITU에게 제공하고 DITU가 이를 NSA에 전달하는 구조이기 때문이다.

DITU를 가장 많이 활용하는 곳도 NSA이다. 그러나 그 팀이 단순한 심부름꾼 역할만 하는 것은 아니다. DITU는 FBI의 다른 사이버 및 감시팀들과 함께 정부의 가장 정교한 정보프로그램들을 수행한다. 콴티코 기지의 FBI 훈련학교에서 DITU는 FBI의 정보수집과 처리, 그리고 보고를 총괄하는 부서인 작전기술과 같은 공간에 위치한다. 이 부서는 좌우명이 '기술을 통한 경계활동'으로, 유무선통신과 컴퓨터 네트워크 커뮤니케이션 기술장비(이메일 어플리케이션, 스위치, 라우터 등)의 감시, 오디오와 비디오 및 이미지 등 수사에 활용되는 디지털 증거 수집, 암호해독 활동 등이 공개적으로 알려진 활동들이다. 감시장치와 컴퓨터 바이러스를 심는 비밀활동도 그 부서의 특수 임무다. DITU는 미국 IT기업들의 내부 시스템에 접근하는 권한을 얻기 위해 그들과 협상을 벌였다. 예를 들어 마이크로소프트의 협조를 얻어, 이용자들이 가명으로 이메일을 보낼 수 있게 하는 아웃룩(Outlook)의 새 기능이 NSA의 감시활동에 방해가 되지 않게 만들었다. 정부가 마이크로소프트의 암호화 기능에 개입하여 아웃룩 메시지를 정부 분석팀이 읽을 수 있게 만든 것이다.

FBI는 사이버 추적이 국가안보의 중요 과제가 되기 훨씬 전부터 이 활동을 해 왔다. 사이버나이트(Cyber Knight, 사이버기사)라는 프로그램의 일환이었던 FBI 해킹이 그 첫번째였다. 매직랜턴 스파이웨어를 구축할 때의 활동이었다. FBI 기술진은 '비컨(beacon, 봉화대)' 프로그램들을 만들었는데, 이것을 이메일에 심어두면 컴퓨터의 인터넷 주소를 확인할 수 있었다. 첫번째 비컨 프로그램은 유괴아동을 찾는 데 활용되었다. 유괴범이 아동의 부모에게 이메일을 보내면(유괴범의 애인이나 공범이 나선다) FBI 요원이 답장을 썼다. 그리고 유괴범이 그 이메일을 열어보면 비컨이 침입해 들어간다. 유괴범의 은신처를 정확히 알 수는 없더라도 그가 어디쯤에 있고 언제 메시지를 보냈는지를 알 수 있는 아주 중요한 방법이었다. 비컨은 이란 나탄즈 핵시설 네트워크를 파악하는 데 이용된 기술의 초기형태라 할 수 있었다.

FBI는 아동포르노 공급자를 추적하는 데도 비컨 프로그램을 이용했다. 바이러스 같은 스파이웨어를 그들의 컴퓨터에 심고 아동 사진에 태그를 달았다. 그러면 사람에서 사람으로 이어지는 고리를 추적할 수 있었다. FBI는 법정 기소를 위한 증거수집이 목적이었지만 이 방법으로 아동포르노 공급망도 파악해 갔다. 이 점에서 그 프로그램은 정보수집 활동의 한 형태였다.

법률적으로, 미국 내에서 벌어지는 모든 사이버범죄와 도청행위, 그리고 사이버공격의 수사는 FBI가 담당한다. 국가 사이버수사 합동 태스크포스 운영도 FBI의 몫이다. 이것은 대통령령으로 구성되며, 시크릿 서비스(Secret Service, 대통령경호실), CIA, 그리고

NSA가 참여한다. 태스크포스는 사이버 첩보활동과 인프라 구조 감시 외에도 금융범죄와 온라인 사기행위 등을 모니터링한다. 기업과 정부를 타깃으로 저항운동을 펼치는 이른바 핵티비스트(hacktvist)의 활동과 언론에 비밀을 누설하는 정부기관 직원과 같은 내부의 위협도 그 대상이다.

통상적으로는 범죄 기소에 이용될 증거를 수집하는 임무가 FBI 소관이다. 그러나 사이버보안 영역에서는 FBI가 법집행 임무보다는 정보기관처럼 활동한다. 해커를 법정에 세우는 일보다 앞으로 있을 공격을 예상하고 방어하는 데 더 큰 관심을 기울이는 것이다.

"FBI는 정보를 수집하여 NSA나 정보기관, 그리고 국방부에 전달하는 임무에 더 집중하는 경향이 있습니다."[2] 은행 상대 사기행위와 아동포르노 등 국내외 사이버범죄 수사를 담당했던 법집행기관 전직 고위관료의 말이다. "일반적으로 FBI는 직접 기소에 관여하지 않습니다." 그 관료의 말에 따르면 FBI는 최근 대테러 업무를 담당했던 직원 중 많은 수를 사이버보안 분야로 재배치했다. 이제 화이트칼라 범죄나 공직부패, 그리고 인권 등의 영역보다 더 '국가적 우선 수사'가 필요한 분야가 된 것이다. 대테러 및 정보범죄 업무담당 직원 수는 크게 늘어나서 2013년 1만3000명에 달했다.[3] 이와 같은 증가는 테러행위 외 범죄 기소 건수의 대폭적인 감소와 함께 나타났다. 특히 화이트칼라와 금융범죄 등이다. FBI는 담보 및 보증사기 사례를 수사하지 않는 실수를 범했고 이는 2008년 금융위기로 이어졌다.

2012년 FBI가 각종 사이버활동에 지출한 예산은 2억9600만 달러였다. 이듬해에는 FBI의 차세대 사이버 프로그램을 위해 의회에 8600만 달러 예산을 더 요구했다. FBI가 모니터링 역량을 확대하기 위해 멀웨어 및 네트워크 침입을 분석하는 새로운 시스템을 구축하고 많은 인력을 채용하는 프로그램이었다. FBI는 기존의 담당인력 1232명 외에 152명의 신규 직원을 채용하고자 했다. 그들 대부분은 FBI 요원이 아니라 과학자나 엔지니어, 감식전문가, 정보분석가 등이었다. 사이버 프로그램은 급격히 증가하는 FBI 예산에서 큰 부분을 차지했다. 로버트 뮬러 FBI 국장(9·11테러 일주일 전에 부임했다)은 퇴임에 앞서 의회에서 이렇게 말했다. "조만간 사이버 위협은 테러의 위협을 능가할 것입니다."

FBI의 미래는 해킹범죄와 해외 사이버전사를 추적하는 일이 될 것이다. 그리고 CIA나 NSA를 점점 더 닮아가고 있다. 신규 직원의 대부분은 법집행 관료가 아닌 정보분석가나 해킹 요원들이다. 그리고 사이버수사를 진행하는 과정에 정보를 모으기 위해 해외정보감시법(FISA)을 더 자주 이용하고 있다. 이 법을 적용하는 것이 범죄가 행해지고 있다고 볼 이유를 제시하도록 하는 범죄 관련 법률보다 감시허가를 얻기가 더 수월하기 때문이다.

"FISA를 적용해 얻은 정보는 범죄 기소에 이용되지 않고 있습니다. 그런데 우리는 왜 정보를 수집하는 것일까? 저도 그 이유를 잘 모릅니다." 법집행기관 고위관료의 말이다. "어느 시점부터 우리는 더 이상 수사를 진행하지 않습니다. 정보를 수집할 뿐이죠." 다른 말로 하면 FBI는 첩보활동을 하고 있는 것이다.

보이지 않는 전쟁 @ WAR

이것은 미국 최고 법집행기관 정책의 역사적 변화라고 할 수 있다. FBI는 재판에 이용하기 위해 정보를 수집한다. 증거 확보 절차를 더 엄격히 준수하고 수사 범위를 좁힌다. FBI는 정보를 최우선 과제로 설정하면서 범죄 기소보다는 폭넓은 네트워크를 구축하여 NSA나 군 사이버전사에게 타깃을 제공해주는 일을 더 강조하고 있다.

미국의 정보자산을 훔쳐가는 중국 사이버간첩은 현재 FBI가 가장 중시하는 정보 타깃들 중 하나다. "우리는 중국이 미국 기업을 해킹하고 있는 증거를 많이 확보하였습니다."[4] 사이버범죄를 다루었던 FBI 고위관료의 말이다. FBI는 중국 해커의 컴퓨터를 뚫고 들어가 그들이 목표로 하고 있는 미국 기업의 구체적인 목록을 훔쳐냈다. "당신들의 네트워크에서 중국이 탈취한 컴퓨터의 목록이라며 그 기업들을 확인하고 알려주었습니다."

FBI 사이버작전팀은 중국 해커가 스피어 피싱 메일을 보낼 대상 직원들의 이메일 주소도 확보했다. 겉으로는 문제없어 보이지만 스파이웨어를 싣고 있는 이메일이었다. "우리는 그들이 이메일에 어떤 미끼 단어나 문장을 사용하는지 메일을 보내기 전에 알았습니다." 전직 관료의 말이다. "그래서 해당 기업에 조심해야 하고 열어보면 안 될 이메일 형태를 알려주었죠. 그리고 '당신이 다음 대상자로 목록에 올라 있습니다.'라고 말해줄 수 있었습니다."

메일 발송 대상에 올라 있는 사람들 중 미국 석유 및 천연가스 회사 직원은 특히 위험하다. 이들 기업이 소유한 대형 정유시설과 송유관망은 SCADA(감시제어 및 데이터수집, supervisory control and data acquisition)라는 이름의 시스템에 의해 운영되는데, 이것은 NSA가 공격하여 파괴했던 이란 핵시설의 원심분리기를 운영하는 것과 같은 종류의 시스템이다. 중국은 석유 및 천연가스 회사를 뚫고 들어가려 시도했으며, 전직 관료는 이를 '절대로 멈추지 않을' 공격이라고 표현했다. 그 공격은 2012년 봄에 최고에 달하여, 천연가스 송유관망을 소유하고 운영하는 20개 기업의 컴퓨터 네트워크에 침입했다. FBI와 국토안보부는 이들 기업 경영진과 보안담당자를 대상으로 긴급히 기밀 브리핑을 제공했다. 그들은 해커가 네트워크상에서 움직이면서 침입해 들어올 방법과 자신들이 파괴시킬 대상을 찾는 것을 지켜보았다. 해커가 송유관망을 제어하는 핵심 SCADA 시스템에 접근했다는 증거는 없었다. 해커는 미국의 에너지 공급망에 대한 정보나 전략문서를 찾는 것일 수도 있었다. 그러나 그 침입은 워낙 무지막지하고 큰 문제를 일으킬 수 있었기 때문에 국토안보부는 에너지 산업을 대상으로 한 위협에 대해 폭넓게 경고하고, 자신들의 시스템을 보호하기 위해 어떤 단계를 취해야 하는지 알렸다.

한 전직 관료는 FBI가 러시아와 동유럽 범죄조직 네트워크도 뚫고 들어갔다고 말한다. 그들은 기업의 은행계좌에서 돈을 훔쳐내는 것을 전문으로 하는 조직들로, 그 액수는 1년에 수십억 달러에 달했다. FBI는 범인들의 타깃을 확인한 다음 그 사람들과 기업들에게 공격이 닥쳐오고 있다고 경고했다. 그리고 익명의 해커집단 어노니머스의 컴퓨터에도 침입하여 타깃 목록을 찾아낸 후 목록에 올라 있는 사람들에게 경고를 보냈다.

이러한 정보들이 실제로 해커의 공격을 예방했을까? "저는 분명히 예방했다고 봅니다." 전직 관료는 이렇게 말한다. 소프트웨어 패치를 적용하여 특정 IP주소가 기업 컴퓨터 네트워크에 접속하지 못하도록 차단하는 방법, 추정해내기 어렵거나 긴 암호를 사용하는 방법처럼 정교한 기업들도 소홀하기 쉬웠던 기본적인 보안습관을 개선하는 등이었다. 그러나 어느 정도 성공을 거두었는지 평가하기는 어렵다. 기업은 자신들이 우선 공격 대상으로 위험에 처해 있다고 인정하고 싶지 않기 때문에 공격받은 개별적 사례를 알리지 않는 경우가 많다.

전현직 관료들의 말에 따르면, FBI는 미국 컴퓨터 네트워크에 침입하는 중국 해커들을 추적하고 필수 인프라 구조에 대한 대규모 공격을 막는 데 사이버 예산과 수사시간 대부분을 투입하고 있다. 이것은 두말할 필요 없이 중요한 임무지만, FBI의 임무인 법집행 활동으로 볼 수는 없다. 어떤 사례를 법으로 기소할지 결정하는 곳은 FBI가 아니라 법무부, 연방검찰, 그리고 궁극적으로는 검찰총장의 몫이다. 그러나 지금까지 미국은 지적 재산권을 침해했다거나 미국의 해킹방지 법률을 위반했다는 죄명으로 중국 해커들을 법정에 한 차례도 기소하지 않았다.

"국가적 보안 문제 사례에 있어 미국 정부가 한 일은 정보공격에 대한 대응을 국가적 우선과제로 설정하는 것이었습니다. 중국이 하고 있는 행동을 멈추게 할 전략을 도출할 것이라는 희망에서죠." 전직 관료의 말이다. 오바마 행정부는 법적인 대응 대신에 중국 해커들을 공개적으로 지목하고, 중국 정부가 그들을 제재해주길 기대했다. FBI가, 그리고 NSA가 수집한 증거가 그와 같은 조치를 도왔다. 하지만 중국 정부가 미국을 대상으로 한 범죄행위에 대해 미국과 공조하여 자국민을 추궁하지 않으리란 것은 거의 확실하다. 중국 지도부는 미국을 대상으로 한 그렇게 많은 스파이 행위의 진원지가 중국이라는 사실을 거의 인정하지 않는다. 오히려 그들은 미국 해커들이 자신들을 해킹했다고 비난한다. 물론 그들에게도 약간의 근거는 있다.

관료들은 이와 같이 무지막지한 해킹 사태에서 외교적 해결책을 강구했지만 FBI가 기업에 제공한 정보는 앞으로 있을 공격을 막아내도록 하는 목적이었다. NSA가 방위사업자에게 정보를 제공하는 것과 비슷하게, FBI도 필수 인프라 구조 소유 및 운영자들에게 정보를 제공하고 있었다. 미국 경제안보와 일상활동에 필수적이라고 생각되는 은행과 금융서비스 기업들에게도 정보가 제공되었다.

FBI가 기업에게 그들이 해킹당했다는 사실을 항상 경고한 것은 아니었다. 어떤 경우에는 기업을 미끼로 활용하기도 했는데, 파국적 결과를 초래할 수도 있는 활동이었다.

2011년 12월 민간 정보회사인 스트랫포 CEO 조지 프리드먼(George Friedman)은 프레드 버튼(Fred Burton)의 전화를 받았다. 그의 상사인 정보담당 부사장으로 전에는 대테러 전문가로 국무부에서 활동했던 사람이었다. 버튼은 회사 웹사이트가 해킹당해 회원의 신용카드 정보와 국제관계 및 세계적 사건에 대한 보고서 등이 도난당했다고 말했다. 암호화되지 않은 정보였다. 기업이 기본적으로 취해야 할 보안조치를 하지 않았던 것이다. 프리드먼은 나중에 작성한 보고서에서 그 다음날 아침 FBI 요원을 만났는데 "그 요원은 어떤 작전 중에 있다며 우리 회사가 동조해줄 것을 요청했다."고 적었다.[5]

그 '어떤 작전'은 FBI가 해커집단 어노니머스 회원을 대상으로 찔러보는 것으로, 스트랫포는 미국 정부 및 정보기관과 연결되어 있다는 이유로 어노니머스의 해킹 타깃이 된 상태였다. 그 해커 중 한 명은 나중에 스트랫포를 자신들 어노니머스뿐만 아니라 '세계를 상대로 하는 스파이'라며 비난했다.[6] 스트랫포는 전직 정부 관료들을 채용하지만 기본적으로 민간기업이었으며, 보고서와 분석자료를 생산하는 다른 많은 컨설팅기업이나 신생기업들과 다를 것이 없었다. 그 회사에서 매일 발행하는 국제적 사건들의 요약보고서는 군대 및 정보기관 종사자 등의 정부관료들이 구독하고 있지만, 보고서가 그들만을 위해 생산되는 것은 아니었다.

스트랫포가 해커에게 뚫렸다는 사실을 알기 6개월 전, FBI는 헥터 몽세주르(Hector Xavier Monsegur)라는 유명한 해커를 체포했는데, 그 후 그는 사부(Sabu)로 이름을 바꾸고 밀고자가 되었다. 몽세주르는 또 다른 해커그룹인 룰즈섹(LulzSec)의 리더였는데 그 그룹 역시 민간기업이나 CIA 같은 정부기관을 타깃으로 하여 그 웹사이트를 한때 다운시키기도 했다. 나중에 FBI 관료가 한 말에 따르면, FBI가 영국과 아일랜드, 그리고 미국 해커들에 대응할 때 몽세주르의 도움을 받았다고 한다. 실제로 그의 도움을 받아서 만든 정보를 이용해 300여 개 정부기관 및 민간기업에 대한 공격을 막을 수 있었다. 하지만 스트랫포는 그중 하나가 아니었다.[7]

2011년 12월 FBI는 어노니머스가 스트랫포를 공격했다는 사실을 알았다. 당시 그 공격의 리더였던 제레미 하몬드(Jeremy Hammond)는 몽세주르와 접촉해서 자신이 그 회사의 네트워크를 뚫었으며 그곳에 기밀정보가 암호화되지 않은 채로 있었다고 알려주었다. 그러나 FBI는 스트랫포에 경고를 보내지 않고 덫을 놓았다.

FBI는 하몬드와 그 동료를 설득해 스트랫포의 정보를 다른 컴퓨터로 옮겨놓게 하라고 몽세주르에게 부탁했다. 비밀리에 FBI의 통제 아래 있는 컴퓨터였다. 형사기소 문서에 다르면 그 해커들은 '수 기가바이트에 달하는 기밀 데이터'를 옮겼다. 6만 건의 신용카드번호와 스트랫포 고객에 관한 기록, 그리고 직원 이메일 등이 포함된 정보였다. 그러나 2주 동안 계속된 공격 과정에서 FBI는 해커들이 무고한 고객의 금융정보까지 빼내고 스트랫포의 자산 관련 문서를 삭제하는 것을 지켜만 보았다. 해커들은 스트랫포 이메일 500만 개를 위키리크스로 발송하기도 했다. 나중에 FBI는 해커가 자신들의 컴퓨터에 이메일을 저장했기 때문에 발송을 막을 힘이 없었다고 주장했다.

FBI는 정보유출 사실을 고객에게 알리지 말고 스트랫포가 해킹당한 일도 언론에 공개하지 말 것을 요구했다. FBI가 해커의 움직임을 추적하는 동안 프리드먼이 기다려주길 원했던 것이다. 그러나 12월 24일 오후에 프리드먼은 스트랫포 웹사이트가 다시 해킹당한 것을 알았다. 이번에는 해커들이 홈페이지에 게시한 '승리의 노트'를 통해서였다. 그들은 자신들이 신용카드번호와 다량의 이메일을 훔쳤으며, 스트랫포의 서버 네 개를 "그 데이터 및 백업까지 모두 효과적으로 파괴했다."고 선언했다.

이것은 스트랫포의 인프라 구조에 엄청난 타격을 주었다. 그 서버에는 수년 동안 스트랫포가 생산하여 고객에게 판매한 보고서와 분석자료가 저장되어 있었다. 스트랫포의 사업 핵심들이었다. 이메일은 프라이버시와 기밀이었으며 그중 일부에는 직원들의 민감한 사적 내용이 포함되어 있었다. 버튼 같은 사람이 여러 가지 인종차별적 용어를 사용해 아랍인들을 표현한 메일도 있었다. 하몬드는 나중에 해커들이 공통적으로 서버를 파괴한다며 이렇게 말했다. "첫번째는 어지럽히고, 다음에 정보를 탈취하며, 그 다음 서버를 파괴합니다. 재미로 하는 것이죠. 그렇기 때문에 그들은 시스템을 복구할 수 없습니다. 그들이 시스템을 복구해주길 바라지도 않습니다. 그리고 누가 어떻게 그 짓을 했는지 알 수 있는 정보까지 파괴하죠."

자료를 삭제하고 사적인 커뮤니케이션을 폭로함으로써 스트랫포의 비즈니스와 명성은 실질적으로 큰 손상을 입었다. FBI는 스트랫포에 정보보호를 위해 긴급조치를 취하라고 경고했어야 했다. 해커를 더 일찍 파악할 수 있었다. 그러나 관료들은 하몬드와 그 동료들이 정보를 FBI 컴퓨터에 옮겨놓게 하여 범죄행위로 기소하는 데 이용하는 것이 더 중요하다고 판단했다. 스트랫포는 FBI가 어노니머스를 향해 놓은 올가미에 걸러버렸던 깃이다.

회사의 고객도 마찬가지로 당했다. 해커는 침투한 지 며칠 내에 고객의 신용카드번호를 유출했는데, 들리는 말에 의하면 그 정보를 이용해 70만 달러의 부정거래가 있었다고 한다. 그중 일부 거래는 자선기부 형태를 취했으며, 신용카드회사에서 그러한 부정거래를 취소시킬 수 있었다. 그러나 해커는 고객의 이메일 주소도 노출시켜서 나중에 멀웨어 공격에 그 주소가 이용되었다.[8] 스트랫포 고객 중에는 정보기관에서 퇴직한 관료도 있었다. 학계나 국제관계 분야, 그리고 기업보안 등에 종사하는 사람들도 많았다. 전직 국무장관 헨리 키신저, 국가안보보좌관을 역임한 존 포인덱스터, 그리고 부통령이었던 댄 퀘일 같은 저명인사들도 고객이었다.

스트랫포는 그 해킹으로 인해 수입 손실과 복구비용만으로 200만 달러 정도의 손해를 입은 것으로 추정했다. 고객으로부터 집단소송도 당했는데,[9] 회사는 과거 및 현재 고객에게 200만 달러를 배상하고, 고객이 요구할 경우 고발비용을 지불하고 신용모니터링 서비스를 제공하기로 합의한 것으로 알려졌다.

스트랫포의 사례는 FBI의 감독 아래 있는 해커 때문에 기업이 얼마나 큰 피해를 입을 수 있는지 극명히 보여주었다. FBI가 해커를 체포하려면 범죄기소의 증거를 확보해야 하는 것은 분명하다. 나중에 FBI 관료는 자신들이 룰즈섹 해커그룹을 효과적으로 와 해시킬 수 있도록 몽세주르가 도움을 주었다고 주장했다. 웹사이트를 침입하거나 지워버리는 활동으로 비난받았던 해커들이다. FBI는 많은 기업에게 그들의 비즈니스에 가해지는 위협들에 대해 경고와 정보를 제공해 왔다. 그러나 스트랫포 작전은 FBI의 해커대응 전략이 가진 추악한 진실을 드러내는 결과가 되었다. 정보수집, 예를 들어 중국과 러시아 해커그룹들에 대한 정보를 모으는 데 목적이 있다면 FBI는 선제공격과 피해예방에 도움을 줄 수 있을 것이다. 그러나 FBI가 기존에 해오던 활동 모드에 따라 움직이고 있다면(나쁜 녀석들을 체포하여 법정에 세우는 것이다) 피해자가 발생할 가능성이 있다.

몽세주르는 FBI에게 큰 도움을 준 협력자임이 입증되었다. 2013년 법무부는 그가 다른 여러 비밀 수사에 계속해서 도움을 준 점을 고려하여 선고를 유예해줄 것을 재판부에 요청했다.[10] "피고가 체포되던 날만 해도 그는 적극적으로 정부를 도와주고 있었습니다." 연방검찰은 뉴욕 재판부에 보낸 서한에서 이렇게 썼다. "그는 밤을 새우면서 공범들과 대화할 때도 많았습니다. 정부가 그 공범들을 법정에 세울 수 있도록 돕기 위해서였습니다." 최고 형량이 선고된다면 그는 남은 인생을 감옥에서 보내야 할 수도 있었다.

제레미 하몬드는 몽세주르가 정부에 협조하는 활동은 어노니머스 같은 타깃 집단을 확인해주는 이상으로 진행되었다고 말한다. "정부가 설정해준 타깃을 해킹하는 작전에도 사부가 이용되었다는 사실은 많은 사람들이 모르고 있습니다. 외국 정부가 운영하는 여러 웹사이트가 대표적인 해킹 대상이죠. 미국 정부가 법률적 문제로 할 수 없는 일에 사부가 이용되었습니다. 말하자면, 나와 나의 공동피고인 사부는 불법적으로 이용당한 것입니다."[11] 스트렛포에 대한 해킹 건으로 10년 징역형을 선고받은 하몬드는 자신의 주장에 대한 증거를 제시하지 못했으며, FBI는 해커를 이용해 외국 타깃을 뚫고 들어갔다고 인정한 적이 한 번도 없다.

정부와 기업은 표면적으로는 대립하면서 서로 상대방으로부터 자신을 보호하려는 듯이 보일 때가 있다. 그러나 서로 긴장된 관계만큼이나 사이버공간에서 정부와 기업 사이의 동맹도 형성되고 있다. 그와 같은 협조는 미국의 국가안보와 경제적 안녕이 무자비한 사이버간첩 행위 및 필수 인프라 구조에 대한 공격 가능성으로 인해 근본적으로 위협받고 있다는 공감대에서 비롯되었다. 정부는 전체 산업을 보호하는 것이 사이버공간을 보호하는 최선의 길이라 생각한다. 그러나 그것은 혼자서는 할 수 없는 일이다. 미국 내 컴퓨터 네트워크의 85퍼센트 정도를 민간그룹이나 개인이 소유하고 운영하고 있으며, 그중 어떤 하나라도 사이버보안 연결망에서 취약한 고리가 될 수 있다. 그 취약 고리가 인터넷 골격을 운영하는 대규모 텔레콤 기업일 수도 있다. 물론 구글 같은 IT공룡일 수도 있다. 이 기업은 인터넷 트래픽의 큰 부분을 차지하고 인터넷과 텔레비전 서비스를 공급하기 위해 일부 도시에 자체 케이블을 설치하기 시작했다. 또한 금융기관이 그 고리가 될 수도 있다. 매일 수조 달러가 금융 데이터 네트워크를 통해 전

226

세계 계좌들 사이에서 움직이고 있다. 그리고 방위사업자들일 수도 있다. 이들은 오래전부터 정부와 협력해 왔으며 그들의 컴퓨터 네트워크는 극비 무기계획과 기밀 정보들로 빽빽하게 차 있다. 정부는 사이버공간의 보호를 국가적 최우선 과제로 설정했다. 그러나 민간기업도 그 과제에 대해 자기 목소리를 가지고 있다. 그것은 군사-인터넷 복합체의 핵심이라 할 수 있으며, 사이버공간이 어떤 특성을 가지게 될지 규정할 것이다. 그리고 그에 따라 21세기에 우리들 모두가 그곳에서 일하고 생활하는 방식도 달라질 것이다.

8. 또 하나의 맨해튼 프로젝트

*

*

*

2007년 5월
오벌오피스(백악관 대통령 집무실)

마이크 맥코넬이 조지 부시로부터 이라크에서의 사이버전쟁을 승인받는 데 걸린 시간은 15분에 불과했다. 맥코넬은 면담 시간으로 한 시간을 요청했다. 대통령과 국가안보 보좌관들에게 위험이 수반되는 그 작전이 필요하다고 설득하는 데 최소한 그 정도 시간은 걸릴 것으로 생각했다. 이제 남은 45분을 어떻게 사용할까?

"다른 사항이 또 있나?" 부시가 물었다.

"예, 실은 한 가지 더 있습니다." 맥코넬이 대답했다.

맥코넬은 2월에 정부로 돌아온 이후 계속해서 부시와 면담할 기회를 기다렸다. 아직 다루어지지 않은 중대한 국가안보 문제에 대해 논의해야 했기 때문이다. 미국은 국가적 차원에서 가공할 파괴력을 지닌 사이버공격의 위험에 노출되어 있었다. 맥코넬은 이라크에서와 마찬가지로 미국의 커뮤니케이션 시스템도 침입자에 의해 뚫려 정보가 유출되거나 파괴될 수 있다고 생각했다. 그가 특히 걱정한 것은 금융 분야에서 계좌정보와 주식거래, 자본이동 관련 기록 등을 보호하는 데 소홀하거나 범죄조직이 개인과 기업의 은행계좌로부터 수십억 달러를 빼내가는 상황이었다.

물리적 인프라 구조 또한 위험했다. 2개월 전 아이다호 국립연구소(연방정부 소속으로 핵 및 에너지 관련 연구를 수행한다)는 국토안보부의 요청에 따라, 해커들이 원격으로 발전소에 접근하여 전력생산 시설에 고장을 일으킬 가능성을 두고 테스트했다. 그 결과는 충격적이었다. 나중에 언론으로 새어나간 비디오를 보면, 마치 지진이 발생한 것처럼 거대한 발전기가 흔들리면서 증기와 시커먼 연기가 뿜어져나갔다. 거의 공상만화 같았지만 실제였으며, 테스트에서는 미국의 전력망 심장부에 치명적 약점이 있음을 드러냈다. 해커들이 전력생산 장비를 파괴하여 블랙아웃을 발생시키면 장비가 교체될 때까지 수주 혹은 수개월 동안 전력공급이 끊길 수 있다는 사실은 관료들을 두려움에 떨게 했다.

사이버공격의 위험은 더 이상 가설이 아니었다. 국방부 관료들은 방위사업자들의 컴퓨터 네트워크에 침입이 있었음을 인지하기 시작했다. 침입자들이 훔쳐가거나 유출된 무기체계 설계도 및 비밀 플랜들 중에는 조인트 스트라이크 파이터(F-35 전투기), 블랙호크 헬기, 글로벌호크 장거리 무인정찰기 등의 무기뿐만 아니라 드론의 비디오 시스템과 무인항공기 원격조정에 이용되는 데이터 링크, 패트리엇 미사일 시스템, 제너럴 일렉트릭 제트엔진 생산라인, 이지스 미사일방어시스템, 기뢰탐지기술, 해저지형 탐사에 이용되는 음파탐지기, 해군 연안전투함, 경어뢰 개략도, 해병대 전투차량 설계도, 육군 병사가 사용할 고성능 감시 및 정찰 장비와 관련된 정보, 대형수송기인 C-17 글로브마스터 설계도, 그리고 육군의 글로벌 자동 화물관리 시스템, RC-135 정찰기의 설계 시스템, 정보 도청 기술, 해군이 이용하는 안테나 구조 등이 망라되어 있었다.[2] 육해공, 그리고 해병대 모두가 뚫렸으며, 미국이 모든 전장(육지와 하늘, 바다, 그리고 우주)의 전투에서 사용하는 무기와 기술정보가 유출되었다.

이와 같은 응급 상황을 부시에게 어떻게 알려줄 수 있을까? 맥코넬은 대통령이 기술자가 아님을 잘 알고 있었다. 그는 텍사스에 있는 자신의 목장 위성사진을 볼 때만 가끔씩 구글을 이용한다고 말할 정도였다. 누군가 수천 마일 떨어진 곳의 키보드 앞에 앉아서 대통령이 거의 알지 못하는 기계를 이용하여 악행을 저지를 수 있다는 것을 어떻게 설명해야 할까? 맥코넬은 그가 대통령 임기 동안 가장 큰 관심을 기울였던 생각에 호소하기로 마음먹었다. 바로 테러리즘이다.

맥코넬은 부시에게 가상 시나리오 한 가지를 생각해보게 했다. 알카에다 테러리스트가 2001년 9월 11일 민간 항공기를 납치하여 세계무역센터 빌딩으로 돌진하는 대신에, 중요 금융기관들의 데이터베이스 속으로 침투해 그 내용을 모두 지워버린다면 글로벌 금융 시스템이 마비될 것이고 모든 상거래는 불가능하게 된다. 매일 전 세계에서는 컴퓨터 네트워크를 통해 수소 달러가 움직이고 있다. 실제로 '돈'은 단지 데이터에 불과하다. 은행계좌로 기록되어 있을 뿐이다. 누가 팔고 누가 구매했으며, 누가 어느 곳의 돈을 누구에게로 옮겼는지 그 기록을 유지하는 전자 장부들이 네트워크를 이루고 있다. 맥코넬은 그와 같은 정보의 일부분만이라도 오류가 생기거나 파괴되면 초대형 사태가 발생할 수 있다고 말했다. 신뢰할 수 없게 되는 것만으로 전체 경제가 붕괴될 수 있다. 은행과 금융기관들이 소실된 데이터를 복구할 수 있을지도 알 수 없다.

부시는 믿지 못하겠다는 표정이었다. 단지 컴퓨터만으로 무장한 침입자가 어떻게 미국 금융 시스템의 깊숙한 곳으로 뚫고 들어올 수 있나? 기업들은 이미 그처럼 중요한 자산을 보호하기 위한 조치를 취해두었어야 했다. 부시는 더 많이 알고자 했다. 그 외에도 위험한 곳은 없나? 백악관은 위험하지 않나? 부시는 자신의 책상 위에 놓인 보안전화를 가리키며 물었다. 장관이나 외국 지도자들과 대화할 때 이용하는 전화였다. "저기도 침입할 수 있나?"

오벌오피스 내에 침묵이 흘렀다. 부시의 고위 안보보좌관들은 긴장된 표정으로 서로 쳐다보았다. 대통령은 지금까지 정부나 국가의 전자방어 체계가 취약하다는 말을 한 번도 들어본 적이 없을 것이다. 맥코넬의 생각이었다.

"대통령 각하. 커뮤니케이션 장비를 공격하는 것이 가능하다면, 우리의 적들이 이미 그 기술을 가지고 있거나 개발하고 있을 것입니다."

미국이 이라크의 커뮤니케이션 시스템을 공격했던 방법에 대해 맥코넬이 설명을 끝냈을 때 대통령의 머리에 생각이 떠오르기 시작했다. '미국 정부가 어떤 일을 할 수 있고 자신은 어떤 지시를 내려야 하나?'

맥코넬은 금융 시스템에 대한 가상공격으로 돌아가 테러리즘과 또 한 번 비교했다.

"사이버공격으로 받는 경제적 타격은 9·11 때의 물리적 공격보다 훨씬 더 클 것입니다." 맥코넬이 부시에게 말했다. 부시는 세계무역센터 쌍둥이빌딩과 국방부 펜타곤에 대한 공격으로 미국 경제가 더 깊은 불황 속으로 빠져 들어갔음을 잘 알고 있었다.

부시는 놀란 표정으로 재무장관 헨리 폴슨(Henry Paulson)에게 물었다. 그는 장관이 되기 전 골드만삭스의 CEO였다. "헨리, 이 사람이 하는 말이 사실이오?"

폴슨이 대답했다. "사실일 뿐만 아닙니다. 제가 골드만에 있을 때 바로 이런 문제로 밤을 샌 적이 많습니다."

"인터넷에서는 우리가 경쟁우위에 있소." 부시는 일어서며 보좌진과 각료에게 말했다. "방어를 위해 필요한 조치를 취해야 할 것이오. 해야 한다면 또 다른 맨해튼 프로젝트를 시작할 것이오." 부시가 말했다. 맨해튼 프로젝트는 제2차 세계대전 중 최초의 원자폭탄을 제조했던 비밀 프로그램이다.

맥코넬은 부시가 그처럼 강하게 나오리라고는 생각도 하지 않앉다. 하지만 그는 이 위험이 우리 일상생활 가까이에 숨어 있다고 생각했으며, 대통령이(어느 대통령이든) 이에 대응하여 조속히 행동에 나서줄 것을 10년 넘게 기다려 왔다.

부시는 다시 맥코넬에게 말했다. "마이크, 30일을 줄 테니 문제를 제기한 자네가 해결해 보게."

설령 문제가 풀릴 수 있다고 해도 그 누구도 이 문제를 30일 내에 '해결'할 수는 없었다. 부시는 국가 사이버방어를 총괄하는 포괄적인 플랜을 세울 것을 요구한 것이다. 미국 역사에서 가장 거대한 과학 과제들 중 하나가 될 수 있었다. 맥코넬에게는 둘도 없는 기회로 보였으며, 그는 이를 꽉 붙잡았다. 하지만 그 일을 자신 혼자 할 수는 없었다. 미국 정보조직의 우두머리인 그는 자신이 생각하기에 최고의 정보기관인 NSA에 도움을 요청했다.

정부의 사이버방어 플랜 수립 작업은 시작에서부터 NSA가 주도했으며, 군사 정보 프로그램에 준해서 엄격한 비밀 속에 진행되었다. 그리고 부시가 2008년 1월, 대통령령에 서명함으로써 공식적인 틀을 갖추었다. 행정부는 프로그램 기간을 5년으로 잡고 400억 달러를 요청했는데 단일 프로그램 예산으로는 엄청난 액수였다. 맥코넬처럼 케이스 알렉산더도 보이지 않는 적의 위협이 아주 가까이 다가와 있다고 생각했으며, 이러한 적을 몰아내기 위한 국가적 노력에 대통령이 최대한 힘을 실어서 지원해줄 때를 기다리고 있었다. 알렉산더는 또한 적성국가 혹은 테러리스트 집단의 명령을 받은 악성 해커들이 월스트리트의 금융기관과 전력망 등의 필수 인프라 구조를 타깃으로 할 가능성이 크다고 생각했다.

공격에 대한 국가적 대응의 첫 단계는 적이 노리는 타깃의 수를 최대한 줄이는 것이었다. 국방부는 자체 네트워크가 인터넷과 연결되는 지점(게이트웨이)을 18개로 줄였다. 군대의 인터넷 접속이 보편화되어 전투지역의 중대본부에서도 접속 가능한 것을 생각하면 이렇게 줄인 것은 대단한 노력이었다.[3] 이라크에서 반군 소탕 컴퓨터 시스템이 매끄럽게 작동했던 것도 이러한 노력의 결과였다. 국방부는 정부의 다른 어떤 부서보다 사이버 침입을 잘 막아낼 수 있었지만 가끔씩 방어벽이 뚫릴 때도 있었다. 2007년 6월에는 기밀 시스템은 아니지만 로버트 게이츠 국방장관을 비롯하여 수백 명의 관료가 이용하는 이메일 시스템으로 해커가 뚫고 들어왔다. 그 사건으로, 외부 세계와의 연결을 엄격히 제한해야 한다는 사실을 다시 한 번 인식하게 되었다.

한편 NSA는 악성 활동의 신호를 찾아내기 위해 이러한 게이트웨이를 집중적으로 모니터링하기 시작했다. 이것은 컴퓨터 방어에 있어 적극적인 측면에 해당되는 것으로, 국방부의 한 고위관료는 나중에 이를 두고 "탐지병과 보초병, 그리고 저격병도 되었다."라고 표현했다.[4] 해커나 그 해커의 봇네츠가 국방부 네트워크를 건드리면, 군에서는 그 인터넷 주소를 차단하여 악성 트래픽을 보내지 못하게 막고, 각급 군조직과 정보기관에 그 위치에서 오는 위험 트래픽들을 조심하라는 경고를 보낼 수 있었다. NSA의 정보수집 기술을 이용하여 국방부의 자체 네트워크 보호를 강화하는 것이었지만, 이는 또한 필수 산업을 겨냥해 공격하는 멀웨어 트래픽을 찾아내 그 정보를 기업들에게 알려주는 일종의 조기경보 시스템 역할도 했다. 에너지 및 금융 관련 기업이 그 주요 대상이었다.

그러나 이것은 국가 방어의 포괄적 플랜으로 통합되지 않은 단편적 대책에 불과했다. 몇몇 접속 지점을 감시하여 인터넷을 돌아다니는 멀웨어를 찾아내는 작업은 종유석을 관찰하여 동굴 벽에 붙은 파리를 찾아내려는 것과 비슷하다. NSA가 네트워크를 모니터링하는 이와 같은 전략이 중대한 사이버공격을 피하는 데 도움이 되었다는 증거는 없다. 철통같은 국가방어를 위해서는 NSA가 미국 기업의 네트워크로 들어갈 수 있는 통로가 많아야 한다는 것이 알렉산더의 의견이었다. 국방부 협력업체들을 뚫고 들어온 중국 등의 외국 첩자를 NSA 해커가 추적했던 '비잔틴 풋홀드'라는 비밀 프로그램에서 NSA는 이미 그 통로를 이용한 바 있다. NSA는 멀웨어를 숨기고 있는 스피어 피싱 이메일을 그 발신지까지 추적해 갔으며, 첩자들이 해킹에 이용한 기술을 파악함으로써 기업의 방어력을 강화하는 데 도움을 주었다. 그러나 이렇게 펜타곤과 협조하며 자체 네트워크 정보를 공유하고, NSA가 그 내부를 파악할 수 있도록 하는 기업의 수는 많지 않았다. 알렉산더는 정부에서 그 플랜을 확대하여 방위산업 이외의 기업들도 포함시키길 원했다. 그러자면 시간과 정치적 의지가 필요했지만 임기가 얼마 남지 않은 부시에게 그와 같은 의지를 기대하긴 어려웠다. 맥코넬은 국내 사이버방어에서 NSA의 역할이 밝혀진다면 정치적 파국이 초래될 수 있다고 생각했다. 영장 없이 전화와 이메일을 도청하는 NSA 프로그램이 〈뉴욕타임스〉 머리기사로 폭로된 지 아직 2년도 지나지 않은 시점이었다. 사이버방어에 있어 NSA의 역할은 그와 같은 활동과 함께 정보수집과 사이버전쟁이 섞여서 확대되고 있었다. 침입하는 해커에 대항하여 실제로 반격을 가하기도 했다. 의회 일부에서는 NSA의 감시활동을 제한하자는 의견도 있었다. 그러나 그러한 활동은 사이버방어에 있어 필수적인 요소였다. 그래서 현재로서는 눈에 띄지 않게 움직일 필요가 있으며, 반대가 가장 적은 영역인 국방부 자체 네트워크와 협력업체들의 네트워크를 감시하는 데 집중해야 한다는 것이 맥코넬의 생각이었다.

맥코넬은 정부의 민간 관련 측면에서부터 시작했다. 정부 부서 대부분은(군사 및 정보 부서를 제외하고) 인터넷 도메인으로 .gov를 이용했다. 국토안보부는 이러한 도메인의 보안을 담당하는 법률적 권한을 가지고 있었으며, 민간으로 통하는 1000개가 넘는 게이트웨이의 수를 50개까지 줄이는 프로그램도 지휘했다. 그것은 국방부의 경우보다 훨씬 더 크고 좀 더 방만한 과제였는데, 이와 같은 민간 관련 네트워크는 중앙집중적 관리가 되지 않고 그 수도 많았기 때문이었다. 프로젝트는 부시의 남은 임기 동안 계속된다는 보장을 받았으며, 따라서 맥코넬이 담당하는 임무였다.

그러나 알렉산더는 임기에 제한이 없었다. 그는 2005년에 부임했지만 전통적으로 4년이나 5년은 계속 재임했다. 그리고 대통령이나 국방부장관이 그 임기를 연장시키지 않을 이유가 없었다.

실제로 알렉산더의 전임자는 6년을 재임했는데, 그것도 NSA의 56년 역사에서 다른 전임자들보다 길지 않았다. 정보활동에서, 특히 테러대응 영역에서 NSA의 영향력이 커짐에 따라 최고책임자인 국장은 쉽게 교체할 수 없는 자리가 되었다. 알렉산더는 정보 분야에서 NSA의 장래가 사이버방어와 공격에 있어 지휘관으로서 그 역할을 공고히 하는 데 달려 있다고 생각했다. 그 다음에는 국가안보의 이와 같은 우선과제에 정부 전체가 총력을 기울이게 하는 문제가 남아 있었다. 대체적으로만 살펴보아도, 테러대응은 끝나가고 사이버보안이 문제로 등장하고 있었다. 알렉산더는 국가의 더 많은 지도자들이 이를 인식하고 자신에게 도움을 요청해 올 때를 기다렸다. 그에게는 위기가 기회였다.

9. 사상 최대의 사이버 작전 벅샷양키 작전

2008년 10월 24일 금요일, NSA 본부는 벌써부터 매우 바쁘게 움직이고 있었다.[1] 그날 오후 대통령이 포트미드에 와서 간부들을 만났다. 1월에 백악관을 떠나기전 마지막 공식 방문이었다. 오후 4시 30분 대부분의 직원들이 주말을 앞두고 퇴근 준비를 하고 있을 때, 컴퓨터 보안 최고책임자인 리처드 쉐퍼(Richard Schaeffer)가 긴급 메시지를 가지고 알렉산더의 집무실로 들어왔다.

악성침입을 감시하는 NSA의 사이버수색팀에 소속된 젊은 요원 한 명이 군사네트워크에서 악성 프로그램이 실행되고 있는 것을 발견한 것이다. 그 멀웨어는 다음 지시를 내려달라는 신호를 인터넷의 어느 곳에 있는 호스트 컴퓨터로 보내고 있었다. 파일을 복사하거나 지워버리라는 명령일 것이다. 그 자체만으로는 그리 급박한 위험이라 볼 수 없었다. 하지만 그 신호는 이라크와 아프가니스탄 전쟁을 지휘하는 중부군사령부의 기밀 네트워크 내부에서 발산되고 있었다. 그 네트워크는 인터넷과 연결되어 있지 않기 때문에 그런 신호가 인터넷으로 나올 수는 없었다.

에어갭이 둘러싸고 기밀처리된 군사 네트워크는 한 번도 뚫린 적이 없었다. 그러한 네트워크에는 전쟁계획이나 전투부대에 내리는 명령처럼 군대의 가장 중요한 비밀 커뮤니케이션들이 포함되기 때문에 일반 인터넷망과는 분리되어 있었다. 분석팀은 악성 프로그램이 어떻게 네트워크 안으로 침입할 수 있었는지 알아내기 위해 며칠 동안 매달렸다. 그리고 USB 드라이브에 숨어 있다가 아프가니스탄에서 한 군인이 별생각 없이 이를 컴퓨터에 연결했을 때 침입한 것으로 결론 내렸다. 사실 대부분의 감염은 자주 발생했으며, 아프가니스탄 전쟁에서 또 다른 문제였다. 멀웨어는 스스로를 복제하여 USB 드라이브를 통해 네트워크의 다른 컴퓨터들에 전파되었다. 그리고 다른 두 곳의 기밀 네트워크에도 출현했다.

NSA 요원들은 즉시 적성국 정보기관이 군사기밀을 훔치려 하는 것으로 의심했다. 분석팀은 감염시킨 USB를 주차장에 떨어뜨려두고 어떤 사람(최초감염자)이 별 의심 없이 이를 주워다 중부군사령부 기지 시설 내 보안 컴퓨터에 삽입하도록 기다린 것으로 추정했다. 그 악성 프로그램은 명령 수행을 위해 인터넷에 연결할 수 없었다. 하지만 간첩은 라디오파를 이용해 몇 마일 떨어진 곳에서 멀웨어와 커뮤니케이션할 수 있었다. NSA도 에어갭 뒤에 스파이웨어를 주입했을 때 그렇게 했다. 그리고 기밀처리되지 않은 시스템으로 웜이 번져가고 있는 것도 관찰되었는데, 이것은 외부 세계와 연결되어 있기 때문에 외국의 간첩이 펜타곤에 침입하는 통로로 사용될 수 있었다.

그렇게 뚫린 것은 군과 정보기관 역사에서 유래가 없었다. 알렉산더는 즉시 비상 발동을 지시했다.

펜타곤의 마이클 바슬라 장군은 금요일 밤 포트미드로부터 긴급 전화를 받았다. 당시 합동참모본부의 지휘 · 통제 · 커뮤니케이션 · 컴퓨터 시스템 부국장으로 근무 중이었다. NSA 요원이 전화로 전해주는 내용의 긴급성을 그는 즉시 알아차렸다. "'휴스턴, 문제가 생겼다.'라는 말에서 금방 알 수 있었죠." 바슬라는 나중에 이렇게 회고했다.[2] 군 지휘체계의 톱니바퀴가 급박하게 돌아가기 시작했다. 그날 밤 바슬라는 NSA 요원들과 함께 마이크 뮬렌(Mike Mullen) 제독에게 브리핑했다. 그는 합동참모회의 의장이며 부시 대통령의 최고군사고문이었다. 국방부 부장관인 고든 잉글랜드(Gordon England)에게도 보고했다. 당시 의회지도부와 함께 방위산업기지 프로그램 구축을 담당하고 있던 사람이었다.

그 멀웨어의 목적이 무엇이든 언제 혹은 실제로 작동했는지 아무도 확신할 수 없었다. 그러나 그 웜을 발견한 NSA 수색팀은 이를 무력화시킬 방법이 있다고 생각했다. 그것은 호스트 서버로부터의 명령을 기다리는 메시지를 내보내고 있었다. 그렇다면 우리가 원하는 것을 웜에 명령해줄 수도 있을 것이다. 수색팀은 가짜 지휘통제 서버를 만들어 웜에게 더 이상 활동하지 말고 잠들라는 명령을 내리고자 했다. 그 계획에는 위험이 없지 않았다. 만약 기밀 네트워크에서 실행 중인 정상 프로그램(예를 들어 전투 지휘관들 사이의 커뮤니케이션을 통제하는 프로그램)을 파괴하거나 무력화시키면 아프가니스탄과 이라크에서의 군사작전에 피해가 발생할 수 있었다. 기밀 네트워크는 정상적으로 기능해야 했다.

펜타곤은 NSA에게 그 플랜을 주도하게 하고 '벅샷양키 작전 (Buckshot Yankee)'이라는 암호를 부여했다. 수색팀은 피자와 탄산수로 끼니를 때우며 금요일 밤을 꼬박 새면서 세부계획을 수립했다. 다음날 토요일 그들은 컴퓨터 서버를 트럭에 싣고 인근 국방정보체계국으로 갔다. 국방부의 범세계적 커뮤니케이션 시스템을 운영하는 곳이었다. 그 서버를 멀웨어에 감염되도록 한 다음 가짜 통제 호스트를 활성화시켜 웜에게 물러나라는 명령을 내렸다. 계획대로 되었다.

이제 NSA는 웜을 잠재우는 방법을 확보했다. 그러나 먼저 그것을 찾아야 했다. 웜은 자체 복제를 통해 국방부 네트워크들로 퍼져 있었다. NSA에는 최고 엘리트 해커들로 구성된 특수목적접근작전 팀이 있었다. 그들은 군사용 컴퓨터에 감염된 웜을 추적했다. 그러나 이 작업에 진전이 있은 후에는 비군사용 컴퓨터에서도 그 자취를 추적했으며, 여기에는 미국 정부 네트워크나 해외 네트워크의 컴퓨터들도 포함되었다. 웜이 아주 널리 퍼진 상황이었다.

놀라운 일은 아니었다. 밝혀진 것과 같이 그 웜은 그다지 새로운 형태는 아니었다. 핀란드 보안전문가들이 처음 발견했으며, 2008년 6월에는 북대서양조약기구(NATO) 회원국의 군사용 컴퓨터에도 출현했다. 보안전문가들은 이것을 Agent.btz라 불렀는데, Agent는 새롭게 발견된 멀웨어 조각을 의미하는 일반적인 이름이고, .btz는 자체적인 분류 표시였다. 미국 컴퓨터를 감염시킨 Agent.btz가 데이터를 훔치거나 파괴했다는 증거는 없었다. 사실 그 웜은 정교한 형태가 아니어서 외국 정보기관이 왜 고생해 가면서 아무 일도 하지 않는 웜을 만들어 전 세계 컴퓨터를 뚫고 들어가게 했을까 하는 의문이 생길 정도였다.

그러나 군 지휘부는 여전히 그 침입 사건을 국가안보의 중대한 위협으로 다루었다. NSA가 펜타곤에 위협을 경고한 날로부터 일주일 후, 뮬렌은 부시 대통령과 게이츠 국방장관에게 브리핑했다. NSA는 감염된 모든 Agent.btz를 찾아내는 작업을 계속했고 가짜 통제 호스트를 이용해 이를 잠재웠다. 11월에는 당시 사이버전쟁과 관련된 모든 책임을 가진 미국 전략사령부에서 "지금부터 국방부와 전 세계의 군사용 컴퓨터에 USB 드라이브 사용을 금지한다."고 선언했다. 그것은 과잉 대응이었지만 군 지휘부가 얼마나 위협을 심각하게 생각하는지 보여주는 것이었다.

알렉산더는 크게 놀라지 않았다. 그 소란스런 와중에 그는 NSA를 사이버공간에서 군의 새로운 지휘부로 만들 기회를 포착했다. 그는 자신의 수색팀이 웜을 발견했다고 주장했다. 그리고 그 웜을 죽이는 방법을 찾아내는 것도 그의 휘하에 있는 전문가들이었다. 그의 엘리트 해커들은 탁월한 해킹기술로 숨어 있는 웜을 추적했다. 펜타곤의 고위장교들은 웜을 속여 가짜 통제 호스트의 명령을 따르게 하는 방법보다는 공격형 사이버 타격을 가해 웜을 몰아내야 하는 것이 아닐까 생각했다. 감염을 완전히 제거하기까지는 14개월이나 소요되었다.

당시 연합군사작전(실질적인 사이버전쟁)을 수행하는 책임은 전략사령부 휘하의 '네트워크 전쟁을 위한 구성 요소 기능 통합 사령부(Joint Functional Component Command for Network Warfare)'에서 담당하고 있었다. 그러나 그 조직은 NSA에 비해 훨씬 작았고, 컴퓨터 방어와 첩보활동에 있어 NSA와 같은 경험이 없었다. 관료들은 공격형 작전, 특히 다른 국가 내의 컴퓨터를 상대하는 작전은 Agent.btz에 대처하는 방법으로는 현실성이 없다고 결론 내렸다. 무엇보다도 그 멀웨어가 아무런 피해를 주지 않았기 때문이었다. 그러나 벅샷양키 작전은 실제로 국가적 위기상황(전력망이나 은행에 대한 사이버공격)이 닥치면 군대의 최고 전사들이 모두 한 곳의 통제를 받으며 움직일 필요가 있음을 보여주었다.

"공격과 방어 역량을 한 곳에 모아야 할 필요성이 분명해졌습니다." 펜타곤이 그 작전의 세부 내용을 기밀 해제한 이후, 알렉산더는 2010년 의회 위원회에서 이렇게 말했다.

벅샷양키 작전은 미국이 사이버사령부를 설치하는 촉매가 되었다. 아군의 시스템에 대한 사이버공격을 방어할 뿐만 아니라 적에게 사이버공격을 시도할 때의 모든 군사 작전을 총괄하는 단일 조직이다. 국가정보국장인 맥코넬이 계획하고 게이츠 국방장관의 지지를 얻은 구상이었다. 군 고위층은 자신들이 방심하다가 당했음을 깨달았다. 그들 상당수가 자신들이 펜타곤 컴퓨터로 침입하는 적에 즉시 대응할 능력을 가진 것으로 과대평가했던 것이다. "우리 모두가 눈을 뜨게 된 계기였습니다."[3] 바슬라는 이렇게 말했다.

알렉산더의 발 빠른 판단과 그의 사이버전사팀이 보인 대응력은 게이츠와 펜타곤의 고위장교들, 그리고 백악관에 확신을 주었다. 즉 군의 사이버 전력을 배치하는 임무는 NSA가 가장 잘 할 수 있으며, 따라서 사이버전의 지휘를 NSA에게 맡겨야 한다는 것이다. 알렉산더가 포트미드에서 새로운 사이버사령부를 운영하고 인력과 예산도 더 많이 배정받을 것이다. 그러나 사이버전의 전사와 인프라 구조는 대부분이 NSA에서 충당될 것이다.

NSA는 또한 Agent.btz 감염을 완전히 제거해야 했다. 그 과정은 1년 이상 소요되었는데, NSA는 이를 자신들에게 새로 부여된 힘을 확장하는 데 이용했다. 새로운 감염이 발견될 때마다 NSA는 무슨 일이 벌어졌는지 '알 필요가 있는 사람들'에게도 관련된 모든 정보를 제한했다. 각각의 사례는 커다란 작전에 속한 기밀 프로젝트와 비슷하게 되었다. 벅샷양키 작전에 접근할 권한을 가졌던 국방부의 한 전직 정보분석관의 말에 따르면, 이 작전 이후 NSA 이외의 다른 기관들은 정보유출에 대한 대응이나 관련된 정보수집이 더 어렵게 되었다고 한다(알렉산더가 원하던 것이기도 했다).[4] NSA가 담당하게 된 새로운 사이버 임무의 모든 측면이 비밀의 장막으로 덮였다. 그 전직 국방부 정보분석관은 벅샷양키와 관련한 NSA의 대응을 '권력장악'으로 표현했다.

　Agent.btz 감염이 실제로 러시아나 중국 혹은 다른 어떤 적성국가가 행한 사이버공격의 일부였다면 그와 같이 비밀로 처리할 필요성을 이해할 수 있다. 그러나 펜타곤의 고위관료는 그 침입으로 비밀이 뚫리거나 어떤 중요한 정보가 소실되었다고 말한 적이 한 번도 없다. 그리고 분석팀은 적 요원이 USB 드라이브를 Agent.btz에 감염시켜 군사시설 주위에 의도적으로 흘려두었고 우연히 이를 주운 부주의한 군인이나 협력업자가 인터넷 카페의 랩탑컴퓨터에 연결했을 때 Agent.btz 웜이 에어갭 너머로 들어갔다고 추론했지만 증명된 바는 없다. 협력업자가 우연히 그 웜을 전파했을 수는 있지만 외국 정부의 작품은 아니었다. 사실 Agent.btz는 이미 3년 전에 발견된 거의 무해한 웜의 변종으로 밝혀졌다. 벅샷양키에 관여했던 일부 관료들은 외국 간첩의 소행이라는 데 의문을 표시했다.[5] 군사 사이버공간의 밀실 안으로 뚫고 들어올 정도면 아주 능란한 자들인데 실제로는 아무것도 훔치지 않았다? 누군가 미국이 사이버 침입에 어떻게 대응하고 보안망을 어떻게 구축했는지 알아보기 위해 사이버방어력을 시험하고 있는 것일 수도 있었다.

　부시 행정부 관료와 의원들이 Agent.btz 감염이 상대적으로 덜 위험하다는 것을 이해했다면 NSA에 사이버방어와 공격을 통제하는 막강한 권한 부여 문제를 다시 생각했을 수도 있을 것이다. 알렉산더와 그의 보좌관들은 NSA가 사이버사령부의 책임자가 되는 길에 방해물로 작용하지 않도록 그 사이버 침입과 관련된

보이지 않는 전쟁 @ WAR

상세사항을 비밀로 유지했다. 알렉산더는 한편으로 사이버 위협에 관한 보고로 정부관료들을 겁주는 방법도 병행했다. 그렇게 하며 악당들로부터 이 나라를 지켜줄 적임자는 자신이라는 확신을 그들에게 심어주었다. "알렉산더는 오즈의 마법사와 같은 분위기를 만들어냈습니다. 포트미드의 커튼 뒤에 무한한 능력이 자리 잡고 있다는 것이죠."[6] 사이버보안 문제와 관련해서 그 장군과 가까이서 함께 일했던 오바마 행정부의 한 전직 관료는 이렇게 말했다. "그는 비밀을 아주 잘 이용해서 아무도 그 장막을 젖혀 볼 수 없게 했습니다."

비밀은(지금도 그렇다) NSA가 가진 힘의 중요한 원천이다. 그리고 약간의 피해망상 또한 이 기관에 힘을 보태준다. 벅샷양키 이후 국방부 고위관료들 사이에 뿌리내렸던 피해망상이다. 국방부 고위장교들은 앞으로의 감염 위험을 차단하기 위해 국방부 전체와 모든 군사 조직에서 USB 드라이브 사용을 금지시켰다. 이 명령은 컴퓨터들 사이에서 문서나 지도 등을 옮기는 데 이동식 저장장치를 사용해야 하는 분야 요원들의 반발에 부딪쳤다. 하지만 그 금지는 벅샷양키 이후에도 수년 동안 유지되었다. "만약 당신이 USB를 뽑아서 내 컴퓨터에 꽂는다면 잠시 후 누가 내 방문을 노크하고 들어와 컴퓨터를 몰수해 갈 것입니다."[7] 공군의 과학책임자인 마크 메이버리가 2012년 자신의 펜타곤 사무실에서 가진 인터뷰에서 한 말이다.

부시 행정부 관료들은 사이버 불안의 물결에 휩쓸려버렸다. 그리고 쓸려간 그들은 다음 대통령 앞에 던져졌다.

10. 누구에게도 알려줄 수 없는 비밀의 소스

*
*
*

버락 오바마는 대통령 취임선서를 하는 순간부터 미국의 사이버방어 상태와 관련하여 비판적인 뉴스의 포화에 시달려야만 했다. 그는 시카고에서 마이크 맥코넬로부터 기밀 국가안보 브리핑을 받을 때 이미 그 이야기를 들은 바 있었다. 국가정보국장으로서 맥코넬이 부시 대통령에게 펼쳐보였던 극단적 버전의 시나리오였다. 대통령 선거운동 기간 중에는 오바마 참모진의 이메일 계정이 중국 해커에게 해킹당했고, 오바마의 상대였던 존 매케인(John McCain) 상원의원의 이메일 역시 같은 식으로 해킹당했다.[1] 백악관 대통령 집무실의 새 주인공으로 미국의 제 44대 대통령이 취임하자[2] 워싱턴 유수의 싱크탱크인 국제전략문제연구소는 미국의 사이버 안보와 관련하여 포괄적인 분석 보고서를 발행했는데, 부정적인 평가를 싣고 있었다. 필자들은 보고서 작성을 위해 정부와 군부의 고위층과 최소한 16차례 비밀 토의시간을 가졌으며, 사이버 침입과 관련하여 머리가 쭈뼛 설 정도로 놀라운 사례들도 기밀이 해제되어 실렸다. 그중에는 게이츠 국방장관의 이메일이 해킹당했던 일과 상무부에 스파이웨어가 감염되었던 일, 그리고 국무부 컴퓨터가 뚫려서 '테라바이트'급의 정보가 유출되었던 일 등이 포함되어 있었다.[3] 외부 전문가들의 분석 결과, 상무부 건은 카를로스 구티에레즈(Carlos Gutierrez) 상무장관이 베이징을 공식 방문했을 때 중국 해커가 그의 랩탑컴퓨터에 심어놓은 프로그램 때문이었던 것으로 밝혀졌다. 그러나 보고서 작성에 관여한 한 연구자에 따르면, 최종 보고서에서 열거한 이같은 사고들은 보고서 필자들이 확인했던 전체 누출 사건의 10퍼센트 정도에 불과했다.[4] 나머지는 공개적으로 논의하기에는 너무 민감하거나 너무 놀라워서 포함시키지 않았을 수 있다.

패널 위원들은 부시가 맨해튼 프로젝트 형태로 추진했던 프로그램을 칭찬했다. NSA의 고위관료들과 일부 대규모 IT 및 방위산업체 경영자, 의회 의원, 그리고 사이버보안 전문가 등으로 구성된 패널로서 새 행정부에서도 유지될 예정이었다. 그러나 패널은 그것만으로는 충분하지 않다고 지적했다. 오바마 행정부는 전임 대통령 때 시행했던 프로그램들을 계속 추진하는 것 외에도, 특정 산업과 필수 인프라 구조들로 하여금 자신들의 사이버 보안을 강화하도록 강제하는 법령을 제정해야 했다. "이것은 대량살상무기나 범세계적 지하드에 대한 대응 전략과 동일한 중요성을 갖는 것으로, 연방정부가 해야 할 과제다." 패널 위원들의 지적이었다. "사이버공간 방어능력의 취약성은 새로운 행정부가 당면한 국가안보 문제들 중 가장 시급히 대처해야 할 분야다. ……지금 우리는 그 전쟁에서 패배하고 있다."

외국 간첩들은 새 정부 고위관료의 정책문건이나 발언, 그리고 커뮤니케이션에 접근하기 위해 수단방법을 가리지 않았다. 오바마 행정부 처음 1년 동안 중국 해커들은 국무부 관료를 타깃으로 하는 작전을 시작했다. 물론 국무장관 힐러리(Hillary Clinton)도 타깃이었다. 특히 온실가스 배출 억제와 관련하여 중국 관료와 협상을 벌이고 있던 국무부 직원 다섯 명에게 도착한 스피어 피싱 이메일은 지능적이었다.[5] 그 메일에는 워싱턴의 저명한 저널리스트인 브루스 스토크스의 이름과 연락처가 적혀 있었다. 스토크스는 범세계적 무역 및 기후환경 변화를 다루기 때문에 국무부 내에 잘 알려진 사람이었다. 그의 부인 웬디 셔먼 또한 정부의 고위관료로, 클린턴 정부에서 대북한정책 조정관을 역임했고 나중에 국무부 제3인자로 2013년 이란의 핵개발 프로그램과 관련된 미국의 협상을 이끌었다. 미국의 중국 담당 기후변화 특사인 토드 스턴도 스토크스의 친구였다. 메일의 제목은 '중국과 기후변화'로 기자의 호기심을 자극하기에 적당한 문구였다. 그리고 메일의 본문에도 수신자의 직업이나 당시 그들이 하고 있는 일과 관련된 내용이 포함되어 있었다. 메일을 보낸 인물은 스토크스에 대해 연구하고 친구관계 등의 정보를 충분히 파악하여 그가 보내는 것처럼 가장된 이메일을 작성할 수 있었다. 수신자 중 그 메일을 열어본 사람이 있었는지는 아직 확실하지 않지만, 메일에는 관료의 컴퓨터 속으로 침입해 들어가서 문서를 탈취하고 그들의 커뮤니케이션을 도청하도록 설계된 바이러스가 실려 있었다.

2009년에는 힐러리 집무실의 직원이 옆방에서 근무하는 동료가 보낸 것처럼 보이는 이메일을 받았다.[6] 그 메일에는 최근 회의와 관련된 내용이라고 적힌 첨부파일이 있었다. 수신자는 그 회의가 기억나지 않았을 뿐만 아니라 회의가 열렸는지도 알 수 없었다. 그래서 옆방 동료에게 이메일을 보냈는지 물어보았다.

"무슨 메일?" 그가 반문했다.

그 젊은 직원의 의심 덕분에 국무부는 간첩이 힐러리의 집무실 컴퓨터에 감시 장치를 심어놓으려는 시도를 차단할 수 있었다. 이 사건은 간첩행위가 얼마나 정교해질 수 있는지 말해주는 것이며, 언론에서 이름이 한 번도 거론되지 않았던 행정부 직원들의 관계망까지도 파악했다는 증거였다. 중국 간첩들은 오래전부터 이와 같은 기술을 연마하여 지금까지 사용하고 있다.

찰리 크룸(Charlie Croom)은 퇴역 공군 장성으로 방어정보시스템 (Defense Information Systems Agency) 경영자를 역임한 후, 현재는 록히드마틴에서 사이버보안 담당 부사장으로 있는데, 그의 말에 따르면 사이버간첩들은 타깃에 접근할 통로를 확보하기 위해, 그 기관의 웹사이트를 샅샅이 훑어보며 언론에 거론되었던 직원 이름이나 대중 앞에 드러난 경영진을 찾는다. 그 외에도 도움이 될 만한 것이면 아주 작은 정보들까지 모아들인다.[7] 한 세대 전에만 해도 그와 같이 상세한 정보를 얻기 위해 간첩들은 쓰레기통을 뒤지거나 거리를 걸어가는 타깃의 뒤를 미행했다.

행정부 직원들을 대상으로 외국의 사이버공격이 이어지고 국가적 방어에 대한 우려가 높아지자 오바마는 일찍부터 사이버보안을 국정의 우선과제로 설정하겠다는 신호를 보냈다. 2009년 5월 백악관 이스트룸 연설에서 그는 이렇게 말했다. "사이버 침입자들이 우리의 전력망을 기웃거리고 있으며, 다른 국가에서는 사이버공격으로 도시 전체가 암흑에 빠졌던 일을 알고 있습니다." 오바마가 어느 곳인지 직접 말하지는 않았지만, 정보 및 군 관료들은 대통령의 이와 같은 언급이 브라질에서 2005년과 2007년, 두 차례 발생했던 대규모 정전사태인 블랙아웃을 일컫는 것으로 결론 내렸다.[8] 그곳의 전력공급 장치를 통제하는 SCADA 시스템에 해커들이 침입하여 시작된 사태였다.

오바마의 연설이 있기 전까지 관료들은 미국도 전력망이 뚫린 적이 있을 것으로 암암리에 짐작하고 있었다. 해커의 공격으로 정전사태가 발생했고 미국에서 발생했던 대규모 정전사태도 여기에 포함된다는 소문에 대해, 전력시설 운영자와 소유자들은 단지 추정에 불과할 뿐이라 비난했다.[9] 그리고 정전사태의 원인이 전력선에 검댕이 끼었거나 전력선 위로 나무가 쓰러지는 것과 같은 자연적인 원인 때문이라고 밝힌 공식적인 연구결과를 인용했다. 그러나 이제 대통령이 나서서 미국의 전력망이 위험하며 사이버 블랙아웃의 악몽이 다른 국가에서는 이미 현실화되었다고 지적하고 있었다.

"저의 행정부는 미국 디지털 인프라 구조의 안전을 확보하기 위해 새롭고 포괄적인 방법을 시행할 것입니다." 오바마는 이렇게 선언했다. "이와 같은 새로운 접근방법은 위에서부터 시작됩니다. 바로 저의 이러한 의지에서부터입니다. 이제부터, 우리는 디지털 인프라 구조(우리는 매일매일 여기에 의존하여 살아갑니다)를 필수적 존재로 다룰 것입니다. 즉 국가의 전략적 자산입니다. 이러한 인프라 구조의 보호야말로 국가안전의 최우선 과제가 될 것입니다. 우리는 이러한 네트워크들이 안전하고 신뢰성 있으며 활기찬 상태로 유지되도록 할 것입니다. 이들에 대한 공격을 예방하고 차단하며 찾아낼 것이고, 혹시라도 손상이나 피해가 발생하면 즉시 복구할 것입니다."

오바마는 사이버공간의 방어를 정부의 임무로 선언한 것이다.

케이스 알렉산더의 의견도 같았다. 그에게는 정부 내 누가 그와 같이 거대한 과제를 담당할 것인가 하는 것이 유일한 숙제였다.

알렉산더는 2005년 NSA 국장에 임명된 지 얼마 후 국토안보부 본부를 방문했다. 본부는 워싱턴 번화가에 있는 헤이츠 대성당 인근 복합빌딩에 있었는데, 제2차 세계대전 때 해군 암호전문가들이 나치의 에니그마 암호체계를 푸는 데 참여했던 곳이었다. 그의 손에는 둥글게 말린 서류가 들려 있었다.[10] 법무차관과 연방법원 판사를 역임하고 지난해에 국토안보부 장관으로 지명된 마이클 처토프(Michael Chertoff)를 만나서 논의할 문서였다. 법률에 의하면, 국토안보부는 정부의 사이버보안 정책을 조율하고, 민간기구의 컴퓨터 네트워크를 보호하며, 필수 인프라 구조를 방어하기 위해 기업과 협조하도록 되어 있었다. 이것은 너무 방만하고 명확하게 규정되지 않은 임무들로서, 이제 탄생한 지 2년밖에 되지 않은 부서에 부여된 수많은 임무 중 하나였다. 예를 들어 국경 순찰, 항공기 승객과 화물 검색, 흐트러진 이민 시스템 확립, 그리고 테러리스트들이 더 이상 미국을 공격하지 못하게 하는 것 등도 국토안보부의 임무에 포함되었다.

도청이 차단된 방에서 알렉산더는 긴 회의 테이블 위에 서류를 펼쳐놓았다. NSA가 그때까지 파악한 인터넷상에서의 악성 활동들을 보여주는 거대한 도표였다. 알렉산더의 메시지는 두 가지로 해석될 수 있었다. 그는 이 신생 부서가 사이버방어의 임무를 수행할 수 있도록 돕기 위해 그곳에 왔다. 혹은 NSA의 도움 없이는 국토안보부가 실패하게 되고 결국은 그 임무를 다른 전문가들에게 넘겨야 할 것임을 말해주고 있다. 국토안보부는 알렉산더가 방금 보여준 것 같은 도표를 만들 역량을 가지지 못했고, 이것은 분명한 사실이었다. NSA와 비슷한 수준으로 업무를 수행하기에는 훈련된 인력이나 재정, 범세계적인 감시체계, 그리고 워싱턴에 대한 행정적 · 정치적 영향력이 부족했다.

알렉산더와 그의 보좌관들은 국토안보부를 도와줄 수 있음에도 그렇게 하지 않으면 태만에 가까운 무책임한 일이라고 생각했다. 그렇게 한다고 해서 NSA가 사이버보안에서 중심축으로서의 역할을 포기하는 것은 아니었다. NSA는 국방부 소속 부서로, 외부 공격으로부터 국가를 보호하는 임무를 가지고 있었다. 그 공격은 육지, 하늘, 바다뿐만 아니라 컴퓨터 네트워크에서도 가능했다.

처토프와 알렉산더 모두와 함께 일한 적이 있는 전직 관료의 말에 의하면 두 사람은 호흡이 잘 맞았으며, 처토프 장관은 포트미드의 사이버전사들이 주도권을 가지는 데 만족하는 모습이었다. 알렉산더는 이후 4년 동안 NSA의 사이버전력을 구축하는 데 집중하여 '벅샷양키 작전'을 성공으로 이끌고 사이버사령부를 설치하는 업적을 남겼다. 2009년 오바마는 전 애리조나 주지사 자넷 나폴리타노(Janet Napolitano)를 국토안보부 장관으로 임명했다. 알렉산더는 자신의 참모진에게 나폴리타노 신임 장관이 필요로 하는 모든 도움을 제공해주도록 지시했다. 그러나 알렉산더는 전쟁터 자체를 넘겨줄 생각은 없었다. 아직 그가 구상하는 최대의 작전을 시작할 때가 아니었다.

알렉산더는 과거 방위산업기지(DIB) 프로그램을 통해 정부가 기업의 컴퓨터 네트워크 정보에 접근할 수 있었던 것에 주목했다. 이 프로그램에서 기업은 사이버공간의 디지털 척후병이 되었으며, 그들이 넘겨주는 정보는 NSA가 보유한 위험신호 목록에 입력되었다. 확인된 멀웨어와 해커기술, 그리고 의심스러운 인터넷 주소 등의 정보로, 이는 방어를 강화하는 데 이용되었다. 알렉산더는 이를 두고 자주 '비밀의 소스'라 표현했다. DIB가 시작될 때 참여한 기업은 20개에 불과했다. 이제 그는 DIB 모델을 새로운 산업에 적용하고자 했다. 에너지와 금융 분야 등에서 500개 정도의 기업을 포함시킬 생각이었다.

그 플랜은 NSA에서 '트랑쉐2'라는 이름으로 알려졌다.[11] '필수 인프라 구조' 운영자는 자신들의 네트워크에 들어오거나 나가는 트래픽을 제출하고, 인터넷서비스 공급자는 이를 스캔하도록 법률로 규정했다. 여기서 필수 인프라 구조는 포괄적으로 정의되어 전력회사, 핵발전시설 운영자, 은행, 소프트웨어 개발기업, 운송 및 병참기업, 그리고 원격으로 시설장비의 해킹이 가능한 병원이나 의료장비 공급자들까지 포함되었다. 인터넷서비스 공급자는 NSA가 제공해주는 표식들을 이용해서 외국 정부에 의한 사이버 공격의 징후나 멀웨어를 찾아냈다. 그것은 알렉산더가 처음에 NSA를 사이버 위협과 관련된 중심 정보센터로 만들려던 계획과 거의 비슷했다. NSA가 직접 스캔을 하는 것은 아니지만, 스캔을 담당한 영역에서 필요로 하는 위협의 모든 표식들을 제공해주는 것이었다. 이와 같이 구성하여 NSA로서는 민간 컴퓨터 네트워크에 간섭한다는 인상을 주지 않으면서도 실제로는 전체적 운영을 통제할 수 있었다. 스캔담당자가 위협을 감지해내면, NSA 분석팀이 들어가서 그것을 평가한다. 분석팀은 트래픽의 통과 혹은 차단 여부를 결정하며, 필요하다면 그 발신지를 추적하여 공격할 것이다.

NSA는 이미 튜터리지(Tutelage: 교육, 보호라는 뜻－옮긴이)라는 이름의 스캔 시스템을 개발해놓고 있었다. 바이러스가 포함된 이메일을 분리해내고 이를 일종의 디지털 배양접시에 심어서 다른 컴퓨터에 감염될 위험 없이 분석팀이 검사하는 시스템이었다. 이것은 2009년에 자체 인터넷 게이트웨이를 모니터링하기 위해 NSA가 사용한 것으로, 인터넷에서 '감지기, 보초병, 그리고 저격병'이라고 할 수 있었다. 알렉산더는 그러한 기술을 트랑쉐2의 일부로 포함시키길 원했다. 수백 개의 기업과 필수 인프라 구조 운영 자들을 사이버전쟁의 새로운 전선에 효과적으로 배지하는 방법 이었다.

이에 대해 오바마 행정부의 일부 관료들이 신경질적인 반응을 나타냈다. 대통령은 사이버공간을 국가의 필수적 자산으로 보호 하겠다는 의지를 분명히 표시했지만, NSA에 어느 정도의 권한을 부여해야 할지 항상 망설였다. 오바마는 NSA나 알렉산더에게 호 감을 표시한 적이 없었다. 그리고 NSA가 확보한 역량을 인정하 고 높이 평가했지만 그에게는 첩보활동의 문화에서 느끼는 이질 감이 있었다.

2009년 여름, 펜타곤의 관료들은 군사 시스템뿐만 아니라 전력 공급 시설과 같이 민간이 소유한 필수 인프라 구조를 향해 악성 트래픽을 보내는 컴퓨터에 군대가 반격을 가할 수 있도록 하는 '행정명령'의 초안을 작성했다. 그것은 매우 예외적인 조치였다. 지금까지 정부는 해커와 멀웨어에 관한 정보를 제공하는 방식으 로 민간기업을 지원만 해왔고, 기업은 이를 이용해 자신들의 보 안을 강화할 수 있었다. 하지만 지금 NSA는 미국의 핵심적 기업 에 공격하는 자를 향해 정부당국이 직접 방어적 공격에 나설 수 있기를 원하는 것이었다. 블랙아웃이나 항공관제 시스템에 대한 공격처럼 미국인의 생명을 앗아가거나, 미국의 경제와 국가안보 에 큰 혼란을 초래할 수 있는 공격에 대한 대응이었다. 그러나 경 제와 안보의 위협이라는 범주는 너무 폭넓어 다르게 해석될 수 있었다. 예를 들어, 미국 은행을 대상으로 대규모 서비스거부

보이지 않는 전쟁 @ WAR

(DoS) 공격이 셧다운을 초래하거나 자금을 훔쳐가지는 않고 업무에 차질을 초래할 정도만이라면 미국 경제에 큰 혼란을 초래하는 적대행위로 볼 수 있을까?

오바마 행정부 관료들은 그 행정명령 초안을 축소시켰지만, 아주 약간만 삭제했다. 오바마는 NSA가 보복적 공격을 할 수 없도록 밀어붙이지 않았다. 공격에 앞서 자신이나 국방부장관의 승인을 받도록 했을 뿐이다.

알렉산더는 항상 오바마의 무조건적 지지에만 기댈 수는 없다고 생각하고 트랑쉐2 플랜을 캐피털힐(Capitol Hill, 미국 연방의회 의사당)로 가져가 수십억 달러에 달하는 NSA의 예산을 주무르는 의원을 상대로 설득했다.[12] 그는 기업이 자신들의 데이터를 정부가 지정하는 트래픽 스캐너와 공유하도록 법제화하자고 의원과 그 보좌관들에게 말했다. 그러나 행정부가 현재 지지하는 형태의 법안은 아니었다. 법안이 의회에 제출됐을 때 백악관 보좌관들은 2011년과 2012년 여러 차례에 걸쳐 그 법안이 대통령의 생각이라는 식으로 말하지 말 것을 알렉산더에게 충고하고, 행정부도 그 법안을 그대로 유지할지 확신하지 못한다고 말했다.

"그들은 내게 불같이 화를 냈어."[13] 알렉산더는 의회 직원들과의 한 모임에서 이렇게 말했다. 그렇다고 멈출 그가 아니었다. 오히려 더 세게 밀어붙였다. 알렉산더는 대중연설에 능숙하지 못했지만 소그룹을 대상으로는 설득력 있게 호소할 수 있었다. 그는 상하 양원 정보위원회의 민주당과 공화당 간사들과 연합했다. 마침내 의원들은 그가 원하는 자금을 제공했고 사이버보안에 이용될 새로운 기금의 지출을 승인했다. 의회는 NSA 활동에 직접적인 개입 없이 최소한으로 감시를 하도록 되었다. 알렉산더는 캐피털힐에서의 전쟁에서 승리를 거두고 있었다. 그러나 행정부 내에 그의 적들이 있었다.

2009년 제인 류트(Jane Holl Lute)가 국토안보부 신임 부장관으로 임명되던 무렵에는 사이버보안의 주도권을 두고 벌어진 싸움에서 알렉산더가 승리를 거둔 상태였다.[14] 부장관의 동료들 중에서도 많은 사람들이 오래전부터 NSA의 주도권을 인정하고 있었다. 위협신호와 관련되는 방대한 목록을 확보한 유일한 기관이었기 때문이다. 멀웨어, 해커기술, 그리고 의심되는 인터넷 주소 같은 것들이다. 그들은 NSA가 은밀하고도 광범위한 정보수집 활동을 통해 정보를 축적하고 이를 토대로 최고의 정보기관으로 지위와 신뢰를 확보했다는 사실을 잘 알고 있었다. 그리고 국토안보부는 그에 필적할 만한 정보를 보유하지 못했을 뿐만 아니라 우수한 사이버보안 인력도 거의 없었다. 국토안보부는 2009년에 컴퓨터 학자 24명을 채용한 반면 국방부에 채용된 인력은 7000명 이상이었고 그중 대부분은 NSA에서 근무했다. 국토안보부의 컴퓨터 응급감시센터 역시 네트워크 트래픽을 실시간으로 감시할 능력이 없었기 때문에 사이버공격의 조기경보 시스템으로서는 무용지물이었다.[15] 국토안보부가 할 수 있었던 역할은 공적인 연계 형성이었다. 즉 기업들이 '사이버예방기술'을 채택하여 자신들의 네트워크를 엄격히 모니터링하고, 정부와 그 정보를 공유하게 만드는

보이지 않는 전쟁 @ WAR

것이었다. 실제 행동이 아니라 제스처에 불과한 활동이었다.

막 시작된 국토안보부의 사이버방어 임무를 책임진 관료와 류트가 처음 회동했을 때는 그가 이미 사직서를 제출한 상태였다. 그해 3월, 국가사이버보안센터 로드 백스트롬(Rod Beckstrom) 국장은 법률상 엄연히 국토안보부 소관인 임무가 정책에는 NSA에서 관할하는 것으로 규정되어 있는 데 항의하며 사직했다.[16] 벡스트롬은 "NSA는 국토안보부의 사이버보안 업무를 자신들의 뜻대로 통제하고 있다."며 가차 없는 비난을 퍼부었다. NSA는 소속 직원을 국토안보부 본부에 파견했으며 자신들이 개발한 기술도 설치했다. 그리고 최근 NSA 고위층에서는 벡스트롬과 그의 참모 다섯 명 모두를 포트미드의 NSA 본부로 재배치할 것을 제안했다.

"내가 국장으로 재임하는 동안에는 센터를 NSA에 종속시킬 생각이 없습니다." 그는 류트와 나폴리타노, 그리고 로버트 게이츠 국방장관 등의 국가안보좌관들에게 경고했다. NSA에게 지휘권을 부여하면 미국인들의 프라이버시와 시민들의 자유를 짓밟을 것이며, 그의 부서가 비밀 문화 속으로 빠지게 된다는 주장이었다.

류트는 사이버전문가가 아니었다. 유엔 평화유지 활동 지휘를 마지막으로 퇴역한 예비역 육군장교였다. 그러나 그는 사실상 부서의 실무책임자였으며, 혼란스러운 사이버 정책들을 정리할 임무를 맡고 있었다. 그 싸움은 NSA의 승리로 끝날 것이 분명했다. 나폴리타노는 그 직책을 원하지 않았을 뿐만 아니라 자격도 부족했다. 컴맹에 가까웠던 그녀는 개인 인터넷 계정도 없었으며, 업

무에 이메일을 사용하지도 않았다.[17]

류트는 정보 관료들과 오랫동안 함께 일했기 때문에 비밀정보 활동의 중요성을 충분히 인식하면서도, 사이버공간의 방어에 관한 노하우를 NSA만 가지고 있다는 생각에는 동의하지 않았다. "뉴욕 전화번호부가 멀웨어 목록이라면, NSA가 가진 것은 그중 몇 페이지 분량에 불과할 뿐이야."[18] 그가 한 동료에게 했던 말이다. 그는 많은 기업에서 이미 중요한 위협신호 정보들을 확보하고 있을 것으로 생각했다. 거의 매일 자신들의 네트워크에 침입을 시도하는 해커나 외국간첩들에 대응하며 그와 같은 신호를 수집하고 있었기 때문이다. 민간 보안관련 기업이나 컴퓨터 바이러스 연구자, 그리고 저널리스트까지도 멀웨어 등의 위협신호들을 수집하고 분석하여 그 정보를 판매하거나 대중 서비스 차원에서 공개하고 있었다. 소프트웨어 기업은 자신들이 생산한 프로그램에서 발견된 결함을 수정하는 자동패치를 발송했다. NSA는 이와 같은 모든 정보를 추적했다. 기업은 자신들이 얻게 된 정보를 이미 널리 확인된 정보들과 함께 이용하여 효과를 높여야 한다. NSA의 정보가 매우 유용하지만 기업은 자신들의 방어에 그 정보를 이용하지 않고 있다. 이것이 류트의 생각이었다. 기업은 자신들이 알고 있는 정보를 서로 공유해야 하며, 이것은 마을에서 이웃끼리 서로 지켜주는 프로그램의 인터넷 버전이라 할 수 있다.

알렉산더가 그의 '비밀 소스'를 과대포장한다는 생각을 하는 사람은 류트 혼자만이 아니었다.

"어떤 것이 비밀로 분류되려면 그것이 엄격한 사실이어야 하며, 그럴 것 같다는 형태라면 안 됩니다."[19] NSA 직원과의 여러 차례 회의에서 기업의 컴퓨터 네트워크 방어 주도권을 NSA가 가져야 하는지를 논의하면서 법집행기관의 한 고위관료가 한 말이다. "우리가 보기에 그 정보는 '극비가 아니라 낮은 수준의 비밀'로 '법집행 상의 문제'일 뿐입니다. 하지만 그들은 이렇게 말할 것입니다. '안 돼. 우린 극비보고서를 입수했어, 그건 틀림없는 사실이야.' 그러면 반박하기 어렵습니다. NSA가 어떻게 그 정보를 얻었는지 혹은 정보의 무엇이 특수한지를 설명하지 않기 때문입니다. 의원과 대중들은 위협과 관련된 정확한 그림을 보지 못하는 것입니다."

구글 같은 세계 최대 IT기업은 사이버첩보전이나 사이버공격에 대해 많은 정보를 보유하고 이를 저지하는 데 기업의 사활을 걸고 있음에도, 알렉산더는 이들 기업의 경영자들을 만나서 NSA의 정보활동이 우위에 있다고 설득했다. "그는 '우리가 알고 있는 것을 당신들이 알게 된다면 커다란 두려움이 생길 것이다. 우리만이 당신들을 도울 수 있다.'라는 식의 태도를 취했다."[20] 전직 고위 정보관료의 말이다.

"알렉산더는 의회 의원들과 행정부 고위관료들에게 'NSA가 이 문제를 독점해야 하며, 포트미드에서 모두 가능하다.'라는 식으로 설득했습니다." 사이버보안 문제를 다루었던 행정부 전직 관료의 말이다. "그리고 그는 '비밀 소스'라는 문구를 사용했는데, 제가 그 뒤를 들추어보았지만 비밀 소스라고는 없었습니다. 전적으로 그의 허풍이었던 것입니다."[21]

이와 같은 갈등은 심하지는 않았지만 류트의 국토안보부 근무 첫 2년 동안 계속되었으며, 2011년 2월에는 영역 싸움으로 터져나왔다. 콜로라도스프링스 공군사관학교에서 개최된 방위산업 컨퍼런스에서 알렉산더는 사이버공간이 육해공, 그리고 우주에 이은 제5의 전장이며 그 방어는 NSA가 주도해야 한다고 선언했다. 그리고 미국에 막대한 타격을 줄 수 있는 공격에 대처할 새로운 전력이 필요하다고 주장했다. "그러나 저에게는 월스트리트나 다른 산업에 대한 공격을 억제할 권한이 없습니다. 이 부분은 반드시 고쳐져야 합니다."[22] 그는 이렇게 말했다. 알렉산더는 미국의 사이버공간을 전쟁지역으로 선포하며 도전장을 던졌다.

알렉산더는 그로부터 8일 후 샌프란시스코에서 열리는 대규모 연례 컴퓨터보안 컨퍼런스에서도 같은 내용의 연설을 할 예정이었다. 중요 신문사와 IT비즈니스 관련 기자들이 대거 참석하는 자리였다. 그러나 류트가 그의 말문을 막아버렸다. 2월 14일, 연설을 사흘 앞두고 그녀를 비롯한 국토안보부 관료들은 영향력 있는 기술잡지인 〈와이어드〉에 실명으로 논평을 실었다.[23] "오늘날 일부에서는 전쟁의 북을 요란하게 두드려대면서 전쟁터를 정비해야 하다고 주장하는가 하면, 미국이 이미 '사이버전쟁' 속으로 깊숙이 빠져 들어갔고, 지금은 패배하고 있는 중이라는 말까지 하고 있다." 류트는 또 이렇게 적었다. "우리는 그와 같은 주장에 동의하지 않는다. 사이버공간은 전쟁지역이 아니다."

알렉산더를 직접 겨냥하지는 않았다. "사이버공간에 분쟁과 공격이 존재하는 것은 분명한 사실이다. 하지만 사이버공간은 기본적으로 시민들의 공간이다." 류트는 이렇게 적었다. "공동체마을, 도서관, 시장, 학교, 일터, 그리고 인류의 새롭고 흥미진진한 경험과 탐색, 그 발전의 시기다. 그중 일부가 미국의 국방 인프라구조이며 이것은 군인들이 적절히 방어하고 있다. 그러나 사이버공간의 대부분은 시민들의 공간이다."

알렉산더는 꺾이지 않았다. 예정대로 연설했으며 같은 주장을 되풀이했다.[24] 그리고 며칠 후 류트에게 반격을 가했다. "네트워크 보호와 관련하여 NSA가 확보한 능력은 인정하면서도 NSA가 일하는 것을 좋아하지 않는 사람들이 많습니다."[25] 알렉산더는 워싱턴에서 개최된 컨퍼런스에서 국내보안에 대해 이렇게 말했다. 그것은 국토안보부의 관할 영역이었다. NSA가 최전선에서 싸우기보다는 뒷짐을 지고 있다가 요청이 있을 때만 방어에 도움을 줘야 한다는 제안이 그를 격노시켰다. 알렉산더는 마지노선에 대해서도 언급했다. 이것은 1930년대에 프랑스가 독일과의 국경을 따라 길게 구축했던 콘크리트 요새로, 만약 미국의 전략이 방어에만 초점을 두고 적들의 역량을 과소평가한다면 미국이 처하게 될 위험은 걷잡을 수 없게 된다는 의미였다. 나치는 마지노선을 우회하여 프랑스가 생각하지 못했던 경로로 침입했으며 6주 만에 프랑스를 함락시켰다.

영역싸움은 격화되어 갔다. 백악관은 알렉산더의 트랑쉐2 플랜을 거부했는데, 이는 오바마가 사이버공간 방어를 NSA의 임무로 생각하지 않아서가 아니라 정부의 거대한 감시프로그램과 너무 비슷하게 보였기 때문이었다. 하지만 행정부는 알렉산더 생각의 핵심을 버리지 않았다. 그 대신 이미 있는 DIB 프로그램을 활용하는 방법을 선택했다. 그것은 그 자체가 정부의 거대한 감시 프로그램으로서 인터넷서비스 공급자가 정부로부터 제공받은 기밀 정보(NSA의 비밀 소스)를 이용해 트래픽을 모니터링하는지 검증하는 프로그램이었다. 일종의 양보를 한 셈이었다. NSA는 기업의 네트워크에 접근하지 않지만 인터넷서비스 공급자를 통해 그들과 정보를 교환할 수 있었다.

2011년 봄 방위산업체 17개가 자발적으로 검증을 받았다. NSA는 인터넷서비스 공급자 세 곳에 계속해서 위협신호 정보를 제공했다. 센츄리링크, AT&T, 그리고 버라이즌이었다. 뒤의 두 기업은 NSA의 감시에 아주 밀접히 협조해 왔으며, NSA에서 9·11테러 직후부터 미국인의 방대한 전화기록을 수집하는 데 참가해 왔다. 그리고 세 회사 모두 FBI와 NSA가 요청하면 고객의 이메일과 온라인 데이터를 관례적으로 제공해 왔다.

그 검증은 구체적으로 두 가지 대응수단에 초점을 맞추었다. 멀웨어가 포함된 이메일의 침입을 차단하고, 외부로 나가는 트래픽이 악성 인터넷 주소에 접촉하지 않도록 막는다(싱크홀링이라 부르는 기법이다). 대부분의 조직에서는 네트워크로 들어오는 트래픽만 모니터링하고 자신들의 내부 데이터가 보내지는 곳에는 관심을 두지 않았다. 해커들은 이와 같은 무관심의 틈을 타 회사의 문서가 외부로 나가는 합법적 트래픽인 것처럼 가장하여, 해커의 통제 아래 있는 서버로 보내는 방법을 자주 이용했다.

그 검증 작업은 성공적이었다. 미국 최고 수준의 IT 연구기관인 카네기멜론대학에서 독자적으로 검토한 바에 의하면, 인터넷서비스 공급자는 기밀 위협신호를 수신하여 이를 비밀로 유지할 수 있었다. 그러나 포트미드의 의기양양한 사이버전사들로서는 좋지 않은 소식도 있었다. 그와 같은 신호들 중에서 회사가 이미 알고 있지 않는 어떤 것을 말해주는 경우는 없었다. 이것은 알렉산더의 비밀소스의 힘을 믿지 않는 류트 등에게 유리한 소식이었다.

NSA 정보의 대부분은 그것을 수신할 시점에는 이미 낡은 정보가 되어버렸다. 그 검증 기간 동안 감지된 악성 활동 52건 중에서 NSA가 찾은 위협신호를 이용해 찾은 경우는 단지 두 건에 불과했고, 나머지는 기업이 자체적으로 찾아낸 것이었다.[26] 기업들이 지난 수년 동안 자체적인 네트워크 모니터링 능력을 구축하며 자체방어를 강화해온 덕분이었다.

NSA로서는 기업의 자체 방어능력이 그렇게 크게 높아진 데는 자신들의 역할이 컸다고 자부할 수도 있지만 그것은 그 기업들이 2007년부터 일찍 DIB 프로그램에 참가하였기 때문이었다. 그들이 군사 협력사업을 계속하려면 위협 관련 정보를 넘겨주고 정부의 도움을 받도록 되어 있었다. 그 시범 프로그램의 결과는 NSA만이 국가방어 역할을 수행할 능력이 있다는 알렉산더의 주장과 배치될 수 있었다.

그 기업들이 그렇게 말하는 데는 깊이 있는 연구가 필요하지도 않았다. 2010년부터 기업 경영진은 NSA가 실제로 알렉산더가 주장하는 것만큼 정교했는지 의문을 제기하기 시작했다. 국토안보부 본부에서 열린 CEO들의 회의에서 알렉산더는 NSA가 확보한 위협신호 카탈로그에 대해 프레젠테이션했다. 당시의 한 참가자에 따르면, 자신의 옆자리에서 의자 싶숙이 몸을 기대고 있던 에릭 슈미트(Eric Schmidt) 구글 CEO가 혼잣말로 빈정댔다고 한다. "이 돈을 다 쓰고 찾아낸 게 겨우 이거야? 우리가 찾은 것도 이보다는 많다고." 구글도 다른 대기업들과 마찬가지로 해커들의 주요 타깃이었기 때문에 민간보안회사들(제로데이 정보를 판매하는 엔드게임이 대표적이다)로부터 위협정보를 제공받고 있었으며, 중국 해커들에 대한 자체적 정보수집 활동을 이미 시작한 상황이었다. 그 기업은 다른 기술들도 사용하고 있었는데, 예를 들어 사용자를 위한 암호화를 더욱 강력하게 실행하고, '안전소켓층(secure sockets layer, SSL)' 서비스를 도입했다. 이것은 인터넷에서 데이터를 안전하게 주고받기 위한 암호화 솔루션으로 구글 계정에 로그인하는 누구에게나 자동적으로 적용되었다. 위협신호 한 가지만으로는 "더 이상 통하지 않는다." 슈미트는 이렇게 말했다. "위협은 NSA가 감지장치를 해둔 지점으로만 들어오는 것이 아니다."

해커는 자신들의 기술을 계속해서 변화시키고 침입할 새로운 지점을 찾는다. 그들은 정부가 자신들을 모니터링하는 것을 알고 있다. 그들이 기술을 변화시키는 이유이기도 하다.

다른 대기업과 마찬가지로 구글에게는 한 가지 비밀 소스가 없었다. 그러나 다양한 기술들의 스튜가 있었고 그 요리방법도 계속해서 변화시켰다. 일반적으로 말하자면, 기업들은 보안을 더욱 심각하게 받아들여서 자신들의 정보를 그 생산지에서부터 보호하기 위해 많은 돈을 투자하고, 자신들에게 부족한 부분은 외부

268

전문가들을 고용하여 채우고 있었다.

　그렇지만 알렉산더는 고집을 꺾지 않았다. 2011년에는 뉴욕에 가서 미국 최대 금융기관 경영진들을 만났다. 4년 전 펜타곤 보안 룸에서 거대 기업들에게 닥친 문제에 대해 했던 말을 이번엔 맨해튼의 회의실에 앉아서 되풀이했다.

　이미 NSA는 은행들이 자체적으로 구성한 정보공유 및 분석센터라는 비영리그룹을 통해서 위협신호 정보를 은행과 공유하고 있었다. 그것은 실시간 시스템은 아니었지만 은행이 보안 트렌드에 뒤처지지 않게 도와주고, 일부 사례에서는 멀웨어 유형이나 침입 기술에 대한 조기경보도 제공해주었다. 다른 산업에서도 이와 비슷한 센터를 구성하여 자신들이 확보한 지식들을 모았지만, 은행의 시스템이 가장 효과적인 것으로 생각되었다. 은행은 잃는 것이 매우 많았고(사이버 도둑에게 매년 수십억 달러를 뺏겼다), 그들의 비즈니스가 데이터 네트워크상에서 진행되기 때문이었다.

　알렉산더는 기업 경영진에게 DIB 정보공유 프로그램을 은행 영역으로 확대했으면 한다는 뜻을 에둘러 표현했다. 그는 이렇게 설명했다. "NSA가 은행의 네트워크에 감시장치를 심어두면 그들을 방어하기가 훨씬 쉬워질 것이다. 중간 단계를 걷어치우자. 포트미드의 분석팀을 월스트리트와 직접 연결하자."

　회의실에는 침묵만 흘렀다. 경영진은 믿을 수 없다는 표정으로 서로를 쳐다보았다. '저 친구 제정신으로 하는 말이야?'

　"우리는 그를 멍청이라 생각했지요."[27] 그 자리에도 참석했고 그전에 여러 차례 알렉산더를 만난 적이 있는 금융기관 고위 임원의 말이다. "그가 말하고 있는 것은 모두 다 민간 네트워크였어요. 우리가 비즈니스에서 보았던 공격은 주로 고객과의 인터넷 인터페이스를 대상으로 했죠. 온라인 뱅킹 웹사이트나 나스닥 웹사이트였단 말입니다." 그와 같은 웹사이트에 최근 몇 년 동안 소위 말하는 서비스거부(DoS) 공격이 가해졌다. 이것은 서버의 처리 능력 이상의 정보를 요청하여 서버가 제대로 작동하지 못하게 만드는 공격이지만, 은행 컴퓨터 내부의 계정에 손상을 주지는 않는다. 그 임원은 그와 같은 정보 중 대다수는 에어갭이 막고 있거나 공용 인터넷과는 거의 연결되지 않는 네트워크에서 움직인다고 말한다. "은행이 인터넷 공격에 노출되어 있다는 말은 사실과 다릅니다. 그리고 연방준비제도나 재무부, 보안 브로커, 그리고 지급결제제도위원회 등 이 모두가 전체 금융 인프라 구조를 잘 운영해 가고 있어요. 얼마나 잘 작동하는지 보세요. 그는 이를 전혀 이해하지 못했어요."

금융서비스 기업들도 사이버 위협에 무관심하지 않았다. 한 연구에 의하면 미국 은행들 중 3분의 2가 서비스거부(DoS) 공격을 받았다고 보고했다. 알렉산더는 은행들에게 위험을 과도하게 부풀려 이에 대처하도록 요구하고 있었다. 즉 그들의 컴퓨터에 자신의 첩보원을 심어두려 하였다. 그 계획이 알려질 때 발생할 정치적 파장은 엄청날 것이다. 그리고 그 정보기관이 영장 같은 법원의 승인이 없이 감시장치를 삽입하도록 허용한다면 법률적 문제도 발생할 수 있었다.

NSA의 감시를 허용한다고 하더라도 은행이 스스로의 능력으로 알아내지 못했던 위협에 대해 얼마나 알려줄지도 의문이었다. 미국의 대형 은행들은 자체적으로 보안부서를 구성하여 신용카드 사기와 계좌 도둑을 모니터링해 왔다. 금융기관이 사이버범죄로 인해 입는 손실은 범죄의 규모와 유형에 따라 매년 수천만 달러에서 수십억 달러에 이르는 것으로 추정된다. FBI는 은행 네트워크에 침입해 자금을 훔치거나 신용카드 부정거래를 시도하는 해커망을 수사하고, 그와 관련해 자신들이 확보한 정보를 금융기관과 공유해 왔다. 그러나 FBI가 확보한 정보를 기업에서 먼저 알고 있는 경우가 많았다.

2009년, 워싱턴 FBI 본부에서 법집행기관 및 정보기관의 관료들과 대규모 은행들의 보안책임자들이 회의를 열었다. "회의가 반쯤 진행됐을 때 우리가 물었습니다. '금융서비스 분야와 정부 사이에 정보가 어떤 식으로 공유됩니까?'"[28] FBI에서 사이버범죄를 담당하는 부국장보를 역임하고 현재는 민간 보안기업인 클라우드스트라이크에서 일하는 스티브 차빈스키(Steve Chabinsky)의 말이다. "모두가 큰 한숨을 쉬었죠."

"우리보고 모두 다 털어놓으란 말입니까?" 은행 정보공유위원회를 대표한 참석자가 물었다. 은행들 사이에 그리고 당국과의 커뮤니케이션을 위해 구성된 기구였다. "잘 되고 있다고 생각하지 않습니다. 우리는 아는 정보를 자발적으로 모두 다 알려주었지만, 우리가 얻은 정보는 아무것도 없습니다."

FBI는 은행에 위협신호 목록을 제공했다. 사이버범죄와 관련된 것으로 보이는 인터넷 주소들도 여기에 포함되었다. 많은 노력을 통해 만들어진 보고였다. 그 정보 중 일부는 "법집행에 있어 민감한 문제를 내포한" 것으로 간주하고 기밀로 처리되었다.

"네 맞아요." 은행 대표가 대답했다. "당신들이 할 수 있는 최선일 거예요. 하지만 우리는 어떻게 해야 할지 모르겠습니다. 그 정보는 모두 우리가 이미 알고 있던 것이니까요."

은행들은 서로 정보를 공유할 뿐만 아니라 민간 정보회사로부터 정보를 구입하고도 있었다. 정부관료들은 이제 자신들만 정보수집을 독점할 수 없다는 사실을 깨닫기 시작했다. FBI는 자신들이 추적하고 있던 사례를 은행들과 공유하기로 결정했다. 그래서 은행이 정부기관의 정보를 활용하여 자체적으로 추적할 수 있었다고 차빈스키는 말한다. 사실 은행은 그 목록에 있던 사례들 중 하나만 제외하고 모든 사례를 추적해 왔다. 해커들은 자동화 클리어링하우스(clearinghouse) 네트워크를 목표로 했다. 이것은 자동입금과 신용카드 및 직불카드 구매, 그리고 계좌 사이의 자금 이체 등을 포함하는 대규모 거래를 처리하는 컴퓨터 네트워크 시스템이다. 해커는 네트워크를 이용하는 사용자 이름과 패스워드를 훔친 다음 계좌에서 돈을 빼서 옮겼다. 4억 달러까지 훔치기도 했다. 은행은 해커가 클리어링하우스 네트워크에 침입했다는 사실을 인지했지만 그 사례는 놓쳤으며, FBI가 로긴 정보탈취 감시에 적용하는 기술을 사용하지 않았다. 은행들은 그 기술정보가 아주 긴요하여, 자신들의 보안 시스템 취약점을 보충할 수 있었다. 그것은 은행은 몰랐지만 FBI는 알았던 드문 경우에 불과했다.

사이버범죄를 기소하기는 어렵다. 특히 범죄가 사이버범죄 관련 법률이 약하거나 미국과의 범죄인 인도협정이 체결되지 않은 국가를 근거지로 할 경우는 더욱 그렇다. "러시아에서는 해커들에게 우리가 그들을 추적하고 있다고 경고하고 이름을 바꿔서 우리가 찾기 어렵게 하라고 말합니다."[29] 법집행기관에서 사이버범죄를 담당했던 한 고위 간부는 이렇게 말했다. 사이버범죄 활동의 규모나 범위 등이 크게 증가하고 있는 상황에서 은행들이 자체적으로 자신을 보호하는 데 탁월한 역량을 구축한 반면, 법집행은 이를 막는 데 거의 아무런 역할도 하지 못했다.

금융기관 경영진은 그들의 네트워크에 감시장치를 심으려는 알렉산더의 계획에 반대했지만, 그의 거대한 포부를 꺾지는 않았다. 그는 워싱턴으로 돌아와 NSA를 그 밖의 다른 필수 산업들을 방어하는 책임기관으로 만들기 위한 로비를 펼쳤다. 전력분야와 수도시설 등이 주요 대상이었다. "그는 미국 내의 다른 여러 민감한 기관들 주위에 벽을 쌓고…… 그들의 네트워크에 모니터링 장치를 심고자 했습니다." 한 전직 행정부 관료는 이렇게 말했다. 트랑쉐2는 폐기되고 DIB 시범사업은 NSA의 독보적 지위를 흔들었지만 그는 압박을 계속했다. 그리고 행정부의 뒷받침도 있었다. 시범사업은 총체적 실패로 평가절하되었다. 일부 행정부 관료들(국토안보부도 포함해)은 정부에서 지정한 제3의 기관에서도 기밀정보를 기업들에게 공급할 수 있음을 보여준 것이라고 말했다. 쉬운 일은 아니지만 사이버공간의 방어를 위해 합동작전을 펼칠 수 있었다. NSA 데이터에만 포함된 위협이 단지 두 개에 불과했지만 없는 것보다는 좋다고 생각한 것이다.

확대된 DIB 프로그램의 명목상 지휘권은 국토안보부에서 갖고, 미국의 국가 및 경제 안보에 필수적이지만 프로그램 방어에 포함되지 않은 기업들도 이를 활용할 수 있는 것으로 정리되었다. 정부에서는 특별히 보호할 필요가 있는 기업의 종류를 정하고 있었다. 그리고 네트워크 침입 및 멀웨어에 대한 기술적 분석과 위협신호의 대부분은 NSA에서 제공되고, 때에 따라 FBI와의 합동작업도 이루어졌다. FBI는 그 중심을, 그리고 그에 투입되는 예산도 대테러작전에서 사이버보안 쪽으로 옮기고, 이제는 사이버 보안 영역에서 더 큰 역할을 담당했다. 2013년, NSA는 수학자를 1000명 이상 채용했는데, 이는 미국 내 단일 조직에서 근무하는 수로는 최대였다. 박사급이 900명, 컴퓨터과학자가 4000명 이상이었다.[30] 정부 사이버방어의 두뇌와 힘은 계속해서 NSA에서 나오고 앞으로도 계속될 것이다.

약간의 갈등이 있었지만 2009년 오바마가 백악관 연설에서 약속한 것처럼, 최종적으로는 정부가 인터넷을 국가의 전략적 자원으로 다루며 여전히 사이버공간의 보호에 주도권을 쥐고 있었다. 알렉산더는 자신의 조직이 인터넷상에서의 모든 위협에 대처할 수는 없고, 기업으로부터 정보가 제공되어야 한다는 사실을 알았다. 그래서 그는 대중적 압박의 수위를 서서히 올렸다. 연설이나 의회 증언을 통해 그는 해킹이 점점 더 정교해지고 사이버범죄가 증가하고 있지만 기업은 스스로를 방어할 준비가 부족하다고 경

274

고했다. 그는 더 많은 규제가 필요하고, 기업은 자신들의 보안기준을 상향시켜야 한다고 주장했다. 그리고 NSA가 분석할 수 있도록, 영장이나 법원의 명령 없이 고객의 커뮤니케이션 정보를 제공하는 것에 법적인 문제를 제기하지 않아야 한다고도 압박했다. 알렉산더는 사이버범죄와 도청행위를 "역사상 가장 큰 규모로 부를 옮겨가는 것"이라고 표현했다. 그리고 미국 기업이 자신들의 디지털 방어를 강화하지 않으면 미국은 '사이버 진주만' 사태에 직면하게 될 것이라고도 경고했다.

"우리 눈에는 네트워크상에서 활동의 수준이 점점 높아지고 있는 것이 보입니다." 알렉산더는 2013년 캐나다에서 개최된 한 사이버보안 컨퍼런스에서 이렇게 말했다. 금융기관 경영자들과 회동이 있은 지 2년이 지났을 때였다. "이것이 민간영역에서 다룰 수 있는 한계를 넘어 정부가 개입해야만 하는 상황이 될 가능성이 있습니다."

일부 기업은 그 메시지를 받아들였다. 그러나 알렉산더가 생각하는 방식은 아니었다. 그들은 위협이 빠르게 커져 자신의 역량을 넘고 있다는 사실을 알았다. 위협이 자신들의 네트워크 주위에 뿌리를 내리고 매일 데이터를 훔쳐가는 것을 확인했다. 그러나 NSA가 호언장담을 해도 정부가 모두를 보호할 수 없다는 것이 그들의 결론이었다. 기업은 스스로 자신들을 보호해야만 했다.

*

*

*

2009년 12월 중순, 캘리포니아 마운틴뷰 구글 본사의 엔지니어들은 중국 해커가 개인 G메일 계정에 침입한 것으로 의심되는 흔적을 발견했다. 베이징 정부에 대항해서 활동하는 인권운동가 등이 포함된 이메일 계정이었다. 다른 대형 인터넷 기업과 마찬가지로 구글과 그 사용자들은 사이버간첩이나 범죄자들의 타깃이 되는 경우가 많았다. 그러나 엔지니어들이 자세히 분석했을 때 이것은 흔히 있는 해킹 공격과는 달랐다.

구글이 나중에 "중국으로부터 우리 회사의 인프라 구조를 목표로 하여 매우 정교한 공격이 가해졌다.'"고 표현한 것처럼, 그 해커들은 구글 패스워드 시스템에 접근할 수 있었는데, 사용자가 여러 구글 어플리케이션들에 동시에 로그인할 수 있게 해주는 시스템이었다. 이것은 회사의 가장 중요한 지적 재산이었으며, 소스코드 중에서도 핵심으로 간주되는 것이었다.[2] 구글은 침입에 대한 움직일 수 없는 증거를 찾아서 미국 법집행기관 및 정보기관들과 공유하고자 했다. 그래서 침입경로를 역으로 추적하여 그 진원지로 생각되는 곳을 확인했는데 대만에 위치한 한 서버로 드러났다. 구글 시스템에서 뽑아낸 데이터가 그곳으로 발송되고 있었다. 그 서버는 중국 본토 해커의 통제 아래 있는 것이 분명했다.

회사의 대응과정을 잘 아는 한 전직 정보관료는 "구글이 서버를 뚫고 들어갔다."고 말했다.[3] 그와 같은 조치는 법률적 위험이 없지 않았다. 이 경우가 핵백 공격에 해당될까? 집주인이 도둑을 추적하여 그가 사는 곳까지 쫓아가는 것을 금지하는 법률이 없는 것처럼, 구글이 자신을 침입한 범인의 소스를 추적하여 그 시스템에까지 간 것은 어떤 법률도 위반하지 않았다. 구글의 대응팀이 어떻게 서버를 뚫었는지 알지 못하지만, 서버 안으로 들어간 다음에 데이터를 삭제했다면 합법의 한계를 넘었을 것이다. 그러나 구글은 거기서 발견한 것을 파괴하지 않았다. 사실 구글은 예상하지 못했던, 그리고 한 번도 없었던 일을 했다. 정보를 공유한 것이다.

구글은 미국 역사상 가장 광범위하고도 깊숙이 침범한 사이버 간첩 활동의 증거를 발견했다.[4] 중국 해커들이 30개 이상 기업의 컴퓨터 시스템을 뚫고 들어왔음을 보여주는 증거였다. 시만텍, 야후, 어도비, 그리고 방위사업자인 노스롭 그루먼과 장비제조업자인 주니퍼 네트웍스 등도 여기에 포함되었다. 공격의 범위가

278

너무 광범위하여 공격 이유를 하나로 특정하기 어려웠다. 산업스파이 활동인가? 인권활동가에 대한 해킹인가? 중국이 미국 경제의 핵심적 영역에 간첩활동의 발판을 구축하기 위한 활동인가? 더 나쁘게 생각하면 필수 인프라 구조를 조절하는 장비에 멀웨어를 심으려는 것은 아닌가? 구글이 확실하게 알 수 있었던 유일한 것은 공격이 광범위하게 지속적이었으며, 그 배후에 중국이 있다는 사실이었다. 그리고 그와 같이 광범위한 범죄를 저지를 동기와 수단을 가진 곳은 개별적인 해커라기보다는 중국 정부로 보는 것이 타당했다.

구글은 자신이 확인한 사실을 타깃이 된 다른 기업뿐만 아니라 미국 법집행기관 및 정보기관과 공유했다. 지난 4년 동안 기업 경영진은 미국 정부에 소리 없이 압력을 가해왔다. 중국의 사이버 간첩 활동에 관한 정보를 공개하고 중국 정부가 그러한 공격을 중지시키도록 조치를 취하라는 것이었다. 그러나 오바마 대통령이나 힐러리 국무장관이 중국 정부를 직접 겨냥하는 연설을 하려면 공격의 진원지가 중국이라는 움직일 수 없는 증거가 필요했다. 구글이 제공한 정보를 보아서는, 정부의 분석진이 바로 그와 같은 증거로 확신하기엔 부족했다. 구글이 밝혀낸 것을 가지고 공개적으로 행동하기에는 두 경제 초강국 사이의 관계가 너무 약하고 갈등이 발생할 위험이 너무 크다는 것이 미국 관료들이 내린 결정이었다.

구글은 동의할 수 없었다.

제임스 스타인버그(James Steinberg) 국무부 부장관이 비서로부터 긴급 메시지를 전달받았을 때는 워싱턴의 한 칵테일 파티에 참석 중이었다.[5] 구글이 중국의 해킹공격에 대한 공개 성명서를 발표하려 한다는 메시지였다. 미국 외교정책에서 서열 2위의 관료인 스타인버그는 구글의 결정이 갖는 중요성을 즉시 파악했다. 그때까지 미국 기업은 자신들의 네트워크에 대한 중국의 간첩행위나 지적 재산 탈취행위를 공개적으로 비난하지 않고 있었다. 기업으로서는 투자자와 고객의 신뢰를 잃는 것이 두려웠고, 자신들의 약한 방어망을 드러내면 또 다른 해커를 불러들이게 될 수도 있다고 생각했다. 그리고 중국 관료들의 화를 돋우면 가장 크고 빠르게 성장하는 중국이라는 시장에 접근이 금지될 수도 있다는 걱정도 있었다. 중국에 맞서는 것은 어떤 기업에도 쉽지 않은 일이었다. 그러나 인터넷 시대에 가장 영향력이 큰 기업인 구글에게 그것은 역사적인 행동이었다.

다음날인 2010년 1월 12일, 구글의 법률담당 책임자는 회사 블로그에 장문의 성명서를 게시했다. 중국 내 해커들이 구글의 인프라 구조를 공격하고 있다고 비난하며 중국 정부의 인터넷 콘텐츠 검열행위와 인권활동가 탄압에 대해 비판하는 내용이었다. "우리는 이러한 공격에 대한 정보를 많은 사람들과 함께 공유하기로 했습니다. 우리가 찾아낸 인터넷 보안과 인권의 문제 때문만이 아니라, 훨씬 폭넓게 이러한 정보가 언론의 자유에 관한 범세계적 논의의 핵심에 자리할 수 있기 때문입니다." 구글 법률담당 책임자인 데이비드 드루몬드(David Drummond)는 이렇게 말했다.

사실 그동안 미국 국무부 관료들은 중국의 사이버간첩 행위에 대해 압박할 기회가 거의 없었다. 그날 밤 힐러리는 성명을 발표했다. "우리는 구글로부터 이와 같은 주장에 대한 설명을 듣고 심각한 의문과 관심을 갖게 되었다. 중국 정부는 여기에 대해 설명해야 한다." 그리고 또 이렇게 말했다. "현대 사회와 경제는 사이버공간에서 신뢰성 있게 행동할 것을 요구하고 있다."

외교적 과정에서 이것은 아주 중요한 역할을 했다. 구글은 오바마 행정부가 직접 사건을 구성하지 않고도 중국을 간첩행위로 비난할 길을 터주었다. 관료들은 구글이 자체적으로 분석하여 발견한 것을 지적하기만 하면 되었다. "구글은 우리가 '민감성을 가진 방법이나 비밀정보 소스를 통해야만' 얻을 수 있는 정보가 없이도 그 문제를 논의할 수 있게 해주었습니다."[6] 스타인버그는 이렇게 말했다. 행정부에서는 구글의 결정에 대해 거의 간섭하지 않았다. 이는 일부 관료들이 중국의 사이버간첩 행위를 공개적으로 논의하길 꺼려하던 태도와는 대조적이다. 그러나 지금은 누구도 이를 불만스럽게 말하지 않는다. "그들의 결정이었습니다. 나는 반대할 이유가 없었고요." 스타인버그의 말이다.

오바마 행정부는 중국에 대해 비난의 목소리를 높이기 시작했다. 9일 뒤 힐러리가 인터넷프리덤 프로그램에 관해 한 연설이 그 시작이었다. 그는 중국을 향해 인터넷검색에 대한 검열과 국가지도자에 대한 비판이 실린 웹사이트의 접속차단 조치를 중지할 것을 요구했다. 힐러리는 그와 같은 사이버 공간의 차단을 베를린 장벽에 비유했다.

구글도 중국 정부에 특정 단어와 주제에 대한 인터넷 검색 결과를 걸러내는 검열을 중지할 것을 요구했다. 그리고 베이징이 이를 거부한다면 구글은 지분을 회수하여 중국에서 완전히 철수할 것이라고 선언했다. 수십억 달러의 수익을 올릴 수 있는 시장을 포기하겠다는 자세였다. 다른 IT기업이 곤란한 입장에 놓이게되었다. 중국에서 사업을 계속하기 위해 정부의 간섭과 언론자유의 억압을 받아들일 것인가?

구글의 선언이 있은 후 다른 기업들도 자신들이 해킹당했다는 사실을 인정하기가 수월해졌다. 무엇보다도 구글이 당했다면 다른 누구도 당할 수 있는 일이었다. 중국의 간첩행위 대상이 되었다는 것은 자신의 특별함을 나타내는 계기가 될 수도 있었다. 초강대국이 집중적으로 관심을 기울일 만큼 중요하다는 의미였기 때문이다. 구글의 블로그 게시물 하나가 범세계적으로 사이버방어와 관련된 대화를 바꿔놓았다.

구글은 또한 자신들이 중국의 사이버간첩들에 대해 많이 알고 있다는 것도 보여주었다. 그리고 NSA는 얼마나 많은 지식이 있는지 알고자 했다.

구글은 NSA와 FBI 네트워크도 중국 해커들에게 뚫렸음을 경고했다. FBI는 법집행 기관이기 때문에 그와 같은 침입을 범죄행위로 수사할 수 있었다. 그러나 NSA는 구글의 허가가 있어야만 네트워크로 들어가서 유출 조사를 도울 수 있었다. 구글의 법률담당자가 블로그에 게시한 그날 NSA의 법무담당관은 '합동 연구개발 협정'을 준비하기 시작했다.⁷ 이것은 원래 기업과 정부 양측 모두가 관심을 가진 신기술의 상업적 발전을 촉진하기 위해 1980년의 법률에 따라 준비된 것이었다. 협정의 목적은 예를 들어, 장치나 기술 같은 어떤 것을 만들어내는 데 있었다. 참가한 기업에게 재정적 보상은 지불되지 않지만 기업은 연구개발 비용 부담을 정부에 기대어 해결할 수 있었다. 그리고 연구를 위해 정부 인력과 시설 이용도 가능했다. 양측은 협동의 생산물을 공개하기 전까지는 비밀로 유지했다. 최종적으로는 어떤 것이 만들어지든 배타적 특허권은 기업이 갖고, 정부는 협동 과정에 생산된 정보를 이용할 수 있었다.

중국 해커들의 공격 후 NSA와 구글이 함께 만든 것이 무엇인지는 분명하지 않다. 그러나 NSA 대변인은 협정이 서명될 때 몇 가지 힌트를 주었다. "전체적으로 볼 때, NSA는 정보확보 임무의 일환으로 다양한 민간 사업자 및 연구 관계자들과 협조하여 국방부와 국가안보 시스템 고객을 위한 보안의 맞춤형 솔루션들을 개발하여 이용하고자 한다." 여기서 '맞춤형 솔루션'이라는 문구가 흥미를 끈다. 즉 NSA가 정보수집 임무를 수행할 수 있도록 여기에 맞춤형으로 무언가 개발되었다는 의미다. 구글과 NSA 협약에 관여했던 한 관료의 말에 따르면, 회사는 네트워크 트래픽에 대한 정보를 제공해주는 대신 NSA가 알고 있는 외국 해커들에 대한 정보를 받기로 동의했다. 이것은 정보 대 정보의 물물교환이었다. 그리고 NSA의 관점에서는 보호해주는 대가로 받는 정보였다.

그 협력협정과 '맞춤형 솔루션'이라는 문구로 추측할 때, 구글과 NSA가 함께 회사의 네트워크에 대한 침입을 모니터링하는 장비나 기술을 개발했을 것으로 생각할 수도 있다. NSA로서는 소위 적극적인 방어 시스템에 필요한 귀중한 정보를 얻을 수 있을 것이다. 임박한 공격의 증후나 멀웨어를 찾아내는 자동화된 감지기와 알고리즘을 결합한 시스템이다. 예를 들어, 터모일(Turmoil)이라는 시스템은 위협이 될 수 있는 트래픽을 감지한다. 그다음 또 다른 자동화 시스템인 터빈(Turbine)이 그 트래픽을 통과시킬 것인지 아니면 차단할 것인지 결정한다. 터빈은 여러 가지 공격용 소프트웨어 프로그램과 해킹기술들 중에서 운영자가 악성 트래픽의 진원지를 무력화시키는 데 사용될 도구를 선택할 수 있다. 진원지의 인터넷 연결을 재설정하거나 NSA의 통제 아래 있는 서버 쪽으로 트래픽 방향을 바꿔줄 것이다. 진원지에 바이러스나 스파이웨어를 심어두고 NSA가 계속해서 모니터링하는 방법도 있다.

NSA가 터빈과 터모일을 작동시키려면 정보, 특히 네트워크 위로 흘러가는 데이터에 관한 정보가 필요하다. 구글은 전 세계에 수백만 명의 고객이 있어 인터넷 사용자들과 관련된 효과적인 정보원이 될 수 있었다. 그들의 이메일 주소를 보유하고 있으며 그들이 로그인할 때 그 물리적 위치를 알 수 있다. 웹에서 무엇을 검색하는지도 안다. 정부는 정보를 넘겨달라고 회사에 명령할 수 있었으며,[8] 그것은 구글이 NSA와의 협력협정을 체결하기 전까지 수년 동안 참가해 왔던 NSA의 프리즘 프로그램의 한 부분이었

보이지 않는 전쟁 @ WAR

다. 그러나 그 도구는 테러나 간첩행위가 의심되는 사람들을 수사할 때 이용되는 것이다. NSA의 사이버방어 활동은 위협을 찾기 위해 네트워크를 폭넓게 감시하며, 위협의 실체를 알기 전부터 감시하는 경우가 많다. 구글은 서비스 계약에서 고객들에게 그들의 '사적인 정보'를 정부기관 같은 회사 외부의 조직과 공유할 수 있다고 밝혔다. "범죄나 보안 혹은 기술적 문제들을 발견하고 예방하며 대응하기 위해" 그리고 "구글의 권리와 재산 및 안전에 대한 침입으로부터 보호하기 위한" 목적이다. NSA와 구글의 협약에 대해 잘 아는 사람들은 구글이 정부에게 고객들의 이메일을 열람할 수 있도록 허용하지 않았다고 한다. 정부는 프리즘 프로그램을 적용하여 그렇게 할 수 있다. 그 대신 구글은 NSA가 자사의 하드웨어와 소프트웨어를 평가하여 해커에게 공격당할 수 있는 취약점을 찾아내게 했다. NSA가 제로데이 취약성을 가장 많이 구매하는 조직임을 감안할 때, 구글은 그 정보를 통해 다른 기업들보다 훨씬 더 강력한 보안을 확보할 수 있을 것이었다. 그 협정으로 NSA는 기존에 이미 발생한 사이버 침입에 대해서도 분석할 권한을 얻어 그러한 침입을 공격의 진원지까지 추적할 수 있게 되었다.

구글은 NSA와 연합하는 위험을 감수했다. 은밀한 감시와 사이버전쟁이 임무인 기관과의 연합으로 회사의 사훈인 '사악해지지 말자'가 어색해졌다. 그러나 구글은 협력의 대가로 유용한 정보를 얻을 수 있었다. 중국의 해킹이 폭로된 직후, 정부는 구글의 공동설립자인 세르게이 브린(Sergey Brin)에게 비밀취급인가를 임시 발급하여 그의 회사에 대한 사이버공격 관련 기밀 브리핑에 참석할 수 있게 했다.[9] 성부 분석진은 중국 인민해빙군 산하 조직이 그 사이버공격을 지휘한 것으로 결론 내렸다. 그 공격의 진원지에 대해 구글이 얻을 수 있는 가장 구체적인 정보였다. 그 정보를 토대로 구글은 자체 시스템을 강화하고 특정 인터넷 주소로부터 오는 트래픽을 차단할 수 있었다. 또한 이 문제는 중국에서 사업을 해야 할지를 판단하는 근거가 되었다. 구글 경영진이 NSA의 '비밀의 소스'에 콧방귀를 꼈을 수도 있다. 하지만 그 회사는 자신이 공격받았다는 사실을 확인하고는 포트미드에 도움을 청하는 방향으로 선회했다.

구글은 블로그 게시글에서 20개 이상의 기업이 중국 해커들의 공격을 받았다고 했다. 추적하여 찾아낸 해커 컴퓨터 속 파일명을 따서 오로라(Aurora)로 이름붙인 공격이었다. 한 컴퓨터보안연구회사는 공격의 타깃이 된 기업의 수를 30개 내외로 추정했다.[10] 실제로 중국의 해킹 범위는 그보다 훨씬 광범위했다.

　정부 안팎의 보안전문가들은 미국 경제의 거의 모든 영역에 걸쳐 다른 수천 개의 다른 기업을 타깃으로 하는 공격을 지능형 지속공격(APT)으로 불렀으며, 공격 배후에 있는 해커들의 공격에는 오로라와 같은 이름을 붙여서 감시했다. 불길하면서도 완곡하게 붙여진 이름이었다. 지금 정부관료가 APT를 언급할 때에는 중국, 특히 구체적으로 중국 군대와 정보기관의 지휘로 움직이는 해커를 의미한다.

보이지 않는 전쟁 @ WAR

'지능형'이라는 표현이 붙은 것은 해커의 기술이 NSA 못지않게 효과적이기 때문이다. 중국 사이버간첩들은 감염시킨 컴퓨터의 자체 채팅 및 인스턴트메신저 어플리케이션을 이용해서 명령-통제 서버와 커뮤니케이션하는 기술이 있다. 멀웨어 한 가닥을 심고 이를 원격으로 조작하여 맞춤형으로 새로운 정보탈취 기능을 추가시킨다. 이와 같은 간첩활동을 지원하는 정부조직 역시 지능형이다. 정치적 목적으로 기업을 해킹하는 어노니머스와 같은 활동가나 사이버폭력배들의 느슨한 집단보다 훨씬 더 치밀하고, 은행계좌와 신용카드 정보를 훔치는 데 주력하는 러시아 범죄집단보다도 더 정교하다. 미국 관료들은 중국이 장기전을 벌이고 있다고 말한다. 그 지도부는 자신들의 세대 안에 경제와 산업의 세계 정상에 올라서기를 원하며, 그 과정에 필요한 지식을 훔칠 준비가 되어 있다.

 '지속적인'이라는 문구가 등장하는 이유가 여기에 있다. 그처럼 많은 정보를 그처럼 많은 곳으로부터 모으려면 엄청난 노력과 의지가 필요하며, 비싼 값으로 구매하는 제로데이 공격도구를 포함해 여러 가지 다양한 해킹기술들을 사용하기 위해서는 전폭적인 재정지원도 있어야 한다. 일단 해커가 조직의 네트워크 내에 발판을 구축하고 나면 강제로 쫓아내기 전에는 나가지 않는다. 그럴 때도 빠르게 다시 침입한다. 해커들의 '위협'은 미국 경제에 재정적 손실을 초래하고 전략적 지위를 흔들 수 있다. 그뿐만 아니라 중국 군부는 미국의 필수 인프라 구조 통제 시스템에 침입지점을 만들어 숨겨놓을 것이다. 미국 관료들은 중국 군부가 미국의 인프라 구조 통제 네트워크를 파악하려는 것은 양국이 전쟁 상태로 돌입할 가능성에 내비하기 위해서라고 생각한다. 전쟁이 벌어지면 미사일을 발사하거나 폭격기를 보내지 않고도 전력망이나 가스 파이프라인과 같은 타깃들을 공격할 수 있다.

오퍼레이션 오로라는 APT의 공격 범위가 얼마나 광범위한지 처음으로 보여준 사건이었다. 그리고 이때 처음으로 중국 해커에게 이름이 붙여졌다. "이 공격은 지금까지의 그 어떤 해킹보다 더 광범위하게 진행되었습니다."[11] 워싱턴 외곽에 위치한 컴퓨터 보안회사 맨디언트 CEO 캐빈 맨디아(Kevin Mandia)는 오퍼레이션 오로라 당시 이렇게 말했다. APT는 국가 차원의 전략적인 해킹이었다. "50개 기업만 피해를 입은 것이 아닙니다. 수천 개의 기업이 공격당했죠. 바로 지금 행해지는 공격입니다." 공군에서 사이버범죄를 다루는 컴퓨터보안 장교로부터 시작해 노련한 사이버 수사관이 된 맨디아의 말이다. 맨디언트는 기업이 자신들의 네트워크에 해커가 침입한 것을 발견하면 가장 먼저 도움을 요청할 정도로 명망을 쌓아가고 있었다. 구글이 뚫린 직후, 맨디언트는 이를 공개적으로 발표하기 며칠 전 국방부 관료들과 은밀한 미팅을 갖고 자신들의 수사 결과를 상세히 공개했다.

APT는 하나의 조직이 아니라 여러 해커그룹들의 집합이었다. 인민해방군에 소속된 팀뿐만 아니라 소위 애국 해커들, 재미삼아 자신의 기술을 조국을 위해 사용한다는 젊은이들까지 포함되었다. 중국 대학에서 컴퓨터과학을 전공하는 학생 중에도 졸업 후 군대에서 해커로 활약하는 경우가 많다. APT 해커들은 은밀함과 끈기를 가장 중시했다. 그들은 제로데이를 이용하여 비밀출입구를 확보했다. 시간을 투자해 타깃 조직의 직원 명단을 파악한 다음, 정교하게 구성한 스피어 피싱 메일을 발송한다. 물론 스파이웨어를 품고 있다. 이것은 조직을 뚫고 들어가서 발견되기 전까지 몇 달 혹은 몇 년 동안 숨어 있다. 그동안 계획서와 설계도를 훔치고 이메일과 그 첨부파일을 읽으며, 직원들의 전출입 상황도 파악한다. 그들은 다음 해킹 타깃이 될 것이다. 중국 해커들은 미국 해커들과 마찬가지로 행동한다고 말할 수 있다.

적이 누구인지 모르는 정보기관은 살아남을 수 없다. NSA의 감지장치 네트워크가 광범위할수록 타깃 자체들로부터 해킹공격과 관련하여 정확한 정보를 더 쉽게 얻을 수 있을 때가 많다. NSA가 구글과 손을 잡은 이유도 여기에 있다. 사설탐정이라고도 볼 수 있는 맨디언트가 확보한 APT 정보에 정부관료들이 귀 기울인 이유이기도 하다. 세계 최고의 정보기관에게도 사이버공간의 방어는 혼자 감당하기에 너무 벅찬 임무였다.

NSA의 비밀 서클 속으로 초대된 수백 명의 CEO들 중에는 구글의 세르게이 브린도 있었다. NSA는 2008년부터 기업 경영진들에게 일시적인 비밀 접근권한을 부여하기 시작했다. 위협 관련 비밀 브리핑에 참석할 수 있게 하루만 효력이 인정되는 경우가 많았다. "하루 동안 미국의 산업계가 당면한 위협에 대해 알찬 정보를 들을 수 있었다."[12] 1년에 세 차례 정도 개최되는 브리핑에 여러 번 참석했던 한 텔레콤 회사 경영자의 말이다. CEO들은 브리핑에서 알게 된 사항을 일체 누설하지 않겠다는 서약서를 작성했다. "그들은 우리에게 이 서약을 위반할 경우에는 체포되어 재판받고 남은 인생을 감옥에서 보내야 할 것이라고 겁을 줬습니다."

그들은 왜 그런 협박에도 동의했을까? "하루 동안 그들은 특별한 인물이 되어 아무나 볼 수 없는 것을 보게 됩니다." 그 텔레콤 회사 사장은 비밀 프로젝트에 정기적으로 관여하여 1급 비밀에 접근권한을 갖게 된 것을 고맙게 생각한다며 이렇게 말했다. 그는 NSA의 가장 민감하고 비밀스런 활동 중 일부에 접근할 수 있었는데, 여기에는 9·11 공격 이후 시작된 영장 없는 감시 프로그램도 포함되었다. 그는 또 밀실 미팅을 통해 "알렉산더가 많은 CEO들과 개인적 교류를 갖게 되었다."고 말하며 이렇게 덧붙였다. "어느 한 미팅에서 저는 알렉산더에게 이렇게 말했지요. '장군이 여기 이 사람들에게 말하는 정보가 새어나갈 경우 이 나라가 위험에 빠지게 되는 것 아닙니까?' 그러자 그는 이렇게 말했습니다. '저도 압니다. 하지만 우리가 감수해야 할 위험입니다. 그리고 이분들도 정보가 새어나갈 경우 어떤 결과가 발생할지 알고 있습니다.'"

NSA는 기업경영진을 조심시키기 위해 굳이 겁을 줄 필요가 없었다. 도둑맞은 데이터와 악의적 침입들에 대해 NSA가 설명하자 그들은 겁을 먹을 수밖에 없었다. "우리는 그들의 혼쭐을 빼놓았습니다."[13] 2012년 정부의 한 관료가 라디오방송에서 이렇게 말했다. 한 방위사업자는 2007년 여름에 있었던 브리핑을 마친 후 펜타곤을 나서면서 '머리가 하얗게 센' 느낌이 들었다고 한다. 자신들을 방어해야 한다는 걱정에 사로잡힌 일부 CEO는 맨디언트 같은 민간 보안회사와 접촉했다. "제가 아는 (NSA의 위협 관련 비밀 브리핑에 참석했던) 한 CEO는 세상이 바뀐 것 같다고 표현했습니다." 맨디언트의 보안책임자인 리처드 베틀리시(Richard Bejtlich)는 이렇게 말했다. "알렉산더 장군은 그를 자리에 앉게 한 다음 무슨 일이 일어나고 있는지 말해주었습니다. 이 CEO는 자기 회사에 위협이 가해지고 있는데 정작 자신은 모르고 있었다는 것을 깨닫고는 머릿속이 온통 이 문제에 대한 생각으로 가득 찼을 것입니다."

NSA와 민간 보안기업은 공생관계가 되었다. 정부가 CEO들에게 위협에 대한 정보로 겁을 주자, 그들은 맨디언트와 같은 전문가들에게 도움을 청했다. 그 기업들은 2010년 구글의 정보누출 이후 맨디언트가 했던 것처럼 다시 자체적 조사를 통해 알게 된 정보를 정부와 공유했다. NSA의 이와 같은 기밀 위협 브리핑은 또한 기업들이 스스로의 방어력을 강화하는 계기도 되었다. 2010년에 있었던 브리핑 때는 NSA가 PC 펌웨어(컴퓨터의 하드웨어 작동을 제어하는 온보드 메모리와 코드)에서 결함을 발견했다고 말했다. 해커가 이를 발견하여 공격하면 컴퓨터는 아무 소용없는 '쇳덩이'가 되어버릴 수 있었다. 그 브리핑에 참석했던 컴퓨터제조사 CEO들은 설계사의 결함을 이미 알고 있었지만 그제서야 보완을 지시했다.

민간기업 경영진과의 비밀 미팅은 NSA가 기업들과 연합하는 한 가지 방법에 불과했다. 몇 가지 기밀 프로그램에서는 기업이 NSA와 함께 컴퓨터를 설계했다.[14] 이를 통해 NSA는 결함을 감시하고, 또 어떤 경우에는 컴퓨터 속으로 접근할 수 있도록 백도어와 같은 장치를 심을 수도 있었다. 컴퓨터, 서버, 그리고 라우터 등의 제조업자가 NSA에게 하드웨어 설계를 보여주었다. 마이크로소프트 등의 소프트웨어 생산기업, 인터넷 및 이메일서비스 제공자, 텔레콤 회사, 인공위성 제조사, 안티바이러스 및 인터넷 보안기업, 그리고 암호화 알고리즘 제조사들도 여기에 포함되었다.

NSA는 그와 같은 제품들에서 취약성을 발견하는 데 도움을 주었다. 그러나 기업이 그러한 취약성을 고치지 않게 하고 그 대가로 보상을 제공했다. 외국 정부가 자신의 정보기관이나 군부, 그리고 필수 인프라 구조에 그 제품을 설치하면 NSA는 그와 같은 취약지점을 통해 해킹해 들어가거나 사이버공격을 가할 수 있었다. 예를 들어, 마이크로소프트는 자신의 제품에 내재된 제로데이 취약성 정보를 사용자들에게 경고하거나 소프트웨어 패치를 발표하기 전에 먼저 NSA와 공유했다.[15] NSA 요원들에게 방어기술을 가르친 한 보안전문가는 세계 최대의 네트워크 장비 생산기업인 시스코도 자신의 라우터 제품에 백도어를 만들어두고 미국 정보기관이 모니터링하는 데 이용할 수 있게 했다.[16] 인터넷 보안기업인 맥아피는 NSA와 CIA, FBI에 네트워크 트래픽 흐름과 멀웨어 분석, 그리고 해킹 경향에 대한 정보를 제공해주었다.[17]

자신의 제품이 가진 결함을 정보기관에게만 알려준 기업은 이와 관련해 침묵해주는 대가를 받았다. 이처럼 정부가 감시를 위한 틈을 만드는 것이 법률로 뒷받침되는 부분도 있다. 특히 텔레콤 회사는 자신들이 생산하는 장비에 그와 같은 장치를 설정함으로써 법집행기관이 법원의 명령을 받았을 때 도청과 같은 활동을 수행할 수 있게 해야 한다. 그러나 NSA가 해외 정보를 수집할 때는 같은 법률의 적용을 받지 않는다. 사실 하드웨어 및 소프트웨어에 포함된 백도어와 비밀 결함을 이용하는 감시활동은 대부분의 국가에서 불법으로 간주될 수 있다.

물론 해커들도 그와 같이 패치되지 않은 결함이나 백도어를 이용할 수 있다. 2010년 IBM의 한 연구자는 시스코 운영체제의 결함을 공개적으로 발표했다. 법집행기관만 이용할 수 있게 만들어진 백도어를 해커가 공격할 수 있다는 것이었다.[18] 침입자는 시스코 장비를 가로채서 이를 통과하는 이메일 등의 모든 커뮤니케이션을 도청할 수 있었다. 제품에 공격받을 약점을 남겨두는 것은, 특히 마이크로소프트 제품과 같이 널리 사용되는 소프트웨어 프로그램이라면, 수백만의 고객과 그들의 개인 정보를 위험에 노출시키는 결과를 가져온다. 더 나아가 전력시설이나 공공이용물 및 운송시스템 등의 보안에 큰 문제를 초래할 수도 있다.

미국 법률에서는 정부가 기업의 상품이나 서비스 혹은 시설을 정보수집 목적으로 사용하려면 해당 기업의 CEO에게 통보하도록 되어 있다. 이와 같은 정보공유 시스템은 CEO 자신들만 알고 있거나 몇몇 법률가들만 이에 대해 검토한다. 그와 같은 협조로 얻는 이익은 상당하다. 시스코 CEO인 존 챔버스(John Chambers)는 조지 부시가 대통령으로 재임할 때 그의 친구가 될 수 있었다. 2006년 4월 1일, 챔버스는 백악관에서 대통령과 후진타오(胡錦濤) 중국 국가주석과 함께 점심을 먹었으며, 다음날에는 부시가 대통령 전용기에 챔버스를 태워 산호세로 갔다. 대통령은 산호세의 시스코 본사에서 개최된 미국 비즈니스 경쟁력에 관한 패널토의에 참석했으며, 캘리포니아 주지사 아놀드 슈워제네거(Arnold Schwarzenegger)도 그 논의에 함께 했다. 정치권력과 가까워지는 자체가 그들에게는 보상이다. 기업이 자신들에게 가해지는 사이버 위협에 대해 정부로부터 빠르게 경고를 받을 수 있는 것도 기업이 얻는 이익일 것이다.

국토안보부도 '분야 간 협동 실무진' 프로그램을 통해 기업들과 미팅을 갖는다.[19] 이 프로그램은 정부가 정보를 공유하는 기업계의 대표자들이 서로 만나고 정부관료로부터 정보를 들을 수 있는 기회가 된다. 이러한 미팅의 참가자들은 비밀 접근 허가를 얻기 위해 신원조사나 인터뷰를 거치는 경우가 많다. 국토안보부가 이러한 미팅의 스케줄과 주제를 공개하는 경우도 있지만 참가 기업의 명단을 공개하거나 논의된 내용을 상세히 밝히지는 않는다. 이와 관련된 공개 기록이 있는 2010년 1월에서 2013년 10월 사이, 정부가 분야 간 협동 실무진에 속한 기업들과 가진 미팅만 해도 168차례였다. 에너지, 텔레콤, 그리고 운송과 같은 구체적 산업별로는 수백 차례의 별도 미팅을 가졌다.

이러한 미팅은 다음과 같은 내용들로 구성되었다. 주로 NSA나 FBI, 국토안보부에서 나온 정부관료의 '위협 브리핑', 은행 웹사이트 보안강화나 공익기업들의 정보공유 개선, 멀웨어 대처와 같은 구체적 프로그램들의 업데이트, 그리고 정부와 산업계에서 개발한 보안 '툴'에 대한 논의 등이다. 2012년 4월에 열린 미팅에서는 '적극적인 사이버방어를 위한 정보공유 강화의 사례'로 사이버 위협으로 인해 피해가 발생하기 전에 NSA가 중심이 되어 이를 무력화시키는 과정을 다루었다. 이 사례에서는 정부기관보다는 기업들 사이의 정보 공유가 중심이었다.

대부분의 미팅에서는 전력장비나 원자로, 은행 등의 필수 시설을 인터넷으로 조절하는 산업 통제 시스템의 보호 문제를 다루었다. 미국 사이버공간의 취약 부분으로 정보기관에서 가장 신경을 쓰고 있는 곳들이다. 조지 부시가 2007년에, 그리고 그로부터 2년 후 오바마 대통령이 공개적으로 언급할 정도로 중요한 문제였다. 이러한 미팅들에서 논의된 비밀 주제들을 보면 기업과 정부가 미국의 사이버방어를 위해 무엇을 하고 있는지 짐작할 수 있다.

2013년 10월 23일, 합동보안 운영실무진에서는 '커넥터 타이어 1과 USG 운영센터'로 알려진 프로그램의 업데이트 문제를 논의했다. '타이어1'은 보통 대형 인터넷서비스 공급자나 네트워크 운영자를 지칭하는 것으로, AT&T, 버라이즌, 그리고 센추리링크처럼 유명한 기업들도 여기에 포함된다. 'USG'는 미국 정부를 뜻한다. 그 프로그램은 DIB 시범 프로그램의 일환으로 NSA 시설과 그러한 기업 사이의 물리적 연결을 의미한다. 2013년 2월 대통령 행정명령에 의거하여 이와 같이 확장되었는데, 전국에 걸쳐 필수 인프라 구조의 보안을 강화할 목적이었다. 정부는 (주로 NSA를 통해) 인터넷서비스 공급자인 AT&T와 센추리링크에 위협관련 정보를 제공한다. 그리고 이들은 국가 및 경제 보안에 필수적인 기업들을 대상으로 다시 소위 '강화된 사이버보안 서비스'를 판매할 수 있다. 그 프로그램은 국토안보부가 운영하지만 NSA에서 정보 및 기술적 지원을 제공한다.

정부는 이와 같은 정보교환을 통해 사이버보안 산업을 출현시켰다. AT&T와 센추리링크는 민간 경계병 역할을 하면서 특정 기업과 산업에 사이버보호를 판매한다. AT&T는 아주 오래전부터 정부의 감시 시스템에 참가해 왔다. 9 · 11테러 이후 고객들의 전화기록을 자발적으로 NSA에 넘겨 준 첫번째 기업이었다. NSA는 이러한 데이터를 분석하여 테러리스트와의 연결 가능성을 찾으며, 이것은 지금까지 계속되고 있는 프로그램이다. 미국 내에서 이루어지는 전화통화의 대부분은 어떤 전화회사를 이용해 걸더라도 어느 지점에서는 AT&T 설비를 통과한다. 그래서 이 회사의 인프라 구조는 NSA나 미국 법집행기관들이 가장 자주 전자정보를 뽑아내는 중요한 정보창고다.

루이지애나 몬로에 본사가 있는 센추리링크는 정보계통에서 이름이 크게 알려지지 않았다. 그러나 2011년 NSA에 잘 알려진 텔레콤회사인 퀘스트 커뮤니케이션스를 인수했다. 9 · 11테러 전에 NSA 요원들은 퀘스트의 경영진에게 접근하여, 사이버공격에 대비하기 위해 고속 광섬유망에 접근할 수 있게 해달라고 요청했다. 그러나 회사는 장비에 접근을 허용하는 법원 명령이 없다는 이유로 그 요청을 거부했다. 테러공격이 있은 후, NSA 요원은 다시 퀘스트에 전화를 걸어 AT&T처럼 법원의 명령 없이 고객들의 통화기록을 넘겨달라고 요청했지만, 회사는 또 한 번 거절했다.[20]

그리고 10년이 지나 회사가 매각되었는데, 지금은 퀘스트의 네트워크가 NSA의 확장 보안장치에서 중요한 일부를 이루고 있다.

정부로부터 제공받은 사이버정보를 판매하는 기업의 잠재적 고객은 미국 경제 자체처럼 다양하다. 기업이 그 정보를 얻기 위해서는 정부가 규정한 필수 인프라 구조의 조건을 충족해야 한다.[21] "미국에 매우 중요하여 무력화되거나 파괴될 경우 국가안보와 국가경제의 안전, 공중보건과 공공안전 등에 엄청난 피해를 가져올 수 있는 물리적 혹은 가상적 자산, 시스템, 네트워크." 이것은 협소한 정의로 보일 수도 있지만 필수 인프라 구조의 범주는 아주 다양하고 넓어서 수천 가지 비즈니스가 포함될 수 있다. 공식적으로는 다음과 같은 17가지 영역이 있다. 화학, 상업시설(쇼핑센터, 스포츠시설, 카지노, 테마파크 등), 필수제조업, 댐, 방위산업기지, 응급처치와 탐색 및 구조 같은 긴급서비스, 금융서비스, 식품 및 농업, 정부시설, 보건의료 및 공중보건, 정보기술, 원자로와 핵물질 및 핵폐기물, 다양한 산업의 연합체계, 운송시스템, 그리고 상수도 및 하수 시스템.

이와 같은 목록에서는 모든 기업이 '미국에 매우 중요하여' 손상되거나 소실되면 국가안보와 공공안전에 피해가 발생할 수 있는 것으로 생각될 수 있었다. 그러나 9·11테러 이후, 정부는 그와 같이 어떤 기업이라도 필수 인프라 구조라고 주장할 수 있는 광범위한 보호망 정의를 포기했다. 정부는 어떤 기업이 사이버 위협 관련 정보를 제공받는지 공개하지 않는다. 그리고 그 프로그램은 현재 자발적인 참여다. 그러나 의원이나 일부 정보관료들

(케이스 알렉산더와 NSA의 일부 고위직을 포함하여)은 필수 인프라 구조 소유자와 운영자의 사이버보인 기준을 규제하도록 의회에 압박을 가했다. 그렇게 되었다면 정부는 가스회사에서부터 카지노에 이르기까지 정부의 지원을 받아 고객들에 관한 정보를 정보기관과 공유하고, 정부가 정한 규정에 따라 자체적인 사이버방어 체계를 구축하도록 요구할 수 있었을 것이다

펜타곤의 사이버보안 자문 책임관인 존 데이비스 소장은 2013년에 행한 연설에서 국토안보부와 국방부는 협력하여 DIB 프로그램을 좀 더 많은 영역으로 확대할 계획을 세우고 있다고 발표했다.[22] 그는 에너지와 운송, 석유 및 천연가스, 그리고 "우리가 직접 통제하지 않지만 국방부의 임무와 국가 경제 및 국가안보에 필수적인 것"에서 시작할 것이라고 말했다. 데이비스는 외국 해커들이 자행하는 시스템 정보 탈취 및 사이버공격의 가능성을 '임박한 위협'이라고 표현했다. 정부 단독으로는 그와 같이 포괄적인 사이버안전 프로그램을 관리할 수 없을 것이다. AT&T와 센추리링크의 도움을 받는 이유가 여기에 있다. 정부가 사이버전쟁의 전선을 확대시킴으로써 더 많은 기업이 이러한 새로운 과제로 몰려들 것이다. 사이버보안 서비스 시장은 무한한 잠재력을 가지고 있다.

12. 사이버전쟁에 눈을 뜨다

*
*
*

미국은 아직 필수 인프라 구조에 치명상을 주는 대규모 사이버공격을 당한 적이 없다. 그러나 2012년 초 일부 관료들은 미국이 오래전부터 걱정해 왔던 사태가 곧 발생할 것만 같은 걱정에 사로잡혔다. 그해 3월, 최소한 20개의 천연가스 공급 파이프라인 기업의 직원에게 미심쩍은 이메일이 발송되었다는 경고가 국토안보부에 보고되었다.[1] 그 메일은 직원이 알고 있거나 직업상 알 수도 있는 누군가의 이름으로 왔다. 전형적인 스피어 피싱이었다. 일부 직원이(아직도 그 정확한 수는 모른다) 메일을 열어 스파이웨어가 파이프라인 운영회사 네트워크 속으로 침입해 들어갔다. 해커는 파이프라인 자체의 통제 시스템에 접근하지 않았지만 공격을 가할 수 있는 거리 안에 있었다. 파이프라인 운영자가 에어갭을 설치하여 공공 일반 인터넷에서 시설의 통제 시스템을 분리시켜둔 상태라면 안전할 수 있었다. 물론 조심성 없는 내부 직원이 USB를 통해 에어갭 너머로 멀웨어를 옮길 수도 있었다.

FBI와 국토안보부, 그리고 NSA의 고위관료들은 신경을 곤두세웠다. 침입자가 파이프라인을 조절할 수 있는 사람이라면 천연가스가 새어나가게 하거나 통제기에 이상을 일으켜 공급을 완전히 차단하거나 폭발까지 일으킬 수 있었다. 미국에 깔린 천연가스 파이프라인 길이는 32킬로미터에 달하고 에너지 공급의 거의 3분의 1을 천연가스가 담당하고 있었다. 지금까지 파이프라인을 파괴하는 사이버공격이 확인된 적은 없었다. 그러나 과거 냉전이 한창일 때, CIA가 시베리아 가스 파이프라인 조절용 장비에 악성 소프트웨어를 심어 1982년 폭발을 일으켰다고 전해진다.[2] 이론적으로 파이프라인 내부 압력을 원격 조절하는 것은 가능했으며, NSA가 이란 핵시설에 사용했던 사이버공격도 이와 비슷한 형태였다.

천연가스 회사들로부터 사이버 침입 보고가 올라오자 정부는 긴급 대응팀을 파견하여 컴퓨터 하드드라이브와 네트워크 로그로부터 정보를 수집했다. 이메일 발신처를 추적한 결과, 2011년 12월에 시작된 공격으로 확인되었다. 그 사건에 관여했던 법집행 기관의 한 관료는 이처럼 기업 네트워크에 대한 해킹 시도는 "끝없이 계속되었다."고 말한다.[3] 그러나 분석팀은 여전히 공격의 실제 의도를 알 수 없었다. 침입자가 파이프라인 회사의 시설 증축 계획 같은 경쟁 정보를 입수하려 했을까? 에너지 배송에 문제를 일으킬 목적이었을까? 아니면 멀웨어를 심어서 나중에 어느 시점이 오면 파이프라인을 파괴하는 방아쇠를 당길 것인가?

정부 수사팀은 이를 밝혀내기 위해 공개적으로 경고를 발표하지 않고 침입자를 관찰하며 그들이 어떤 정보를 찾고 있는지 알아내기로 결정했다. 어느 순간이 되면 침입자가 회사 네트워크에 적극적인 공격을 시작하여 중요한 정보를 훔치거나 지우려 할 수 있다. 그리고 아직도 가능성은 적지만 파이프라인 자체를 공격할 수도 있다. 그 경우 거의 재앙 수준의 경제적 피해가 발생하고 가스폭발로 인명피해도 있을 것이다. 정보 당국은 각각의 기업을 만나 지금까지 알고 있는 정보에 대해 기밀 브리핑을 제공하고 기업 보안인력들과 함께 '억제전략'을 공유했다.[4] 스피어 피싱이 발송되는 이메일 주소와 특정 IP 주소들도 여기에 포함되었다. 파이프라인 운영자들에게 이곳으로부터의 접근을 차단하도록 하기 위해서였다. 그러나 정부는 해커의 네트워크를 완전히 없애거나 기업들에게 그렇게 하도록 지시하지 않았다. 3월 29일 긴급 대응팀은 국토안보부에서 NSA와 협조하여 모든 파이프라인 회사에 경고하는 글을 정부의 기밀 웹사이트에 게시했다. 해커가 파이프라인의 운영에 위협이 되지 않는 한 해커들이 계속 움직이도록 내버려두라는 지시였다. 워싱턴에서는 정부관료들이 석유 및 가스 기업 협의체에 이 작전의 비밀 유지를 강조했다.

파이프라인 침입에 대한 대응은 에너지 영역의 사이버방어와 관련하여 정부의 영향력이 새롭게 높아진 계기가 되었다. 천연가스 회사와 워싱턴의 회사 로비스트들은 정부가 주도하는 대응에 협조하며 지시에 순응했다. 정부는 침입에 대한 대응의 전과정에서 성공적으로 언론을 통제하고, 에너지 기업에서 관련 정보가 퍼져나가지 못하게 차단했다. 미국의 필수 인프라 구조를 대상으로 중대한 공격이 수주 동안 계속되었지만 거의 누구도 그 사실을 알지 못했다. 정부의 감시작전이 시작된 후 거의 2개월이 지난 5월에야 그 침입에 대한 첫번째 뉴스 보도가 나왔다.

정부는 다른 에너지 분야도 밀어붙였다. 그해 여름, 국토안보부와 에너지부는 전력회사 CEO들에게 임시 보안허가를 발급하고 사이버 위협 관련 비밀 브리핑을 열어 그들의 분야에 가해지는 위협에 대해 더 많은 정보를 제공했다.[5] 다른 분야, 특히 금융권이 사이버 침입과 해킹 관련 상세사항을 공유하는 기밀 시스템을 구축해두고 정보를 항시 공유하고 있는 것과는 달리, 에너지 기업은 자신들의 네트워크에 가해지는 위험을 심각하게 인식하지 못하고 있었다. 사이버보안 허점이 공개되면 경쟁자에게 자신들의 약점을 드러내고 미래 전략을 누출하는 결과가 될 가능성을 우려하고 있었다.

그러나 정부관료들은 그렇게 느긋할 수 없었다. 의회에서는 공익기업의 사이버보안표준을 규제할 새 법안을 주장하는 의원들이 천연가스 파이프라인에 대한 해킹 증거를 지목하며 목소리를 높이고 있었다. 이들의 노력은 그해 가을 실패로 끝나지만 오바마가 행정명령을 통해 최대한 많은 사이버방어를 실행할 수 있는 길을 열어주었다. 기업에게는 보안표준을 채택하여 실천하도록 권고했다. 미국 국립표준기술연구소가 다양한 산업의 전문가들과 정보기관의 자문을 받아 개발한 표준이었다. 기업은 정부의 이와 같은 권고를 받아들이지 않아도 되었다. 그러나 예방 가능한 사이버공격으로 그들의 인프라 구조에 피해가 발생하면 도덕적인 혹은 법률적 책임까지 지고, 표준이 아닌 자체적 방어를 채택한 이유를 설명해야만 했다.

2012년 파이프라인 회사 사이버 침입에 자극받은 정부는 공익기업 인력 약 700명에게 비밀 브리핑을 제공했다. 국토안보부, FBI, 에너지부, 그리고 교통안전청은 소위 '액션 캠페인'이라 부르는 프로그램을 시작했다.[6] 국토안보부 보고서에 의하면 "위협 관련 추가적 상황 정보를 제공하고 억제전략을 강조"하는 내용이었다. 캠페인은 2013년 6월에 시작되어 최소한 10개 도시에서 비밀회의를 열었다. 워싱턴, 뉴욕, 시카고, 댈러스, 덴버, 샌프란시스코, 샌디에이고, 시애틀, 보스턴, 그리고 뉴올리언스 등에서 열렸으며, "다른 여러 도시에서도 비밀 원격화상회의"를 열었다. 에너지회사들 역시 직원들에게 사이버방어의 기초에 대해 교육을 실시했다. 쉘, 슐룸베르거 같은 대규모 회사들은 직원들에게 가짜 스피어 피싱 이메일을 보냈다.[7] 귀여운 고양이 사진과 같은 미끼로 열어보도록 유혹하는 이메일이었다. 기업에 보안교육을 실시한 보안전문가에 따르면 처음에는 거의 모든 직원들이 속아 넘어갔지만 교육 후에는 90퍼센트가 첨부 링크나 파일을 클릭하지 않게 되었다. 멀웨어 침투 경로는 대부분 이런 방식이다.

NSA 내부에서는 사이버방어와 관련해 자신들의 권한을 확대하기 위한 노력이 계속되었다. NSA의 국가안보작전센터 책임자

로 거의 공개 활동을 하지 않던 찰스 베를린(Charles Berlin)도 2013
년 5월에 워싱턴에 나타나서, 미국 정보기관이 정부의 컴퓨터 네
트워크와 정보보호에만 집중하는 것을 '아주 비도덕적'이라 생각
하는 정보요원의 관점을 대변했다.[8] "국방부의 임무는 미국을 보
호하는 것입니다." NSA 신호정보의 중추센터 운영과 네트워크
방어를 책임졌던 베를린은 이렇게 말했다. "저는 수년 동안 성벽
위에 올라서서 기어올라오는 해커들의 머리 위에 펄펄 끓는 기름
을 퍼부었습니다." 그리고 이렇게 덧붙였다. "현재 상황으로는
우리에게 미국을 방어할 힘이 없습니다."

2012년 봄 불안의 시기 내내 법집행기관이나 정보기관, 그리고
민간 보안회사들은 해커가 어디에서 왔는지 의심하지 않았지만,
다음과 같은 질문은 그대로 남았다. '그들이 노리는 목표는 무엇
인가?'

　그 사건에 관계했던 법집행 관료들은 해커의 근거지가 중국이
며, 미국의 필수 인프라 구조를 파악하기 위한 중국의 광범위한
전략의 일부로 수행된 공격이었다고 말한다. 그들의 정확한 목표
가 첩보활동인지 아니면 사이버전쟁의 발판을 준비하는 것이었
는지 아직 불분명하다. 그러나 그 두 가지 활동은 크게 볼 때 서
로 연결되어 있다. 시설을 공격하기 위해서는 해킹을 통해 시설
을 더 정확하게 파악하고 약점을 찾아낼 필요가 있다. 그리고 중
국이 그와 같은 취약성을 찾고 있다는 경고신호도 발견되었다.
천연가스 파이프라인에 대한 침입이 밝혀진 후 몇 달이 지나, 미

국과 캐나다에서 사용되는 원격감시제어 시스템인 SCADA를 생산하는 캐나다의 IT기업 텔벤트가 자기 회사의 네트워크가 뚫렸다고 발표했다.[9] 회사는 이를 중국 해커들의 소행으로 생각했다.

그러나 미국과의 사이버전쟁은 중국의 장기적인 관심사가 아니었다. 중국에게는 경제의 경쟁이 더 중요했다. 미국 기업이 어디에서 가스전을 찾았으며, 그 에너지를 어떻게 채굴할 계획인지 더 많이 알아낼 필요가 있었다. 에너지 강국을 향한 중국의 열망에 따른 것인 한편, 급속한 경제성장을 계속하기 위한 행동이었다.[10] 최근에 느려지긴 했지만 중국 경제는 여전히 2009년에서 2013년 사이에 GDP가 7.8퍼센트씩 성장해 왔다.

중국은 화석연료 같은 전통적인 에너지원을 대체할 방법을 찾고 있다. 에너지 대부분을 석탄에 의존하여 중국 내 많은 도시들의 대기 오염이 심각한 수준에 이르렀다. 중국은 세계에서 두번째 규모의 석탄 소비국이며, 전체 석탄 소비의 거의 절반이 중국에서 일어난다.[11] 중국의 석유생산은 최고점에 달하여 이제 앞바다에서 유전을 탐사하고, 좀 더 청정하고 풍부한 에너지 쪽으로 방향을 돌리고 있다.

장래의 에너지원을 확보하기 위해 중국 국영기업은 천연가스를 얻을 곳을 찾고 있다. 중국의 에너지 소비 전체에서 천연가스가 차지하는 비중은 2009년의 경우 4퍼센트에 불과할 정도로 아직은 작다. 하지만 그 가스를 얻기 위해 셰일가스 추출기술이 필요해진 중국은 수평보링 기술로 눈을 돌렸다. 이 분야에서는 미국 기업들이 기술개발을 계속해 왔고 상당히 앞서 있었다. 2013년 크리티컬 인텔리전스라는 보안연구회사가 작성한 보고서는 '중국계 적들'이 셰일가스 추출과 관련된 정보를 훔치기 위해 미국 에너지 기업의 네트워크에 침투했다고 결론 내렸다. 보고서는 중국 해커들이 석유화학제품을 생산하는 기업을 타깃으로 했다고 지적했다. 플라스틱과 같은 석유화학제품은 천연가스를 원료로 하여 만든다. 그리고 그 보안연구회사는 2011년과 2012년의 가스 파이프라인 침입이 이러한 공격과 관련 있다고 단정지었다.

중국은 지금까지 의존했던 에너지원에서 벗어나려 하고 있다. 2009년에는 미국 석유회사들이 해킹을 당했는데, 사이버보안회사 맥아피에 따르면 해커들은 미국 석유회사가 전 세계에서 발견한 석유매장지 정보를 훔쳐갔다. 중국은 미국 다음으로 세계 2위 석유소비국이며, 2009년 이후 석유 수입국으로서도 세계 2위를 유지하고 있다. 중국이 소유권을 주장하는 분쟁 해역에서 석유시추 계획을 가진 회사를 비롯한 미국 에너지 기업들이 중국 해커들의 공격을 당했다.[12]

중국은 국가적 에너지 산업을 구축하는 한편으로 자연자원 확보를 위해 미국과 경쟁하고 있다. 이러한 목표를 이루기 위해 미국 에너지기업과 시설들을 타깃으로 하는 중국의 활동은 무자비하다. 2012년 국토안보부는 필수 인프라 구조에 대한 '공격'이 198차례 있었다고 발표했다. 이는 전년에 비해 52퍼센트나 증가한 수치다. 공격의 40퍼센트는 에너지 기업들을 구체적으로 겨냥한 것이었다. 만약 미국이 중국과 전쟁 상태에 돌입한다면 중국군은 이러한 기업의 컴퓨터 네트워크 내부에 구축한 발판을 이용하여 필수 인프라 구조를 파괴하거나 무력화시키려 할 것이 분명하다. 그러나 가까운 장래에 중국이 미국 경제에 타격을 주거나 불을 꺼버릴 것으로 보이지는 않는다. 중국은 미국의 최대 채권국이며, 가장 중요한 교역 파트너 위치에 있다. 미국 경제가 전체적으로 건강하고 미국 소비자들의 구매력이 높아야 중국에도 도움이 된다. 그리고 무엇보다도 중국은 미국 내 에너지원을 찾고 미국 기술을 배우기 위해 합법적인 방법으로 노력해 왔으며,[13] 2010년 이후 미국과 캐나다에서 석유 및 천연가스 거래 금액이 170억 달러를 넘는다.

중국은 겉과 속이 다르게 행동한다. 미국 기업에 투자하면서 동시에 미국 기업에서 지식을 훔쳐낸다. 그렇지만 이것은 지속 가능하지 않다. 중국이 미국의 지적 재산을 훔쳐 세계시장에서 자국 기업들의 경쟁력을 높인다면 미국 경제가 어려움을 겪게 될 것이고 이것은 중국 경제의 어려움으로 이어진다. 미국 정보관료들은 외교적 압력이나 경제제재 없이는 중국이 사이버공격을 멈추지 않을 것이라고 말한다. 그렇기 때문에 정부는 더 공격적인 방식으로 필수 인프라 구조를 보호하게 되었다. 2012년 천연가스 파이프라인의 방어와 모니터링 정책이 나오게 된 것도 이런 배경에서다. 현재까지는 중국이 사이버공격을 해킹 수준에서 전쟁으로 끌어올리려 한다는 징조가 보이지 않는 것이 미국으로서는 유일한 위안이다. 그렇지만 미국의 적에는 중국만 있는 것이 아니며 이들은 문제가 다르다.

2012년 9월부터 미국 전역의 은행들이 비교적 흔히 있는 사이버 공격의 목표물이 된 것으로 보였다. 해커가 원하는 것은 은행의 돈이 아니라 은행의 웹사이트였다. 고객이 자신의 계좌에 로그인하여 잔액확인이나 자금이체 그리고 결제를 하는 곳이다. 해커는 자신의 통제 하에 있는 컴퓨터에서 엄청난 양의 트래픽을 은행의 웹서버로 보내 이를 처리하지 못한 서버가 다운되도록 만들었다. 수십 곳의 은행 웹사이트가 공격당해 비즈니스에 큰 혼란이 초래되었다. 뱅크오브아메리카, 웰스파고, 캐피털원, 시티그룹, HSCB, 그리고 다른 크고 작은 은행들이었다.

은행은 웹에서 비즈니스를 하는 다른 기업들과 마찬가지로 소위 말하는 서비스거부(DoS) 공격을 당한 것이다. 대부분의 보안 전문가들은 그러한 공격이 단지 성가심 정도의 차원에 불과하며 기업에 실제적인 위협은 되지 않는다고 보았다. 다운된 웹사이트도 몇 시간 내에 복구되어 정상적으로 운영되었다. 그러나 이번 공격은 전례 없이 큰 규모에 정교함을 갖추었다. 해커는 공격에 이용할 컴퓨터들로 방대한 네트워크를 만들어서 은행에 어마어마한 양의 트래픽을 쏟아부어 마비시켰다. 일부에서는 그 트래픽의 양이 2007년 러시아가 에스토니아의 컴퓨터들에 트래픽을 날려 공격했을 때보다 몇 배나 많았다고 추정한다.[14] 당시 러시아의 공격은 사상 최악의 피해를 낳았던 것으로 기록되었다. 은행의 인터넷서비스 공급자들은 하나의 웹사이트를 향한 트래픽으로서는 지금까지 어느 때보다 많은 양이었다고 보고했다.[15] 해커는 컴퓨터 서버 수천 대의 모든 데이터센터나 클라우드를 접수해버린 것으로 보였다. 공격목표를 향해 몇 척의 배를 보낸 것이 아니라 전투함대 전체를 발진시킨 것과 같았다.

분석팀은 트래픽을 역으로 추적해서 그 진원지의 인터넷 주소를 확인할 수 있었다. 인터넷서비스 공급자가 그 주소들을 차단했지만 이번에는 다른 곳에서 트래픽이 밀물처럼 몰려왔다. 천연가스 회사 해킹 때처럼 정부 최고위층이 바짝 긴장했다. 이번에 상대하는 적이 훨씬 포악한 것으로 생각되었다. 천연가스 회사를 공격한 해커들은 정보만 훔치고 파이프라인에는 손상을 주지 않았다. 그러나 은행을 공격한 이 녀석들은 기업의 운영에 혼란을 주고 소비자와 금융계를 공포로 몰아넣고자 한다. 그들의 전략은 아주 잘 먹혀들었다. 그 공격의 대응에 관여했던 한 전직 관료는 은행의 보안담당 인력들이 그들을 향해 쏟아져 들어오는 트래픽의 양에 질려버렸다고 말한다. 당시 국토안보부 사이버보안 담당 부차관으로 사이버보안 관련 최고 책임자였던 마크 웨더포드 (Mark Weatherford)는 "처음 2~3주 동안 밤을 새다시피하며" 공격의 진원지를 추적하고 그들의 목적을 분석했다고 말한다.[16]

이번 공격에는 대처를 어렵게 하는 다른 특징도 있었다. 한 번의 공격으로 멈추지 않는 것이다. '이즈 아드 알 카삼 여단'이라 자칭한 해커들은 은행을 계속 공격했고 타깃도 추가되었다. 이듬해까지 활동을 이어갔다. 2013년 NSA에서 확인한 결과, 동일한 해킹그룹으로부터 대략 200개 정도의 은행 웹사이트가 추가로 공격을 받은 것으로 나타났다. 해커들은 자신들이 반미연대 자경단 소속이며, 아마추어 온라인 비디오 〈무슬림의 순진함Innocence of

Muslims〉에 대한 응징 차원에서 공격했다고 주장했다. 무함마드를 소아성애자로 묘사하여 중동 전역에서 거센 반발의 기폭제가 된 동영상이었다. 그러나 미국 정보기관에서는 이것이 표면적인 이야기일 뿐이며, 해커들이 실제로는 이란 정부의 편에서 활동하는 것으로 추정했다. 나탄즈 핵시설에 대한 사이버공격의 보복일 가능성이 있었다.

지난 수년 동안 미국 정보기관은 이란의 사이버군사력을 추적해 왔다. 이라크 최대의 텔레콤 회사도 소유하고 있는 이란혁명 수비대 지도부는 미국에 맞먹는 수준의 사이버군대를 만들고자 하는 야망을 공개적으로 나타내곤 했다. 미국 정보기관은 이란의 사이버군사력이 계속 성장하고 있고, 애국적 '핵티비스트'뿐만 아니라 정보 및 군사조직들로 네트워크도 구성한 것으로 분석했다. 이란은 미국의 스턱스넷 공격뿐만 아니라 이스라엘과 미국 정보 기관의 합작으로 추정되는 다른 두 바이러스 공격으로 컴퓨터 시스템이 감염되어 큰 피해를 당한 바 있었다. 이에 대응하여 이란 정부는 2011년 이후 사이버공격과 방어 역량 강화에 10억 달러 이상을 투입했다.[17] 미국 관료들이 보기에 이 정도의 재정 및 기술 자원, 그리고 전문가와 동기까지 갖추고 은행에 대한 공격 작전을 수행할 수 있는 집단은 정부뿐이었다. "공격의 규모와 정교함은 최고 수준이었습니다. 몇몇 악당들이 이런 공격을 하는 것은 불가능합니다."

처음에는 통상적인 서비스거부 공격처럼 보이던 것이 이제는 국제적 사이버전쟁으로까지 발전할 가능성이 있었다. 미국 고위

310

관료들은 이런 의문을 떠올리게 되었다. 미국이 이란에 대해 보복성 사이버공격을 가해야 하나? 관료들은 이란의 필수 인프라 구조에 대한 타격이 해킹공격을 멈추게 할 수 있을지, 그리고 그와 같은 공격이 합법적일지의 문제를 두고 논의를 벌였다. 하지만 뚜렷한 답이 없었고 통일된 의견도 나오지 않았다. 은행은 정부가 규정한 바에 따를 때 필수적 인프라 구조에 속한다. 그러나 공격의 목표는 웹사이트였으며, 은행 간 거래에 이용되는 시스템이나 계좌 정보가 아니었다. 이것은 마이크 맥코넬이 2007년 조지 부시 대통령에게 그려보인 공포의 시나리오가 아니었다. 웨더포드는 국토안보부의 사이버 긴급대응 활동을 담당하는 고위관료도 아무런 대책을 갖고 있지 못했다고 말한다. "그는 '이런 일에는 어떻게 대응해야 할지 지침이 아직 없습니다.'라고 말했습니다."

미국 관료들은 이 정도 규모의 서비스거부 공격이 다른 기업의 컴퓨터 네트워크에 가해졌다면 단지 성가신 차원이 아니라 물리적 피해가 발생할 수 있었다고 생각했다. 정보관료들은 은행 및 그 인터넷서비스 공급자들과 긴밀한 접촉을 계속 유지했다. 해커는 새로운 공격활동을 시작할 때 이를 온라인포럼에서 선포했다. 그리고 공격 때마다 정부와 은행은 버텨냈다. "ISPs(인터넷서비스 공급자들)와 연방정부에는 우리가 이대로 당하는 것이 아닌가 우려하는 부류도 있었습니다." 웨더포드는 이렇게 말한다. "그리고 이것은 다른 필수 인프라 구조나 인터넷 그 자체에 피해를 줄 수 있었습니다."

알 카삼이 여러 차례의 공격활동 중 하나를 선포한 다음, ISP 보안책임자가 웨더포드를 만났다. 말하자면 정부 전체를 대면한 것이다. "저놈들이 이번에 어떻게 할 것 같습니까?" 보안책임자는 그에게 이렇게 물었다. "언젠가 국가적 피해를 초래할 사태가 벌어질 것만 같습니다. 정부는 어떻게 대응하고 있습니까?"

웨더포드는 상황을 통제하고 있다고 안심시키려 했지만 자신이 알기로는 뚜렷한 대책이 없었다. 사실 웨더포드의 생각에 은행 방어에 도움이 될 위협정보를 기밀 해제하는 데 NSA가 너무 긴 시간을 지체했다. NSA는 그 정보를 ISP가 이용할 수 있도록 국토안보부로 넘기기 전에 정보원이나 정보획득 방법을 모두 지워야 했다. 웨더포드는 자신이 매일 NSA 요원들에게 전화해서 다음 번 공격활동이 있기 전까지 더 많은 정보를 회사에서 이용할 수 있도록 만들라고 재촉했다고 말하며 이렇게 덧붙였다. "정보를 한 바퀴 돌리기까지 6시간이 걸렸습니다. 그렇지만 그 공격도 6시간밖에 지속되지 않았습니다."

한 그룹의 금융기관 경영진이 NSA 요원들과의 회동에서 자신들의 사례를 들며 사적으로 압박했다.[18] 정부가 트래픽 홍수를 일으키는 진원지를 공격하여 그들을 오프라인으로 추방하지 않는 이유를 알고자 했다. 적군의 진지에 크루즈 미사일을 발사하지 않는 이유를 물었다. NSA 요원은 지금 사이버무기, 특히 제로데이 공격 수천 개를 비축 중이며 국가 비상사태가 발생하거나 전쟁 상태로 돌입하면 사용할 것이라 말했다. "그렇지만 이를 사용

312

해버린다면 그것을 다시는 사용할 수 없게 됩니다." 그 회동에 참석했던 금융기관 고위인사는 NSA 요원이 이렇게 설명했다고 전한다. "여러분의 웹사이트가 다운된다고 해서 우리가 비축한 이와 같은 무기를 모두 쓰레기로 만들길 원하는 것은 아니죠?"

금융기관 경영진들은 물러섰다.

은행 공격은 국가적 의지에 대한 시험이었다. 공격자들이 금융 서비스 영역의 거래 인프라 구조에 위협을 주거나 계좌 데이터를 손상시키지 않는 한 NSA와 군부는 무력으로 대응하지 않았다. 대규모 험악한 공격이었지만 정부가 보복에 나서기 전에 찻잔속의 태풍 같은 영향만 미치고 끝났다. 놀라긴 했지만 웹사이트 다운으로 전쟁을 정당화시킬 수는 없었다. 간첩행위도 아니었다.

그 공격으로 은행들은, 그리고 외국 해커나 사이버약탈자의 습격으로 피해를 당하는 모든 기업들은 명백한 의문을 제기하게 되었다. 정부가 보호해주지 않는다면 누가 해야 하나?

13. 사이버방어는 새로운 블루오션

워싱턴 DC 도심에서 30마일 떨어진 메릴랜드 게이더스버그 외곽에 샘스 클럽과 트럭판매점, 그리고 토이즈러스 장난감매장 등과 고속도로를 사이에 두고 나지막한 사무용 건물들이 자리 잡고 있다. 경비원 두 명이 출입문을 지키고 있어 그곳이 다른 사무용 건물이나 창고형 매장과는 다를 것으로 짐작할 수 있다. 그 가운데 창문이 거의 없는 2300제곱미터의 건물이 사이버감시 센터로, 정보분석 및 멀웨어 전문가 수십 명이 전 세계 컴퓨터와 서버들의 네트워크를 지나는 트래픽을 모니터링하고 있다. 트래픽 속에는 전투기 설계나 미사일과 첩보위성 통제 시스템 등과 같이 엄격하게 암호화된 정보도 있을 것이다. 그러나 포트미드나 펜타곤의 극비 사령부로 통할 수 있는 이 시설은 정부에 소속되거나 정부의 통제를 받는 곳이 아니라 미국 최대의 군수사업자인 록히드마틴이 운영하는 차세대 사이버혁신 및 기술센터(NexGen Cyber Innovation & Technology Center)이다. 무기체계 개발로 유명한 이 회사는 이곳뿐만 아니라 미국 덴버나 잉글랜드 판버러, 그리고 호주 캔버라에도 설치한 센터에서 사이버방어와 관련된 새로운 비즈니스를 만들어내고 있다.

2006년 중국 해커의 타깃이 되어 조인트 스트라이크 파이터(F-35 전투기) 개발 계획을 도둑맞은 사건은 록히드마틴이 여기에 관심을 집중하는 중요한 계기가 되었다. 정보기관과 군대뿐만 아니라 민간에도 IT 제품과 서비스의 최대 판매자이며, 그만큼 해커들의 중요한 타깃이 되고 있던 이 회사는 2006년 해커 공격을 받은 이후 몇 해 동안, 해커가 기밀 시스템을 뚫고 들어와 많은 정부비밀을 훔쳐간 방법과 기술을 집중적으로 연구했다. 에릭 허친스(Eric Hutchins)라는 록히드의 젊은 분석가는 일부 파일럿이 '킬체인(kill chain)'이라는 용어를 사용하는 것을 들었다. 이것은 무기를 발사하기 전 거치는 모든 단계를 일컫는 말로, 목표물 확인부터 그 위치를 확정할 때까지 거쳐 가는 경로였다. 허친스는 록히드의 네트워크를 뚫으려고 하는 해커들 역시 일정한 단계를 밟을 것이라고 생각했다.[1] 타깃 탐색, 멀웨어 채택, 스피어 피싱 발사, 그리고 궁극적으로 데이터 훔치기의 순서다. 그는 동료 두 명과 함께 그 군사적 개념을 인용하여 '사이버 킬체인(cyber kill chain)' 개념을 수립했는데, 이것은 록히드 사이버방어 전략의 토대가 되었다. 지금은 록히드 자신의 네트워크뿐만 아니라 정부고객의 네트워크와 은행, 제약회사, 그리고 최소한 17개의 공공시설에도 이 전략을 사용하고 있다. 이들은 록히드와 정보를 공유하고 위협을 찾아내도록 자신들의 트래픽에 대한 스캔을 의뢰한다.

사이버 킬체인에는 7단계가 있으며, 그 대부분에는 침입 혹은 공격이 일어나기 전에 차단할 기회가 있다. 체인은 정찰 단계에서부터 시작된다. 록히드는 사람들이 회사의 웹사이트로 가기 위해 구글 같은 검색엔진에 입력하는 키워드를 모니터링한다. 해커들은 스피어 피싱 메일에 사용하기 위해 록히드의 언론발표문이나 웹페이지에서 회사 직원의 이름을 찾는다. 구체적인 정부사업을 담당하는 프로그램 매니저도 확인한다. 계획 중인 이벤트와 관련된 이메일로 위장하기 위해 홍보담당 임원의 행적을 추적하는 경우도 있다. 회사는 타깃이 될 수 있을 것으로 생각되는 직원들에게 경고하여, 이메일에 첨부된 문서를 열거나 링크를 클릭할 때 특히 주의하게 한다.

두번째는, 록히드가 '무기화'라 부르는 단계로 분석팀이 멀웨어의 증거를 자세히 찾는다. 예를 들어 이메일에 첨부되어 있는 감염된 pdf 문서 같은 경우다. 록히드는 분석팀이 감염된 것으로 확인한 모든 어도비 pdf 파일의 데이터베이스를 만들어 유지한다. 그리고 그 정보를 스캐너 프로그램에 포함시키면 직원들에게 전송되어 오는 모든 이메일을 자동적으로 검사하며 멀웨어가 숨겨진 메일을 차단시킬 수 있다.

킬체인은 계속해서 '전달' 단계(이메일이나 감염된 USB 드라이브를 통해 멀웨어를 보낸다)와 '탈취' 단계로 진행한다. 이 단계에서는 분석팀이 제로데이를 발견하는 데 집중한다(허친스는 자신들이 어도비

제품을 타깃으로 하는 제로데이를 최소한 세 개 발견했다고 말한다). 이어서 컴퓨터에 '인스톨'하는 단계, 호스트 컴퓨터와 커뮤니케이션하는 '명령과 통제' 단계, 그리고 마지막이 대상 컴퓨터에서 '실행하기' 단계로 파일 삭제, 데이터 지우기, 컴퓨터를 물리적으로 파괴하기 등이다. 7단계에서 해커의 위협이 현실화된다. 록히드 분석팀이 그와 같은 활동을 감지하면 타깃이 된 기업의 CEO에게 즉시 알려준다. 체인에서 초기에 발견된, 예를 들어 3단계라면 어떤 피해를 줄 수 있기까지는 거쳐야 할 단계가 많이 남았기 때문에 위협이 덜하다. 해커가 USB 드라이브를 이용해 컴퓨터를 감염시키려 하는 것으로 분석되면, 회사는 시스템을 프로그래밍하여 어떤 USB 드라이브로도 컴퓨터 코드를 작동할 수 없도록 만들어놓는다. 록히드뿐만 아니라 누구라도 킬체인을 활용할 때 체인에서 더 일찍 방어를 인스톨할수록 더 안전하다.

퇴역 장성이자 사이버보안 솔루션 부책임자인 찰리 크룸은 록히드가 킬체인 모델을 이용해서 해킹이 발생하기 전에 고객에게 경고해줄 수 있게 되었다고 말한다.[2] 록히드가 그와 같은 고객이 누구인지는 밝히지 않기 때문에 그 주장을 확인할 방법은 없다. 그리고 킬체인 개념은 상식적인 생각처럼 보일 수도 있다. 록히드의 경쟁사에서 일했던 사람을 포함한 많은 사이버보안 전문가들은 회사가 2011년에 그 개념을 공개했을 때, 사이버방어의 진화에 큰 전환점이 되었다고 말했다. 킬체인은 네트워크 침입을 몇 가지 별개의 행동과 순간들로 분리하여 그 각각에 대해 방어할 기회를 갖게 한다. 그리고 방어하는 사람은 자신이 가진 자원

보이지 않는 전쟁 @ WAR

을 효율적으로 관리할 수 있다. 모든 경고신호를 다 응급으로 다루며 대응하지 않아도 되기 때문이다. 킬체인 개념을 토대로 하면 타깃에서 멀리 떨어져 방어막들을 어떻게 구축해야 할지 개념적인 지도를 작성할 수 있다. 침입자가 너무 가까이 접근하기 전에 차단하기 위해서다.

킬체인은 또 다른 이유에서도 중요하다. 정부기관이 아니라 기업에서 개발한 개념이라는 점에서다. 서른세 살의 허친스는 록히드 정보분석 책임자로 정부에서 일을 했던 경력이 없고 군복무 경험도 없었다. 사실 그는 록히드 외 다른 곳에서 일한 적도 없다. 2002년 버지니아대학을 졸업하고 컴퓨터과학 학사학위를 받은 것이 전부였다. 록히드는 전직 정부관료나 군출신을 많이 보유하고 있으며, 크룸도 그중 한 명이었다. 그는 2008년 은퇴할 때까지 방위정보시스템 에이전시의 책임자로 일했다. 그러나 록히드는 자신을 보호하는 방법으로 NSA나 다른 정부기관에 의존하지 않고 킬체인 개념을 개발했다. 그리고 그 지식을 비즈니스로 전환했다.

현재 록히드의 사이버 분석팀은 자체 네트워크에서의 트래픽을 모니터링하지만, 50개 정도의 군수기업으로부터도 정보를 받고 있다. 정부의 민감한 기밀 프로그램을 수행하는 기업들이다. 록히드는 국방부 사이버범죄센터라는 정부 내 최대 사이버 범죄수사 조직의 중요 협력사업자이기도 하다. 테러 대응과 정보사건을 다루는 조직이다. 또한 글로벌정보망(Global Information Grid, GIG)을 관리하는데, 이것은 킬체인 방법론을 적용해 국방부에서 범세계적 정보기술 네트워크 안전을 확보하는 프로젝트로, 46억 달러에 달하는 계약이다. 록히드는 자체 네트워크에서만 해도 하루 200억 건의 트래픽을 모니터링한다. 주고받는 모든 이메일과 웹 사이트 방문과 같이 디지털 기록과 로그를 남기는 모든 활동들이다. 모든 데이터를 1년 동안 저장하며, 악성 활동에 관련된 것으로 의심될 경우에는 무기한 보관한다. 록히드는 해커 이력 데이터베이스를 구축하여 새로운 침입이 있을 경우 데이터베이스에서 꺼내 활용한다. 분석팀이 과거 데이터를 이용해 분석한 결과, 새롭게 시도된 침입이 실제로는 여러 기업 및 조직들을 타깃으로 수개월 혹은 수년 전부터 시작된 대규모 공격의 일환으로 확인되기도 한다. 크룸은 자신이 군에서 은퇴하던 2008년에 국방부가 미국 전역을 대상으로 하는 공격 15건 정도를 확인하여 추적하는 중이었다고 말한다. 현재 록히드는 대략 40건의 공격을 추적 중이다. 국방부도 일부 그와 동일한 공격을 추적 중에 있으며(크룸은 이에 대해 언급하길 거부했다), 방위산업기지(DIB) 프로그램을 통해 기업과 정부가 그 정보를 공유한다. 크룸의 말에 따르면 록히드는 국방부가 인지하지 못했던 여섯 건의 공격을 발견했다. 자세한 내용은 기밀로 분류되어 있다.

다른 컴퓨터 시스템으로 들어가 정보를 얻는 활동은 (법률적으로) 록히드가 할 수 없는 유일한 일이다. 이것은 아직 NSA의 영역이다. 그러나 록히드의 눈은 정부와 동일하게 외국의 적을 향해 있다. 넥스젠 센터의 중앙지휘부 벽에 걸린 시계는 록히드 사이버 모니터링 기지국이 있는 4개국 모두의 시간(베이징의 시간도)

을 나타낸다. 회사는 지능형 지속공격(APT)에 대한 7년 분량의 정보를 수집했고 분석팀에서는 그 모두를 분석했다. 전방 벽에 걸린 초대형 모니터에는 록히드가 전 세계에서 추적 중인 모든 공격을 디스플레이하고 있다. 대부분은 자체 네트워크에 대한 침입 시도를 찾아낸 것으로, 60개국 600여 개 지점의 300만 개 인터넷 주소가 포함된다. 회사가 중요한 타깃일수록 더 많은 정보를 얻을 수 있는 것이다. 아직은 정부를 대상으로 하는 판매가 회사의 주된 비즈니스여서, 2012년 총 판매액 472억 달러 중 80퍼센트 이상을 차지한다. 그러나 크룸의 말에 따르면, 2011년부터 상업적 영역으로까지 확대하여, 필수 인프라 구조 운영기업이나 〈포춘〉의 상위 500대 기업에 대한 IT 서비스에 주력하기 시작했다. 회사는 중동에서 증가하고 있는 네트워크 감시와 보안 수요를 선점하기 위해 이 지역에도 사이버센터 개설을 계획하고 있다.

자체적으로 사이버방어를 수행하는 기업이 록히드만은 아니다. 2012년 은행에 대한 공격이 있은 후 미국 금융기관은 자체의 사이버 정보 부서를 설치했다. 그중 일부는 분명히 록히드의 고객이다. 이러한 움직임이 계속되던 중에 트래픽 양의 엄청난 폭주로 많은 피해가 발생한 이후에는 그 진행 속도가 빨라졌다. 현재는 미국 내 대형 은행들 대부분이 사이버 보안인력을 확보하여 소프트웨어와 네트워크 구성에 존재하는 취약성을 찾아내고 멀웨어를 분석하여 작동방법과 그들이 노리는 대상, 그리고 침입에 대한 대응방법을 연구하고 있다. 은행에서 일하는 이러한 인력들 중 많은 수가 군대와 정보기관 출신이다.

뱅크 오브 아메리카(BOA)의 전임 최고 정보보안 책임자는 공군의 암호해독요원으로 시작해 국가정보국의 고위 기술관료를 역임했다. 웰스파고의 최고 정보보안 책임자도 해군에서 20년 동안 정보전쟁 담당 장교로 근무하고 FBI에서도 일한 경력이 있다. JP모건체이스의 최고 보안위험 책임자 역시 정부에서는 일한 경험이 없지만 SAIC에서 1년을 근무했다. 그곳은 때로 '서부 NSA'로 불릴 정도로 정부 정보기관과의 협조 업무가 많은 곳이다. 그리고 그는 부즈 앨런 해밀턴에서도 1년간 근무했다. 이곳 역시 연방정부의 사이버보안 협력사업체이며, 전임 NSA 국장인 마이크 맥코넬도 이곳에 관여했다

"2년 내에 사이버 세계에서 두각을 보였던 모든 주역들은 은행을 위해 일할 것입니다. 그들은 자신들의 네트워크를 걸어 잠그고 자기들끼리만 정보를 공유할 것입니다."[3] 2007년 이라크에서의 사이버공격에 참여했고 후에 대형 방위사업체로 옮겨간 전직 군 정보장교의 말이다.

전문가에 따르면 은행은 공격적으로 군대와 정보기관의 직원들을 스카웃하고 있다고 한다. 그들은 정부기관에서 최고 수준의 훈련을 받은 인력으로, 민간영역으로 옮겨가면 보수를 두세 배 높게 받을 수 있다. 은행은 또한 민간 보안전문가들로부터 제로데이 취약성과 공격도구를 사들이는 중요한 구매자가 되고 있는데, 보통은 NSA가 가장 많이 구매해 왔다. 제로데이 판매자와 밀접하게 관련된 한 보안전문가의 말에 따르면, 은행은 공격에 대해 반격을

가해야 한다고 생각할 때 사이버무기를 모아들인다고 한다.[4] '사적인' 사이버전쟁이 벌어진다면 은행에서 시작될 것이다.

그러나 자체적 방어력을 구축하는 곳은 금융서비스 기관만이 아니다. 정보보안 책임자급의 관료 출신을 채용한 기업들을 보면, 존슨앤존슨, T-모바일 USA, 오토메이티드 데이터 프로세싱(급여설계 처리 서비스 기업), 코카콜라, 인텔, 아스트라제네카(영국계 제약회사), 이베이, 페덱스 등을 포함하여 수백 개에 달한다. 기업이 자체적으로 방어할 능력이 부족하면 외부 보안업체를 고용하는데, 이러한 부분이 보안시장에서 점차 중요해지고 있다. 2012년 록히드마틴이 주주에게 제출한 보고서에서는 "경쟁이 점차 심해지고 있는 가운데, 특히 IT와 사이버보안 분야의 경쟁이 치열하여…… 우주 및 방위산업 외부에서 과거에 없던 경쟁자들이 나타나고 있다."고 말한다. 급부상한 보안기업인 크라우드스트라이크, 맨디언트, 그리고 엔드게임 등을 지칭한 것이다. 이들 기업은 자체적으로 자원을 확보하고 정보수집 및 분석방법을 구축하고 있다.

이제 민간 사이버보안이라는 새로운 시대가 열리고 기업들이 앞다투어 여기에 뛰어들고 있다. 국토안보부에서 사이버보안 최고책임자를 역임한 마크 웨더포드는 "사이버공간에는 이미 핑커톤탐정회사(1857년에 설립된 미국 최초의 수사 전문회사–옮긴이)와 같은 기업들이 생겨나고 있다."고 말한다.[5] 웨더포드는 다른 보안전문가와 마찬가지로, 일부 기업이 방어에만 전력하지 않고 사이버간첩과 해커 공격을 격퇴하기 위해 선을 넘어서 핵백, 즉 반격에 나서고 있다는 점에 우려를 표시한다. 그는 타깃의 네트워크로부터 해커가 데이터를 훔치기 더 어렵게 만드는 것과 핵백은 차이가 있다고 구별한다. 꿀단지(미끼)를 심어두거나 침입자를 속여서 멀웨어가 포함된 문서를 그들의 시스템으로 가져가게 하는 것은 아직 경계선에서 방어 쪽의 영역에 속한다. 그는 이렇게 말한다. "그러나 그 네트워크에 실제로 접근하여 공격하는 것은 넘어서는 안 될 다리를 건너는 것이다."

웨더포드는 앞으로 몇 년 이내에 더 많은 기업들이 고객들의 트래픽을 필터링하는 기술을 개발하여 효과적인 사이버파수꾼이 될 수 있을 것으로 예상했다. 정부는 암호화된 위협신호를 인터넷서비스 공급자에게 제공하는 프로그램을 시행하고 있으며, 그와 같은 사이버파수꾼 모델은 이러한 프로그램을 통해 형태를 갖추어 가고 있다. 2013년 필수 인프라 구조의 보안을 강화하는 오바마의 행정명령은 기업이 사이버방어와 관련하여 승인된 기준을 충족하는 제품 및 서비스를 구매할 수 있도록 정부가 '지침'을 제공해야 한다고 규정되어 있다. 이것은 민간 사이버보안 영역의 성장에 정부가 그 동력을 제공하는 또 하나의 예가 된다. 정부가 독점하던 이 영역에서 이 같은 추세는 피할 수 없고 어떻게 보면 바람직할 수 있다.

"정부는 절대로 민간영역만큼 잘 대응할 수 없을 것입니다." 웨더포드는 이렇게 말했다. 자신을 방어하는 비즈니스는 더 성장할 것이다.

기업이 사이버방어의 시장으로 진입하기 시작하자 미국 정부의 정책에도 영향이 미치고 있다. 2013년 2월 18일, 컴퓨터 보안회사 맨디언트는 중국의 사이버간첩 행위에 대한 놀라운 보고서를 발표했다.[6] 공개적으로 중국의 인민해방군을 미국에 대한 광범위하고도 무자비한 해킹의 배후로 지목하는 내용이었다. 어떤 정부 관료도 입 밖으로 낼 생각을 하지 않았던 직접적인 비난이었다. 맨디언트 보고서는 매우 자세한 내용이었다. 해커가 있는 곳의 물리적 주소까지 공개했다. 해커들의 사무실 사진도 실렸다. 상하이 푸동 지구의 평범한 12층 빌딩이었다. 맨디언트는 빌딩의 규모(12만 제곱미터를 넘는다)나 중국 관료들의 공개발언으로 보아, 수백 명에서 수천 명이 그곳에서 일하고 있을 것으로 추정했다.

맨디언트는 수년 동안 추적해 온 20개 정도의 그룹 중 단지 한 그룹에만 초점을 맞추었다. 그 해커들은 미국의 NSA에 해당하는 중국 조직 내에 자리 잡고 있었다. 맨디언트가 APT1이라 이름붙인 그 해커그룹은 중국 인민해방군 총참모부 2국 3과 소속이며 61398부대로 더 잘 알려져 있다. 총참모부는 미국의 합동참모본부에 해당하는 조직이며, 3과는 신호정보와 해킹 및 컴퓨터 공격을 담당한다. 맨디언트는 APT1을 "가장 끈질긴 중국의 사이버공격 주체들 중 하나"로 칭했다.

공군 사이버수사 전문가 출신이 약 10년 전에 설립한 맨디언트가 미국 대외정책의 가장 민감한 영역에서 폭탄을 터뜨렸다. 그 보고서는 성서의 계시록처럼 받아들여졌다. 중국 해커들의 이름까지 구체적으로 지명했을 뿐만 아니라(민간이나 정부 어느 수사기관에도 그런 의지가 없었다) 정보가 매우 자세했기 때문이다. 분량이 74쪽에 달하는 보고서였다. 간첩활동과 관련된 방대한 인프라 구조를 적시했는데, '수집 어플리케이션'으로 표현된 서버 937개가 849개 인터넷 주소에서 호스팅하고 있었으며, 대부분 중국 내 조직에 등록된 상태였지만 미국 내 주소도 100개 이상이었다. 합법적인 뉴스 사이트로 위장된 웹사이트도 있었다. 예를 들어, CNN.com 같은 주소가 실제로는 APT의 간첩활동을 조정하는 데 이용되고 있었다. 맨디언트는 해커들 각각에 이름을 붙여서 추적했다. 예를 들어, 몇 년 전 중국의 '네트워크 전쟁'에 관한 책을 집필한 컴퓨터과학 교수와 중국의 사이버전쟁에 관해 온라인 채팅을 하면서 처음 존재를 드러낸 한 해커에게는 '못생긴 고릴라'라는 이름을 붙여 관리했다. 맨디언트는 사이버수사를 통해 어떤 해커들은 서로 연결되며, 그중 일부는 서로를 개인적으로 알고 있을 뿐만 아니라 한 사무실에서 일하는 것으로 파악했다. 보고서에는 중국 해커들이 사용하는 은어에 대해서도 다루었다. 예를 들어, '미트 치킨(meat chicken)'은 감염된 컴퓨터를 의미했다.

맨디언트는 또한 "중국의 사이버 군사력이 '암호학자와 공개소스 전문가, 멀웨어 개발자들'과 '산업 전문가들'의 직접적 지원을 받고 있다."고 결론 내렸다. 컴퓨터 장비 구입과 유지를 담당하는 인력, 재정집행과 시설관리, 그리고 물자관리와 선적을 담당하는 인력도 있었다. 다른 말로 하면, 미국 정부기관들처럼 매우 조직화된 행정구조를 하고 있었다.

맨디언트 보고서는 정부의 기밀 정보문서라고 생각될 정도로 상세한 내용을 담고 있었다. 그렇게 상세했기 때문에 그 보고서가 더욱 의미 있었다. 민간 수사진도 정부의 정보기관 못지않게 효과적으로 정보를 수집하고 분석할 수 있음을 보여주었다. 맨디언트의 기술력도 입증되었다. 그러나 보고서는 사이버공간과 관련된 특징도 드러내주었다. 즉 통제되지 않은 환경에서 해커들은 네트워크화된 인프라 구조의 어디든 갈 수 있고 비밀이 존재할 수 없다. 그리고 민간 탐정도 충분한 훈련을 받고 적절한 도구만 갖추면 정부나 군 정보요원만큼 해커를 추적할 능력이 있다. 맨디언트 보고서는 중국의 사이버간첩 활동을 폭로했을 뿐만 아니라, 사이버공간에서는 정부만 전쟁을 수행할 준비가 되어 있다는 생각이 틀렸음을 보여주었다.

맨디언트 보고서는 즉각적이고 커다란 반향을 불러왔다. 중국 관료들은 항상 그랬듯이 사실을 부인하면서 정부주도의 사이버 간첩 활동은 헛소문에 불과하다고 주장했다. 그로부터 한 달이 지나지 않아 미국 국가안보보좌관인 토머스 도닐런(Thomas Donilon)은 중요 연설에서 베이징을 언급했다.[7] 연설에서 그는 중국 사이버간첩 활동을 "미국과 중국의 경제적 유대관계에 커다란 도전"이라 부르고, "정부의 모든 차원에서 중국과 논의해야 할 핵심적 사항"으로 표현했다. 그동안 양측 사이에 밀실 대화가 진행되어 오면서 미국 관료들은 중국에 공격적 활동을 중지시킬 것을 요구했다. 이제 그와 같은 논의가 공개적으로 되었다. 도닐런의 지적은 백악관 관료로서는 처음으로 중국 사이버간첩 활동을 공식적으로 언급한 것이었다. 도닐런은 이제 문제가 "행정부의 최우선 과제로 옮겨왔다."고 말하며 중국 정부가 "이러한 문제와 그로 인해 파생될 수 있는 모든 영향(무역활동과 중국 산업의 위상, 그리고 전반적 양국관계까지)과 그 긴급성"을 심각하게 다루어야 한다고 요구했다. 미국이 처음으로 중국에 사이버간첩 행위의 해결을 요구한 것이다. "베이징은 진지하게 수사에 착수하고 이와 같은 활동을 중단시켜야 한다." 그리고 도닐런은 또 이렇게 말했다. "사이버공간에서 받아들일 수 있는 행동규범을 설정하기 위해 우리와 함께 건설적 대화에 나설 것을 촉구한다."

오바마 행정부는 마침내 도전장을 던졌다. 그리고 이 과정을 맨디언트가 도왔다. 구글이 대규모 해킹 사건인 오퍼레이션 오로라가 중국 해커의 소행이라고 폭로했을 때(2010년 – 옮긴이)처럼, 미국 고위관료들은 수년 동안 그들을 소리 없이 괴롭혀 왔던 문제에 대해 말하기 시작했다. 맨디언트 보고서의 상세한 사항과 기밀 해제 문서를 통해 그들은 구체적인 주장을 할 수 있게 되었다. 정부라면 보고서에 그처럼 대담한 내용을 담을 수 없었을 것이다.

맨디언트가 확인한 결과는 충격적이었다. 보고서 발표는 언론의 관심을 최대한 끌어내기 위해 정부와 조율하여 세심하게 구성한 연출이었다. 2012년 10월, 수년 동안 중국 간첩들에 대한 정보를 수집해온 맨디언트 이사진은 자신들이 확인한 사항들로 공개보고서를 작성할 생각을 했다. "우리는 그것이 매우 흥미 있는 생각이라 판단하고 밀고 나가기로 결정했습니다."[8] 맨디언트에서 위

보이지 않는 전쟁 @ WAR

협신호를 책임진 운영이사 댄 맥호터(Dan McWhorter)는 이렇게 말했다. 그러나 처음에 회사는 74쪽짜리 고발문서와는 전혀 다르게 간단히 요약해 작성할 계획이었다. 그 계획은 11월에 〈뉴욕타임스〉로부터 전화를 받고서 바뀌기 시작했다. 기자가 전문가의 조언을 구하는 것이 아니라 도움을 요청하는 전화였다. 〈뉴욕타임스〉는 자신들이 해킹당한 것이라고 믿고 맨디언트가 수사해주길 원했다.

맨디언트의 수사분석팀은 그 신문사의 네트워크에 중국 간첩들이 우글거리며 60명이 넘는 직원을 해킹하고 있는 것을 확인했다.[9] 중국 정부 최고위층까지 관련된 정치부패 문제를 다루고 있는 중국 주재 특파원도 해킹 대상에 포함되어 있었다. 사이버간첩은 미국 대학의 컴퓨터를 좀비로 만들어두고 트래픽을 이곳으로 우회하여 자신들의 정체를 숨기려 했다. 노스캐롤라이나, 뉴멕시코, 애리조나, 위스콘신 등에 위치한 대학들이었다. 이 기술은 다른 해킹 사건 때도 확인되었는데, 당시 맨디언트의 추적 결과 역시 중국이 진원지로 밝혀졌다. 그 간첩들은 〈뉴욕타임스〉 네트워크의 컴퓨터에 침입해 패스워드를 훔치고 직원 53명의 개인 컴퓨터에도 접속했다. 대부분은 뉴스룸 바깥에 위치한 컴퓨터였다. 해커들은 맨디언트가 일찍부터 추적해 온 한 그룹의 일부로, 추적팀은 APT 12라는 이름으로 불렀다. 그들은 〈뉴욕타임스〉에서 중국 원자바오(溫家寶) 총리의 친인척 및 그들이 정치적 연결고리를 이용한 음성적 비즈니스 거래를 통해 수십억 달러를 조성하고 있다는 기사를 게재할 계획에 대한 상세 정보를 노리는 것으로 보였다. 맨디언트는 사이버간첩들이 30명이 넘는 저널리스트와 다른 서방 뉴스통신사 경영진으로부터도 정보를 훔쳐긴 것을 확인했다. 이메일, 취재원과의 접촉정보, 파일 등이었다. 특정 저널리스트들은 반복적으로 해킹당했다. 〈뉴욕타임스〉는 한참 후에 해킹당한 사실을 알았고, 그 사이 해커들은 멀웨어를 심어 신문사의 남아시아 지국장인 짐 야들리(Jim Yardley)의 이메일 계정을 뚫고 들어갔다. 그는 베이징 지국장을 역임한 후 당시는 인도에서 근무하고 있었다. 해커는 상하이 지국장인 데이비드 바르보자(David Barboza)도 해킹한 것으로 확인되었는데, 그는 원자바오 총리에 관한 기사로 나중에 퓰리처상을 받기도 했다. 이어진 수사에서는 〈워싱턴포스트〉와 〈월스트리트저널〉도 중국 사이버간첩들에게 뚫린 것으로 드러났다.

맨디언트 경영진은 중국의 사이버간첩 행위를 짧은 보고서에 담을 수는 없다고 결정했다. 회사가 확인한 증거로 볼 때, 중국은 일찍이 2006년부터 방위사업자 등의 여러 경제 영역을 타깃으로 광범위하고도 지속적인 공격을 가해 온 것이 확실했다. 맥호터는 중국 관료들이 이를 부인하는 것은 이제 '코미디'와 같게 되었다고 말한다. 2013년 1월, 〈뉴욕타임스〉는 자신들이 해킹당했던 일을 기사로 썼다. 중국 관료들은 맨디언트를 믿을 수 없다고 공개적으로 말했다. 그러나 회사가 수사에 직접 관여했으며 그 결과가 〈뉴욕타임스〉에 실렸다. 이것은 맨디언트의 수사활동을 보증하는 것과 다름없었다. 회사는 이제 이름을 밝혀야 할 시기로 판단했다. 중국은 회사에 대한 불신을 조성하려 했다. 그러나 그로 인해 "우리는 이 문제를 매우 공식적인 문서로 만들려는 생각을 굳히게 되었습니다."라고 맥호터는 말한다.

오바마 행정부 관료들은 맨디언트의 결정을 대체로 반겼다. 대통령과 국가안보보좌관 팀이 중국의 행동을 몰랐을 것으로 보이지는 않지만 이제 신뢰할 만한 문서가 많은 증거를 제시하고 전문가들이 이를 검증하고 논의가 진행되자 중국의 간첩행위에 대해 발언하는 형태가 달라졌다. 더 이상 오프더레코드 방식의 비난이 아니었다. 이제부터는 중국에 대해 '지능형 지속공격(APT)'이라는 완곡한 표현도 사용하지 않았다. 그리고 미국은 중국의 간첩행위를 밝히며 비밀정보 소스나 정보입수 방법을 공개하지 않아도 되었다. 맨디언트가 보고서를 다듬는 동안, 법무부는 비밀리에 61398 해커그룹 구성원들을 법정에 기소할 준비를 진행했다. 2014년 5월, 검찰은 해커그룹과 연계된 중국군 간부 다섯 명을 기소한다고 발표했다. 미국이 국가차원에서 이루어진 해킹을 범죄행위로 기소한 최초의 사례였다.

맨디언트 보고서가 발표되던 날, 국토안보부는 일부 선택된 필수 인프라 구조 소유자 및 운영자들과 다른 정보보안 전문가들만 열람할 수 있는 정보 보고서를 발표했다. 여기에는 맨디언트 보고서에 실린 것과 동일한 인터넷 주소와 웹사이트들 중 일부가 포함되어 있었다. 그러나 국토안보부 문서는 중국을 일체 언급하지 않았으며, 사이버간첩들을 어떤 구체적 위치로 연결하지도 않았다. 맨디언트에 대해서도 언급하지 않았다. 보고서 공유는 '동료 및 파트너 조직들'과만 할 수 있게 제한했으며, 대중적으로 접근 가능한 통로를 통해 보고서를 배포하지 말라는 조건을 달았다. 맨디언트 보고서는 더 상세하고 누구나 접근할 수 있었기 때문에 훨씬 유용했다. 그러나 정부 보고서는 맨디언트 보고서의 내용을 뒷받침해주었다. 발표 시기 또한 절묘했다. 국토안보부가 먼저 보고서의 첫번째 버전을 발표할 수 있었지만 맨디언트가 APT1의 장막을 젖혀주기를 기다렸다. 맨디언트는 정부가 원하던 일을 하고 있었다. 보고서 초안 작성 과정을 잘 아는 소식통들은 맨디언트 보고서에 정부가 제공한 정보도 일부 사용되었다고 말한다. 하지만 보고서 내용의 대부분은 맨디언트가 자체적으로 7년 동안 수사하여 확인한 결과들이었다.

맨디언트는 하룻밤 사이에 주로 보안전문가나 다른 IT 벤처기업들에게만 알려져 있던 이름 없는 기업에서 컴퓨터 보안 영역의 스타기업으로 변신했다. 맨디언트 경영진은 기자들이 취재를 위해 만나려고 애쓰는 인물들이 되었고, 여러 회의에 정보관료 및 싱크탱크 구성원과 함께 패널로 참석하여 사이버간첩과 해커들로부터 사이버공간을 방어하는 방법에 대해 토의했다. 맨디언트 비즈니스는 급상승했다. 2013년 회사의 매출액은 1억 달러를 넘었으며, 그중 절반 이상이 맨디언트가 개발하여 기업이 APT 해커로부터 방어할 수 있도록 도와주는 소프트웨어 판매에서 나왔다. 들리는 말에 의하면, 〈포춘〉 100대 기업들 중 3분의 1 이상이 자신들의 컴퓨터 정보가 유출된 이후 맨디언트에 보안을 의뢰했다고 한다.[10] APT1 보고서가 발표된 지 1년도 지나지 않은 2014년 1월, 맨디언트는 파이어아이라는 다른 컴퓨터보안 기업에게

보이지 않는 전쟁 @ WAR

10억 달러에 인수되었다. 이는 최근 사이버보안 비즈니스에서 이루어진 인수합병들 중 최대 규모였으며, 2012년에 비해 기업가치가 두 배나 증가한 것이다.

파이어아이는 이미 실리콘밸리의 기대주였다. 회사는 2013년 9월에 나스닥에 상장을 시작했으며, 이듬해 1월에는 주가가 두 배 이상으로 뛰었다. 파이어아이의 사례는 2013년 사이버보안업계에서 가장 성공적인 기업공개였다. 맨디언트와의 합병은 사이버보안의 공룡을 탄생시켰다. 맨디언트는 사이버 침입의 수사에 특화된 반면, 파이어아이는 그러한 침입을 예방하는 데 초점을 둔 기업이었다. 네트워크로 들어오는 트래픽을 가상 수용소로 끌어낸 다음, 통과 여부를 결정하기 전에 멀웨어가 의심되는 사항이 있는지 검사하는 기술이다. 이것은 국토안보부가 정부 네트워크에서의 트래픽을 스크리닝하는 데 이용했던 기술과 비슷한 과정으로, 사이버방어를 정부가 독점하고 있지 않음을 보여주는 또 하나의 사례다.

NSA의 전 세계적 감시활동에 관한 폭로와 중국의 광범위한 간첩행위가 맞물려 맨디언트와 파이어아이에게 새로운 비즈니스를 만들어주었고 둘 사이를 합병으로 이끌었다. 파이어아이의 이사회의장 겸 CEO인 데이비드 디월트(David DeWalt)는 이렇게 말했다. "많은 정부와 조직 그리고 기업들이 '정보를 모니터링하고 훔치는 행위가 매우 심각하니 감시해 달라'는 말을 합니다."[11] 스스로 자신을 보호해야 할 필요가 있다고 판단한 고객들이다. "상황이 하루가 다르게 변한다는 인식이 급속히 높아지고 있습니다."

스물아홉 살의 NSA 협력업자 에드워드 스노든이 NSA의 전 세계적 감시장치와 관련된 기밀문서를 훔쳤다고 폭로한 사건도 기업들이 민간 사이버보안 회사에 의뢰할 또 다른 이유가 되었다. 스노든은 〈가디언〉과 〈워싱턴포스트〉의 저널리스트들에게 자신이 훔친 자료를 보여주었고, 이것은 신문의 머리기사로 대서특필되었다. 폭로의 범위와 구체성이 유례없이 상세하여, NSA의 첩보활동이 낱낱이 드러났다고 볼 수 있었다. 그 문서는 NSA가 구글, 페이스북, 야후 등의 여러 IT기업들로부터 광범위하게 정보를 수집하고 있음을 보여주었다. NSA이 미국인들의 전화기록 수억 건을 퍼담아 5년 동안이나 보관해 온 사실도 드러났다. 시민들이 불안해하자 행정부 관료들은 NSA가 첩보활동 대상이 주로 해외의 외국인들이었다고 말하며 진정시키려 했다. IT기업 경영진은 할 말을 잊었다. 그들이 공식, 비공식 자리에서 관료들에게 설명한 것처럼, 기업 고객들 중 많은 수가 외국인이었고 그들은 단지 미국인이 아니라는 이유 때문에 NSA의 첩보활동 대상이 되었던 것이다.

스노든의 폭로가 있기 전 NSA는 사이버방어 임무에 해커들의 지원을 받기 위해 노력했다. 2012년 알렉산더는 라스베이거스에서 열리는 해커 컨퍼런스인 데프콘에 군복 대신 청바지와 검정색 T셔츠를 입은 모습으로 참석해서 눈길을 끌었다. 보안전문가와 해커들의 목소리를 경청하겠다는 제스처였다. NSA에 대한 첫번째 폭로에서 한 달이 지난 2013년 7월 데프콘 조직위는 알렉산더를 초청하여 연설 시간을 주려던 계획을 취소했다. 데프콘의 자매 컨퍼런스인 '블랙 햇'은 이 첩보기관 수장을 초청하여 연설기회를 주었지만 연설이 절반 정도 진행되었을 때 청중들 속에서 조롱이 터져나오기 시작했다. "자유를!" 민간 보안 전문가 한 명이 소리 쳤다. "바로 그것입니다. 우리는 자유를 지지합니다." 알렉산더 가 대답했다.

"헛소리!" 보안전문가는 반박했고, 청중들은 박수갈채로 화답 했다.

'화이트 햇', 즉 사이버방어를 향상시키기 위해 자신들의 해킹 기술을 사용해 활동하는 해커들 중 일부는 NSA에 협력하여 함께 기술적 문제를 논의해 왔지만 이제는 자신들의 그와 같은 활동에 의문을 제기하고 있다. 한편으로는 이들 해커가 정부를 공격대상 으로 바꾸고 더 많은 비밀을 폭로하거나 정부기관 및 협력업자들 의 시스템을 공격할 수 있다는 두려움도 생겨났다. 스노든은 단 한 사람이 NSA의 감시구조를 얼마나 광범위하게 폭로할 수 있는 지 보여주었다. 이번 일로 크게 화가 난 해커들이 모두 움직인다 면 그 피해는 어느 정도일까?

스노든은 그 자신이 잘 훈련된 해커였다. NSA 협력업자로 일 할 때 '윤리적 해킹' 심화과정과 인도의 사립학교에서 멀웨어 분 석요원 과정을 수료했다.[12] 인도에서는 정부 비밀임무를 맡아 뉴 델리의 미국 대사관에서 일했다. 그 임무의 정확한 내용은 기밀 이지만 2010년 인도에 도착했을 때 스노든은 이미 몇 가지 고난 도 해킹기술을 배운 단계였으며, 그를 가르친 강사는 그가 기술을 빠르게 익혔다고 말한다. 그곳에서 그는 컴퓨터를 뚫고 들어가서 정보를 훔치는 방법을 배웠다. 겉으로 내세운 목적은 악성해커들을 더 잘 막아내기 위한 방법을 배운다는 것이었다. NSA 기밀문서의 대부분은 훔치는 데 그와 같은 기술이 필요하지 않았을 것이다. 극비보안 취급자 인증을 받았기 때문에 스노든은 그러한 문서에 제한 없이 접근할 수 있었다. NSA는 월스트리트 컴퓨터로부터 상수도회사 컴퓨터까지 모두 보호하고자 했지만 스물아홉 살의 젊은 협력업자가 자신의 범세계적 감시 시스템 청사진을 훔쳐가는 것은 막지 못한 셈이다.

스노든의 폭로는 NSA 61년 역사에서 정치적으로 가장 큰 피해를 입혔다. 7월에 하원은 NSA가 미국의 전화기록을 수집할 수 없게 하는 법안을 통과시키기 직전까지 갔다. 9·11테러 이후 정부가 쌓아올린 감시능력에 큰 후퇴를 가져올 수 있는 법안이었다. 이 첩보기관에 족쇄를 채우자는 생각에 공화당과 민주당이 합의했다. 두 당 사이에 거의 볼 수 없는 연대였다. 오바마 대통령은 NSA의 감시 시스템을 어떻게 변화시킬지 의견을 모으기 위해 정보와 법률전문가 패널을 지명했다. 그들은 300쪽이 넘는 보고서와 56개의 권고안을 제출했다.[13] 그중에는 NSA가 제로데이 공격도구를 취득하는 활동과 암호화 제품에 백도어를 삽입하는 행위를 중단하고 민간인을 책임자로 임명할 것, 그리고 NSA와 사이버사령부 책임자를 따로 임명하여 한 사람이 두 기관을 동시에 이끌지 못하도록 하는 규정 등도 포함되어 있었다. 사이버보안에

보이지 않는 전쟁 @ WAR

있어 NSA의 주도적 역할을 축소시키려는 청사진이었다.

그러나 사이버공간 방어의 필요성은 어느 때보다 절실했다. 2013년 9월, 한 공군 고위장교는 군대는 아직 자신들의 네트워크가 해커들에게 얼마나 취약한지 모르고 있다고 말했다.[14] 광범위한 취약성 점검이 4분의 1만 완료되었기 때문이었다. 공군의 항공관제 시스템에 해커가 침입하여 항공기 비행계획과 레이더 시스템이 혼란에 빠질 수 있는 위험이 확인된 지 4년 이상 지난 시점이었다.[15] 이와 같이 공군이 보안의 취약성을 인정하고 1개월이 지나 국방부 감찰관의 보고서 발표가 있었다.[16] 펜타곤과 국토안보부, 그리고 NSA가 사이버 위험경고를 서로 공유하고 기업과도 실시간으로 공유할 중앙 시스템이 없다는 내용이었다. 정부에는 위험경고를 열람시키는 시스템과 사이버 위협에 대응하는 방법을 지시해주는 시스템도 있지만 이러한 두 시스템은 서로 연결되지 않고 있었다.

정부가 보호하고자 하는 필수 인프라 구조 영역에서 들리는 소식도 낙관적이지 않았다. 그해 초 엔지니어 두 명이 전국의 전력 및 상수도 시설에서 이용하는 커뮤니케이션 시스템의 취약점을 발견했다.[17] 해커가 이를 이용해 공격하면 대규모 정전사태나 물 공급에 큰 문제를 일으킬 수 있었다. 국토안보부는 이와 관련해 경고를 보냈지만 취약한 소프트웨어에 패치를 적용한 시설은 거의 없었다. 그리고 미국 기업을 상대로 한 사이버간첩 행위는 줄어들 기미를 보이지 않았다. "지금 이 나라의 중요 컴퓨터 시스템들 중 뚫리지 않은 것은 없습니다. 테라바이트급으로 정보가 빠져나가고 있습니다."[18] 전임 NSA 국장 맥코넬은 10월, 워싱턴에서의 한 연설에서 이렇게 말했다. 그의 주장은 정보기관, 군부, 그리고 법집행기관 관료들로부터 큰 반향을 불러일으켰다.

미국 관료들은 그 전해에 사우디아라비아 국영 석유회사 아람코에 가해진 공격의 후유증에서 헤어나지 못하고 있었다. 전 세계 석유의 10퍼센트를 공급하며 세계에서 가장 가치가 높은 기업으로 평가되기도 하는 회사였다. 해커는 강력한 바이러스를 사용하여 회사 컴퓨터들 중 75퍼센트 정도인 약 3만 대의 컴퓨터에 있는 정보를 완전히 지워버렸다. 바이러스는 단 한 번의 공격으로 이메일과 스프레드시트, 문서들을 삭제했다. 회사 간부는 그 공격이 석유와 가스 생산을 멈추려는 목적이었다고 말했다. 해커는 아람코의 석유생산 시설 파괴에는 성공하지 못했지만, 그 공격은 해커가 회사에 저장된 정보를 지워서 얼마나 큰 피해를 입힐 수 있는지 다시 한 번 보여준 사건이었다. 일부 미국 관료들은 이란이 스턱스넷 웜에 대한 보복으로 공격했다고 의심했다. 만약 그렇다면 계획적인 사이버전쟁이 증폭된 것으로 생각할 수 있으며, 사이버공격에는 반드시 보복이 따르게 된다는 것을 보여준 사건이었다.

사이버범죄 또한 미국에서 빈발하고 있다. 2013년 12월 중순, 소매유통업계 거물 타겟은 해커가 회사 컴퓨터 시스템으로 침입해 체크카드와 신용카드 정보를 훔쳐간 것을 확인했다. 범인들은 타겟 체인점들의 현금등록기 속에 직접적으로 멀웨어를 심고 금융데이터를 뽑아냈다. 회사가 처음에 추정했을 때는 고객 4000만 명의 금융데이터를 도둑맞은 것으로 보였다. 그러나 한 달 후, 그 숫자가 7000만 명에서 1억1000만 명 사이로 늘어났다. 실로 어마어마한 규모로 역사상 가장 큰 사이버도둑질 중 하나였다. 수사진은 해커의 근거지가 동유럽이나 러시아일 가능성이 있으며,[19] 슈퍼마켓에 냉장 시스템을 가동하는 펜실베이니아 기업으로부터 훔친 네트워크 인증을 이용해 타겟의 네트워크를 뚫고 들어간 것으로 결론 내렸다. 도둑은 고객 이름과 전화번호, 그리고 이메일 주소와 우편주소를 쓸어간 것으로 확인되었다. 회사는 체크카드 및 신용카드 정보보호를 위한 업계 기준을 준수하지 않은 대가로 엄청난 비용을 치러야 했다.

정부기구도 자체 네트워크 보호에 많은 노력을 기울이지 않았다. 2014년 상원 위원회 보고서는 극히 일부를 제외하고는 연방 대민기구들이 소프트웨어 패치를 적용하거나 안티바이러스 소프트웨어를 지속적으로 업데이트하지 않는다고 지적했다.[20] 군부나 정보기관들과는 달리 대민기구들은 상식적인 보안과 관련해 가장 기본적인 훈련과 인식이 부족했다. 공무원이 사용하는 패스워드는 너무 간단했다. 그들이 가장 많이 선택한 패스워드 중의 하나는 '패스워드'였다. 국토안보부에서도 자체 시스템 모두에 소프트웨어 보안업데이트, 즉 "컴퓨터를 가진 미국인이라면 누구나 시행하는 기초적 보안조치"도 하지 않았다고 보고서는 지적했다.

스노든의 폭로에도 불구하고 알렉산더는 계속 저돌적이었다. 사이버방어가 허약하다는 지적은 NSA가 국가수호를 위해 좀 더 강력한 역할을 해야 한다는 그의 주장에 힘을 실어줄 뿐이었다. 2013년 10월 군부와 사이버보안 협력업자인 레이시언의 후원으로 워싱턴DC에서 개최된 보안 컨퍼런스에서, 알렉산더는 금융분야를 방어하기 위해 좀 더 강력한 힘을 요구하며, 논란을 불러올 수도 있는 기술적 주장을 펼쳤다.[21] 그는 NSA가 '월스트리트를 파괴하려는 사이버패킷'을 찾아내 날아오는 미사일처럼 낚아챌 수 있도록, 은행들로부터 실시간으로 정보를 얻는 구조를 상상했다. 당시 '사이버패킷'이라는 용어는 분명한 의미를 가지지 않았다. 알렉산더는 금융기관의 컴퓨터나 그 속의 데이터를 파괴할 수 있는 정교한 컴퓨터 웜이나 바이러스를 의미했을 수 있다. 그러나 단지 하나의 데이터 패킷이 월스트리트를 무너뜨릴 수 있다는 지적은 터무니없었다. 물감 탄알로 탱크를 격파한다고 말하는 것과 같았다.

알렉산더가 그렇게 사이버 위협을 과장하고 NSA의 대응을 강조한 것은 그가 얼마나 절실히 위협을 느끼고 자신의 임무에 대중들의 지지를 원했는지 보여주는 행동이었다. 스노든은 알렉산더가 수년 동안 구축해 놓은 일을 흔들어놓았다.

보이지 않는 전쟁 @ WAR

14. 군사-인터넷 복합체 시대가 열리다

2014년 1월 17일, 버락 오바마 미국 대통령은 워싱턴 법무부 청사 그레이트홀 연설대에 섰다. NSA의 감시 및 사이버 보안 프로그램들 중 지속할 것과 폐기할 대상을 발표하는 자리였다. 미국의 첩보요원들은 대통령이 정보 전쟁의 최전선으로부터 후퇴를 지시하는 정책이 나오지나 않을까 걱정 속에서 지켜보았지만 그의 입에서 나온 처음 몇 단어를 듣고는 마음을 놓았다.

오바마는 NSA 직원들을 히스토리채널 TV에서 방영된 〈자유의 아들들Sons of Liberty〉에 비교하며 발표를 시작했다. 그들은 '비밀 감시위원회'를 구성하여 식민지 보스턴 거리를 순찰하며 "영국이 미국 태동기의 애국자들을 향한 공격을 준비한다는 어떤 낌새가 발견되면 보고하였다." 이것은 오바마가 NSA 등 미국의 여러 정

군사-인터넷 복합체 시대가 열리다

341

보기관을 지키기 위해 할 수 있는 최고의 격려 메시지였다. 대통령은 그들을 미국독립전쟁의 영웅들에 비교한 것이다.

그리고 남북전쟁 동안에 첩보요원들이 큰 기구를 타고 하늘에서 남군의 규모를 추적했던 일과 제2차 세계대전 때 암호해독 전문가들이 일본의 전술을 탐지했던 일 등을 열거하고, 또 "패튼 장군이 유럽대륙으로 진군할 때 적의 통신을 도청함으로써 부하 군인들의 많은 생명을 구할 수 있었다."라고 말했다. 이후 냉전시대 초기에 해리 트루먼(Harry Truman) 대통령이 NSA를 창설한 것도 이와 같은 입장에서였다. "소련권의 동향을 파악하여 그들의 공격에 대처하고, 그로 인한 대재앙을 피하기 위해 필요한 정보를 얻는다."

오바마가 이 발표를 할 무렵, 백악관 관료들은 이미 NSA 감시체계에 일어날 변화에 대해 기자들에게 브리핑을 했다. 최소한의 변화였다. 오바마는 논란이 되고 있는 미국 국민의 전화기록 처리 프로그램에 약간의 변화를 주고자 했다. NSA의 데이터베이스가 아닌 다른 곳에 보관하도록 하는 것이다. 그러나 구체적으로 어디에 저장할지에 대한 결정은 의회와 법무장관(검찰총장 겸임)에게 넘겼다. 행정부와 의회는 전화회사에서 기록을 보관하는 방향으로 결정했지만, 수사목적에서는 지금까지와 같이 NSA가 기록에 접근할 수 있도록 허용했다. 오바마는 NSA의 디지털 정찰의 감시 아래 들어오는 외국인들을 대상으로 비교적 약한 수준이지만 프라이버시 보호 장치도 도입했다. 그러나 대체로 이 정보기관의 감시 기능과 힘은 거의 그대로 유지되었다.

오바마는 보좌진이 NSA에 제한을 가할 목적으로 대폭적인 변화를 제시하면 이를 모두 거부하거나 유예시켰다. 그는 이미 NSA와 사이버사령부의 주도권을 분산시키려던 제안을 폐기한 바 있다. 그가 임명한 자문 패널들이 NSA의 임무에서 정보보호 기능을 없애라고 요구했지만 그는 거부했다. 사이버공격이나 해킹으로부터 컴퓨터 시스템들을 보호하는 업무였다. 만약 오바마가 그와 같은 변화를 수용했다면 NSA의 임무를 근본적으로 바꿨을 것이다. 이전까지의 조직 형태와 비교하면 존재감도 느껴지지 않을 정도가 될 수 있었다.

오바마는 NSA가 미국 내에서는 작전을 수행하거나 지원할 수 없게 하자는 패널들의 제안 또한 거부했다. 그리고 NSA 국장을 민간인으로 임명하고 상원의 비준을 받으라는 요구 역시 수용하지 않았다. NSA 국장 케이스 알렉산더는 마음을 놓을 수 있었다. 스노든의 폭로 이후 언론으로부터 집중포화를 맞았지만 그의 제국은 거의 대부분 무사히 유지될 수 있었다. 알렉산더는 3월에 국장 자리에서 물러날 계획이었다. 오바마는 그를 대신하여 마이클 로저스(Michael Rogers) 해군중장을 선택했는데, 그는 해군의 신호정보 및 사이버전 작전을 지휘하고 있었다. 알렉산더처럼 그 역시 두 가지 직을 겸했다.

또한 패널들은 제로데이를 저장하거나 암호화 표준에 허점을 만드는 활동을 중단할 것을 제안했는데 오바마는 연설에서 이에 대해 언급하지 않았다. 행정부의 한 고위관료는 나중에 대통령이 보좌진에게 이러한 제안을 검토해 보고 의견을 달라고 요구했다고 전했다.[1] 최종적으로 행정부가 동의한 정책은 취약성 공개를 강조하면서도, 정부가 국가안보에 필수적이라고 생각하는 정보에 대해서는 비밀을 유지하는 모호한 형태가 되었다. NSA가 모든 제로데이를 필수적 보안도구들로 분류해버리고 기존 방식대로 업무를 계속할 수도 있는 방대한 예외를 인정했다. 새로운 정책이 수립되었지만 논쟁은 거의 마무리되지 않았다. 오바마 또한 이 문제에 미적거리기만 하여, 대통령이나 그 보좌관들이 어떤 커다란 변화를 제안할 것으로는 보이지 않았다.

실제로 오바마는 업무와 인력구성 모두 현 상태 그대로 유지하는 방향을 택했다. 그가 역사의 예를 들어가며 전쟁에서 정보의 중요성을 강조한 것은 NSA를 보호하고 그 임무를 그대로 이어가겠다는 의지를 보여준 것이라고 할 수 있다.

오바마는 의도적이 아니었더라도 아주 적절한 시점에 연설했다.[2] 53년 전인 1961년 1월 17일에는 드와이트 아이젠하워(Dwight Eisenhower) 대통령이 퇴임연설에서 '군사-산업 복합체' 국가의 출현을 경고했다. 이러한 군산복합체의 "전체적 영향력이(경제적·정치적·정신적 영향력까지 포함하여) 모든 도시에서, 모든 가정에서, 그리고 연방정부의 모든 사무실에서 느껴집니다."라고 그는 강조했다. 아이젠하워는 오늘날의 군대는 자신이 군인으로 복무했고 백악관 전임자들이 명령을 내렸던 제2차 세계대전 때의 군대와 크게 다르다고 말했다. "최근까지만 해도 미국에 무기산업은 존재하지 않았습니다." 그는 정부와 기업이 손을 잡음으로써 "원하든 원하지 않았든 생겨나는 이와 같이 부당한 영향력에 휘

말리지 않도록 경계해 달라."고 국민들에게 당부했다. 그는 이것을 포악한 공산주의에 대응하기 위해 필수적인 보루로 보면서도 "잘못 주어진 권력이 대재앙처럼 발호할 가능성"을 차단하지 않는다면 "파멸을 부르는" 전조가 될 수 있다고 지적하며 이렇게 말했다. "미국은 이제 방대한 군사체계와 거대 산업의 결합이라는 새로운 경험을 하고 있습니다."

군사체계와 대규모 인터넷 IT산업의 결합도 이와 마찬가지다. 최근까지 미국에 사이버무기 산업이란 생겨나지 않았다. 군대는 인터넷을 자신들이 싸우게 될 전쟁터라고 생각하지 않았다. 기업 역시 스파이와 해커들로부터의 보호를 상품으로 판매하지 않았다. 오바마는 군대와 산업 사이에 거대한 연합이 생성되고 급속하게 팽창하고 있는 데 발 빠르게 대처했다. 그러나 아이젠하워와는 달리 이것을 지극히 불길한 징조로 볼 이유는 거의 없었다.

아이젠하워는 이와 같이 앞을 내다보는 연설을 한 8년 후에 사망했다. 그는 군산복합체의 출현을 정확히 예견했지만 몇몇 상위 군수산업체들의 시장가치가 세계 많은 국가들의 국내총생산(GDP)을 능가하고, 미국 군대가 무기생산과 전장으로의 군인 수송, 그리고 전투식량 공급까지 군수산업체에 의존하는 날이 올 것이라고는 상상하지 못했다. 군사-인터넷 복합체 또한 전쟁의 양상을 크게 변화시키고 있으며 사이버공간 자체는 더 크게 변화하고 있다. 앞으로 10년 후는 어떤 모습으로 변할까?

우선 정부가 주도하지 않게 되거나 최소한 그 역할이 현재보다는 줄어들 것이다. 아이젠하워 시기 이후 권력 균형이 근본적으로 변화해 왔기 때문에 그의 경고도 크게 주목받지 않았다. 중앙 정부는 관련된 정책을 수립하고 법령을 제정하며, 은행이나 공공시설 등 여러 필수적 인프라 구조가 준수해야 할 보안기준을 운영할 것이다. 그리고 네트워크상에서 싸울 수 있도록 훈련된 사이버군대를 양성하고 이를 국가 군사 시스템에 통합시킬 것이다. 중국, 이란 혹은 다른 어떤 적대적 국가가 미국의 발전소나 은행 등에 중대한 공격을 가해온다면 이와 같은 군대가 사이버공간과 오프라인 모두에서 대응할 것이다. 심각한 공포와 파괴, 그리고 생명의 손실까지 초래하는 공격에 대해서는 반격에 나설 것이다.

일상적으로 수행되는 필수 시설의 방어는 민간기업에서 담당할 텐데 그들은 정부에 버금가는 능력을 가질 것이다. 록히드마틴과 그 계열사는 트래픽을 스캔하고 멀웨어와 해커 활동을 감지하는 도구를 개발하고 이를 판매하는 새로운 사업에 나설 것이다. 이것은 자신들이 소유한 방대한 범세계적 정보네트워크뿐만 아니라 고객들로부터 수집하는 실시간 정보를 토대로 일종의 클라우드소싱이 될 것이다. 이와 비슷하게 크라우드스트라이크나 새로 등장한 맨디언트, 파이어아이 같은 기업들 역시 자신들의 고객들에게 나타날 수 있는 위협으로부터 네트워크를 보호해준다고 약속할 것이다. 사건이 벌어진 후 침입자를 찾는 데 그치지 않고 경비원들이 집이나 사무실에 침입자가 들어오지 못하게 막는 것과 같은 방법이다.

군사-인터넷 복합체는 정부가 국가안보의 일부를 외부에 맡긴다는 점에서 이전의 군사-산업 복합체와 비슷하다. 군대는 무기와 같은 군수품을 직접 만들지 않고 기업에게 맡기며 그에 대해 비용을 지불한다. 따라서 공적 자금이 투입된다. 그러나 군사력의 활용은 언제나 정부가 독점권을 가졌다. 그리고 이제는 이와 같은 군사-인터넷 복합체가 역사의 큰 전환점을 이루게 되었다. 기업의 정보수집 능력은 거의 정부에 맞먹는 수준으로 높아졌다. 그들은 위협신호를 설계하고 제로데이를 찾아내며, 이를 자신들의 목적에 따라 활용한다. 아이젠하워는 군사-산업 복합체에서 무서운 힘이 출현하고 있음을 보았지만, 전쟁행위를 수행하는 데 있어 기업이 정부와 경쟁하게 되리라고는 예견하지 못했다.

신뢰성과 정교함을 가진 보안기술과 기법이 거래되는 시장은 충분히 성숙되었다. 대규모 정보노출 사건이 폭로될 때마다, 특히 2013년 미국인의 거의 3분의 1이 해당되어 수주일 동안 신문의 헤드라인을 장식했던 타겟의 신용카드 및 현금카드 정보유출 사건 이후 더 많은 기업들이 정보유출을 막기 위해 필사적으로 노력해 왔다. 2013년 연방정부가 네트워크 해킹 사실을 통보한 기업의 수는 3000곳을 넘었다. 이는 거대한 숫자지만 실제 벌어진 일의 극히 일부에 불과할 것이다. 네트워크 침입들 중 정부가 인지했거나 보안업체에서 대응했던 경우들만 합산한 숫자일 뿐이다. 필수 인프라는 특히 불안한 상황에 있다. 2013년 12월, 어니스트 모니즈(Ernest Moniz) 에너지 장관은 그해 미국에서 벌어진 사이버공격의 대부분은 에너지 인프라가 대상이었다고 말했다.[3] 전력망을 보유하고 운영하는 기업, 석유와 천연가스 생산과 공급을 담당하는 기업들이었다. 이와 같은 공격은 에너지 시설을 운영하는 네트워크나 소유 회사 사무실 내의 컴퓨터에 대한 침입 시도들이었다. 모니즈는 앞으로 미국의 전력망 일부를 붕괴시킬 수 있는 중대한 공격이 더 자주 있을 것이라는데 "의심의 여지가 없다."고 말했다. "사이버공격이 '만약 발생하면'이라고 말해서는 안 된다. 전력망 붕괴 후는 상상할 수도 없다. 지금은 우리의 방어를 한층 더 강화해야 할 때다. ……할 일이 많다."

정부는 분명히 방어를 강화해 오고 있으며, 기업의 보안 강화를 도와줄 방법도 있다. 위협이 어디에서 오고 있는지 좀 더 구체적이고 유용한 정보를 공유하기, 인터넷서비스 공급자들로 하여금 미지의 악의적 소스 접근을 거부하도록 압력 행사하기, 궁극적으로는 공격이 벌어지려는 상황을 감지했을 때 이를 격퇴할 공세적 수단을 채택하기 등이다. 이와 같은 솔루션들을 실행하기 위해 모두 다 새로운 법률이 필요한 것은 아니다. 행정부가 정책 시행 과정에서 조정할 수도 있다. 그러나 경제의 중심에 속하지 않는 기업들과 마찬가지로 에너지 기업들도 아직 대부분이 날마다 네트워크에 비집고 들어올 기회를 노리는 침입자들로부터 스스로의 힘만으로 자신을 방어하고 있다. 정부가 그들 모두를 방어해주기에는 너무 넓은 지역에 너무 많은 네트워크가 산재해 있다. 모든 은행들의 네트워크에 센서를 심어두고 통과하는 트래픽을 감시하자는 알렉산더의 마스터플랜이 통과되더라도 마찬가지다.

사이버 공간에서 악의적 활동은 줄어들지 않고 있다. 2013년 9월부터 2014년 3월까지 은행을 상대로 하여 300회 이상의 서비스

거부(DoS) 공격이 있었는데, 그 가운데 이란이 자행한 한 공격에서는 웹사이트가 다운되며 금융기관을 공포에 몰아넣기도 했다. 정부는 이러한 공격에 대해 잘 인식하고 있다.[4] 300회라는 숫자는 NSA가 추적하던 공격들에서 나왔다. 기업이 스스로를 방어하려면 자신들의 네트워크상에서 일어나고 있는 일에 대한 정보를 정부와 공유해야 한다. 그러나 기업은 자신의 보안을 스스로 지키고자 하는 욕구가 훨씬 더 강하다.

따라서 강력한 보안이 판매 포인트가 될 것이다. 즉 자동차회사가 판매를 늘리기 위해 에어백이나 ABS 브레이크를 강조하는 것과 같은 방법으로, 은행이나 인터넷서비스 공급자, 그리고 개인정보를 다루는 다른 여러 기업들도 보안을 강조할 것이다. 아메리칸 익스프레스(아멕스) 카드는 연회비를 받고 특별한 편익(지위, 높은 지출상한액)을 제공하는 회원제 클럽으로, 다른 신용카드들처럼 적극적으로 광고를 하지 않다가 2013년에야 자신들의 '정보보안' 시스템을 강조하는 TV 및 인터넷 광고 시리즈를 시작했다. 부정이 의심되는 청구가 확인되는 순간 고객의 휴대전화로 경고를 전송해주는 시스템이다. 한 광고에서는 잘 차려입은 도시인 한 명이 감시 카메라 아래를 걸어가서 우아한 아파트 로비를 지키고 있는 경비원들을 지날 때 옆으로 순찰차가 빠르게 지나간다. 이때 내레이터가 "그러나 누군가 온라인상에서 우리를 지켜보고 있으며, 우리는 그곳에 매년 수천억 달러 넘게 지출하고 있다면 어떻게 하시겠습니까?"라고 묻는다. 그리고 그 대답이다. "아메리칸 익스프레스가 그렇게 합니다. 아멕스는 귀하의 지출

패턴을 분석 기억하여 비정상을 찾아내는 알고리즘을 가지고 있습니다." 우연의 일치인지, 그 광고의 출연배우는 클레어 데인이다. 쇼타임 시리즈 〈홈랜드〉에서 미국에 대한 또 다른 테러리스트 공격을 막으려 동분서주하는 CIA 요원으로 나왔다.

물론 신용카드 회사들도 부정을 찾아내는 시스템을 수년 전부터 이용해 왔다. 그들은 고객이 자기 자신이나 자신의 돈이 온라인에서 위험해질 수 있다고 인식하기 시작하자 이러한 시스템을 생활 속 서비스로 강조하는 마케팅에 들어갔다. 우리 지갑 속의 카드는 아이폰으로 경고신호를 접수해 도시의 혼잡 속에서도 9초 전에 전자제품 쇼핑몰에서 이루어진 1245달러 가격의 상품 구매를 자신이 승인한 적이 없다고 아메리칸 익스프레스에 알려준다. 그리고 느긋하게 저녁식사를 한 후, 지갑에서 아멕스 카드를 꺼내보며 자신이 '좀 더 안전한 세계의 일원'임을 인식한다. 전하고자 하는 말은 분명하다. 귀하는 안전해질 수 있다(안전해지길 원해야 한다). 하지만 그에 따르는 비용을 부담해야 한다.

2014년 2월 오바마 행정부는 자체적 보안 기준 및 '모범사례'를 제시하며 기업들에게 이를 채택하도록 권고했다. 강제 규정은 아니었다. 행정부의 한 고위관료는 이렇게 말했다. "결국 가장 중요한 것은 보안을 비즈니스로 만들어주고, 기업이 보안 기준을 채택할지 결정해주는 시장이라 할 수 있습니다."5

사이버보안에서 혁신(데이터를 안전하게 방어하고, 자신들의 적에게 공격을 가하는 데 이용될 새로운 도구와 기술 개발)도 기업들이 주도할 것이다. 사이버보안 기업들은 정부기구나 군대보다 훨씬 높은 급여를 지불하며 최고의 기술을 갖춘 사람들을 직원으로 유치한다. 정부는 이와 같은 기술인들에게 경쟁력 있는 급여를 지불할 능력이 절대 없을 것이다.

우수 인력을 끌어들이기 위해 정부와 군대는 모험적인 일(첩보전과 전투)이라고 강조하며, 언제나 공공 서비스의 매력이었던 대중들의 선망과 애국심에 호소할 것이다. 그러나 이것으로는 사이버보안에 있어 정부가 가진 약점을 극복할 수는 없으며, 특히 일부 조직의 보안이 여전히 심각한 문제로 드러나고 있는 시민단체의 경우는 더욱 심각할 것이다. 이와 관련하여 대체로 방어를 잘 해내고 있는 CIA보다는 국가보훈처 같은 경우가 극명한 사례가 될 수 있다. 퇴역군인 환자의 사회보장번호 등 민감한 기록들이 줄줄이 유출되었다. 그리고 국민들의 가장 민감한 정보를 가진 정부부서가 정보 보호에 가장 소홀한 경우도 아직 많다.

사이버보안 인력을 자체적으로 채용할 수 없는 기관은 민간기업에 위탁할 것이다. 이들 기업에는 정부와 군대에서 근무했던 인력이 포진해 있는데, 그들 중에는 과거에 정부의 여러 가지 사이버보안 프로그램 및 작전의 책임을 맡았던 경우도 많다. 이미 공공서비스는 민간기업으로 진출하기 위한 교두보로 간주되고 있다. 정부기구와 군대는 신규 직원들이 극비 보안 취급 허가증(사이버보안 업무에 절대적으로 요구된다) 취득에 필요한 교육기간을 채우고 기업으로 옮겨가기 전에 전문가로서의 자격을 갖출 수 있도록 장기 근무 여건을 구축할 계획이다. 이것은 정부와 기업 사이를 연결하는 전형적인 회전문이며 그 회전 속도는 점점 더 빨라질 것이나.

미국 정부는 비밀처리된 위협신호를 계속해서 인터넷서비스 공급자와 공유하고 공급자는 이를 이용하여 고객의 트래픽을 스캔할 것이다. 이메일이나 웹검색, 방문한 사이트 등이 대상이다. 의회는 정부가 이와 같은 보안활동을 지금보다 더 자주 할 수 있도록 법률로 뒷받침해주어야 한다. 서비스 공급자뿐만 아니라 개인 정보를 전달하고 저장하는 기업은 데이터를 정부에 제공하여 프라이버시 침해가 발생하더라도 이를 문제 삼지 않겠다는 확인을 요구할 것이다. 그리고 이 중 일부 기업은 사이버공격에 대한 대응에 실패하여 정보가 소실되거나 물리적 손상이 발생할 경우에도 책임을 지지 않으려 할 것이다. 일단 이와 같은 법적 책임으로부터 보호되면, 정부가 인터넷서비스 공급자들이 좀 더 강력하게 사이버공간 방어체계를 구축하도록 집중적으로 감독할 것이다.[6] 5000여 개의 인터넷서비스 공급자 및 정보보유 기업들은 사이버공간 인프라 구조를 효과적으로 운영하기 위해 사이버범죄에 인터넷 도메인을 판매하지 않고, 범죄가 의심되거나 범죄로 알려진 주소는 중지시키며, 심각한 사이버공격이 있을 때는 트래픽 경로를 바꾸거나 차단해야 한다.

어떤 사람들은 오늘날의 사이버범죄나 악성 해커를 17세기 유럽의 해적들과 비교하기도 하는데 아주 적절한 비유다.[7] 영국 해적은 넓은 바다를 돌아다니며 무역선을 침탈하거나 힘센 국가(주로 스페인)의 해군을 괴롭혔다. 중국의 사이버간첩이 이런 해적들

비슷하게 자신들의 정부를 위해 활동한다. 하지만 발뺌할 수 있도록 흔적을 남기지 않거나 희미하게 만들기 때문에, 중국 정부는 자신들에게는 이들을 막을 힘이 없다고 주장할 수 있다. 그러나 정부 최고위층에서는 이러한 양상이 조금 달라진다. 미국 관료들은 공식적으로나 혹은 사적인 자리에서 중국 정부에게 모든 면에서 볼 때 당신들의 부추김이 분명하니 이와 같은 사이버 해적 행위를 중단하라고 요구한다.

이러한 사이버 위협에 대응하기 위해 미국 정부도 사이버 해적을 고용할 수 있다. 국왕이 해적에게 발급했던 약탈허가증의 현대판으로, 민간의 사이버전사들에게 범죄자나 첩보원들을 공격하게 할 수 있다. 완곡히 표현하면 NSA의 트레이드마크라고 할 수 있는 '적극적 방어'에 해당된다. 앞으로 사이버보안 상태가 현재보다 훨씬 악화된다면 정부가 이와 같은 용병의 기술에 도움을 청하게 되리란 것은 분명하다. 현재도 그와 같은 기술을 보유한 기업들이 있다. 실제로 그렇게 되지는 않을 것이라고 생각할 수도 있지만, 정부가 어떤 기업을 특별 지정하여, 위험 타깃을 향해 사이버 반격을 가할 권한을 부여한다는 가설이 모두 불가능한 것만은 아니다. 특히 필수적 인프라 구조를 위협하는 대규모 사이버공격이 진행되는 동안에는 그 가능성이 크다.

아직까지는 정부가 기업의 사적인 사이버 전쟁을 금지하고 있으며, 여기에는 사적 소유 네트워크에 대한 공격이나 도둑행위에 대응하여 가하는 반격 해킹도 포함된다. 그러나 자기방어라는 합법적 권한을 인정하는 규칙이 있어야 할 것이다. 이와 같은 규칙은 법률의 형태를 가져야 할까? 그렇게 되려면 긴 시간이 소요될 것이다. 그러나 가까운 시기에 보편적으로 인정되는 어떤 행동 규범의 형태로는 나타날 것이며, 이는 규제하기가 매우 어려울 것이다. 한 기업이 자기방어의 차원에서 반격해킹을 하면, 다른 기업 역시 같은 방식으로 대응해도 된다고 생각할 수 있다. 법률이 이를 공식적으로 허용하지 않더라도 말이다. 사적인 사이버전쟁은 불가피할 것으로 보인다. 조만간 언젠가 어떤 기업이 침입자를 유혹하여 바이러스를 심어둔 문서를 빼내 가도록 하고, 침입자가 그 문서를 열면 바이러스가 그의 네트워크를 파괴하는 보복 방식도 등장할 수 있다. 그와 같은 도발은 증폭되어 결사적인 싸움으로 이어질 수 있다. 그러면 정부가 나서서 파국을 막는 단계(최악의 경우에는 강제적 조치)로 가야 한다.

생명이나 신체에는 큰 위험이 없지만 일상적으로 발생하는 위협으로부터 고객들을 보호하기 위해 기업은 인터넷 안전지대를 구축할 것이다. 은행들은 자신들의 웹사이트 도메인명에서 .com을 빼고 대신에 .bank나 기업명으로 대체하려고 한다. 이렇게 하면 고객에게 자신들이 사기 사이트가 아니라 합법적인 은행과 커뮤니케이션 중이라는 신호가 될 것으로 기대한다. 기업은 사이버 인프라 구조 전체를 안전한 토대 위에 구축하려는 노력도 진행하는데, 그곳은 일반 인터넷보다 트래픽을 좀 더 적극적이고 엄격하게 감시할 수 있는 곳이다. 말하자면 출입구에 차단기가 설치된 아파트 단지와 같은 공동체의 인터넷 버전에 해당한다. 그리고 다른 민간 조직과 마찬가지로 소유주는 회원 자격에 제한을 두고, 규칙을 제정하여 시행하며 그에 따른 편익도 제공한다. 즉 안전이다. 일상생활의 한 부분을 이루는 서비스(은행, 이메일, 즐겨찾기 목록 등) 모두 혹은 그 일부가 이와 같은 민간 네트워크를 이용한다고 생각해보자. 소유주는 네트워크 내에서 트래픽을 감시하여 멀웨어를 찾거나 고객의 개인정보 탈취 혹은 유출이 의심되면 위험신호를 보낼 것이다. 그리고 네트워크 내로 들어오는 자를 추적하고 의심스러울 경우는 들어오지 못하게 막는다. 군대에서 이용하는 극비의 네트워크와 비슷한 형태다. 공격적 행동을 완전히 막을 순 없을 것이다(벅샷양키 작전에서 보았듯이 군대도 마찬가지다). 그러나 현재와 같이 거의 통제되지 않는 상태로 팽창하는 인터넷 환경과 비교하면 훨씬 높은 수준의 보안 조치가 시행될 수 있다.

그러면 누가 이와 같은 공동체를 구축하게 될까? 아마존이 그 첫번째 후보다. 사실 아마존은 이미 CIA를 대상으로 그 한 버전을 구축하여 이용하고 있다. 다른 기업들의 데이터와 컴퓨팅 운영을 호스팅해주는 아마존 웹서비스는 6억 달러를 들여 사적 시스템, 즉 클라우드를 구축했다. 그러나 일반 인터넷을 통해 접속하는 다른 클라우드들과는 달리 아마존이 보유한 하드웨어와 네트워크 장비를 이용하여 운영된다.[8] 아마존은 지금까지 고객들에게 사적 클라우드를 제공하지 않았지만 CIA를 필두로 새로운 시장이 열릴 것으로 보인다.

가까운 장래에 우리가 이처럼 보호된 공동체 안에서 보내는 시간이 더 많아질 것이다. 그리고 그곳에 들어가는 가격이 자신의 정체성이 될지도 모른다. 기업은 우리 각자에 대해 더 많이 알 필요가 있으며, 특히 우리의 컴퓨터나 모바일 장치가 물리적으로 어디에 위치해 있는지 그 정보가 필요할 것이다. 위치를 특정할 수 있으면 안전지대에서 우리가 친구인지 아니면 적인지 판단하는 데 도움이 된다. 만약 우리가 규칙을 어긴다면 추방해버릴 것이다. 익명은 위협으로 간주된다. 익명은 뭔가 숨기는 것이 있으며, 다른 나라의 서버를 가로채서 자신의 실제 위치를 감추는 악성 해커들도 그렇게 하기 때문이다. 사진신분증이나 여권에 해당하는 신분 표식을 사용할 것인데 이것으로 자신이 안전지대에 속한 구성원이며, 보호를 받는 대신 규칙을 준수한다는 데 동의했음을 증명한다. 사이버공간에서는 안전이 권리가 될 수는 없고 특권이 될 수는 있을 것이다. 그 대신 특권의 대가를 지불해야 한다.

우리가 사이버공간을 관리하거나 그곳에서의 행동을 법령으로 규제해야 할 것인가? 이것은 장래의 사이버공간과 관련하여 제기되는 근본적인 질문이다. 관리되지 않는 공간은 파국으로 이어질 수 있으며 건강하지 못하다. 범죄자와 테러리스트들의 은신처가 된다. 누구도 아무런 규칙이 없는 미래를 말하지 않는다. 그러나 사이버공간에서 '상대적으로 보안을 어느 정도 강조해야 하나 그리고 그 책임은 누구에게 있나?'라는 질문은 대답이 어렵다. 어떤 커뮤니케이션을 대상으로, 얼마나 많은 부분을 감시해야 하나? 모든 웹검색을 대상으로? 모든 구매행위를? 그리고 누가 감시하나? 더 안전한 사이버공간을 탈퇴하고 익명성이 보장되는 곳으로 간다면 이를 허용해야 하나? 익명성 유지가 권리로 받아들여진 적은 없다. 그러나 사이버공간에서는 가능성이 있다. 그리고 자유로운 표현은 인터넷의 핵심적 정신이다. 미국 정부는 이와 같은 개념에 입각해서 토르 구축을 지원했던 때도 있다.

과연 프라이버시가 무엇을 의미할까? 사실 어디서나 감시가 행해지고 있는 현실을 생각하면 우리가 말하는 사전적 의미의 프라이버시는 무용지물이라 할 수 있다. 미국 정보기관이 미국 시민들과 관련하여 수집하는 정보의 대부분은 로그 및 레코드 같은 소위 메타데이터로서, 이것은 수정헌법 제4조 불합리한 체포수색 금지 조항의 보호 대상이 아니다. 사람들이 온라인상에서 프라이버시를 말할 때 실제로 익명성을 유지할 권리를 의미하는 것일까? 감시 당국에게 인지되지 않을 권리? 정부의 관점에서 이것은 즉시 의심을 불러일으킨다. 잠재적인 위협으로 간주된다. NSA가 토르를 훼손시키기 위해 그렇게 많은 시간을 투입한 이유도 여기에 있다. 익명성과 집단 안전은 사이버공간에서 서로 충돌되는 개념이다. 그리고 앞으로도 당분간은 서로 대립하는 상태로 남아 있을 것이다.

이처럼 서로 대립되는 이해관계의 균형을 이루는 데 필요한 계산을 정부에게만 맡겨두어서는 안 된다. 비밀리에 진행되는 정보 작전으로는 건전하고도 지속가능한 공공정책을 수립할 수 없다. NSA는 거의 4년 동안 비밀 프로그램을 통해 미국 시민들을 상대로 영장 없이 집단 감시를 했다. 이 중 일부는 명백히 불법으로, 군사−인터넷 복합체의 토대가 여기에서 형성되었다. 하지만 우리 앞에 드러날 때까지 우리는 이것을 알지 못했다.

두 명의 대통령이 재임하는 동안 NSA는 여러 면에서 인터넷의 안전성을 떨어뜨렸다. NSA가 전 세계에 걸쳐 수만 대의 컴퓨터와 서버에 심어넣은 멀웨어들로 인해 무고한 사람들이 이용하는 컴퓨터에 새로운 취약점이 생겼으며, 제3자에 의해 공격이나 해킹을 당할 위험이 높아졌다. 제3자는 물론 자신들의 정부도 포함된다. NSA는 또한 미국 기업이 글로벌 경제에서 사업하는 데 더 큰 어려움을 겪게 만들었다. IBM, 휴렛팩커드, 시스코, 마이크로소프트는 NSA의 첩보 행위 폭로 여파로 중국을 비롯한 중요 시장에서 매출이 감소했다. 외국에서는 한때 효율과 혁신의 대명사였던 미국 기술에 대해 미국의 첩보활동 도구로 생각하고 있다. 여기에는 기업의 책임도 상당 부분 있다. 정부의 감시 프로그램에 참여하거나 자신들의 시스템에 NSA가 백도어를 설치하도록 용인해주었기 때문이다. 우리는 또한 시민의 자유에 대한 요구와 사이버공간에서의 보안 사이에 존재하는 갈등 해결방안을 기업들이 스스로 찾을 수 있을 것으로 기대해서는 안 된다.

민간기업들이 인터넷의 미래 형태에 가장 직접적으로 영향을 미칠 것이며(주로 NSA의 첩보활동에 대항하는 일환으로), 이미 자신들의 상품 및 서비스의 보안을 강화하기 시작했다. 예를 들어 구글은 이메일 서비스에 암호를 강화하여 간첩들이 사적 커뮤니케이션을 가로채더라도 읽기가 더 어렵게 만들고 있다. 이것은 소비자들의 프라이버시 인식이 거둔 승리로 간주된다. 보안에 대한 목소리가 높아지면 익명성의 기술들이 하이테크 경제의 새로운

영역을 활성화시킬 가능성이 있다. 사이버공간에서의 감시와 자기증명이다.

하지만 NSA도 적이 아니다. 악의를 품은 범죄자와 간첩 혹은 군인들로부터 컴퓨터를 방어하는 기술의 최고들이 모인 곳이다. NSA와 사이버사령부는 국가 방어를 위해 자신들의 역량을 구축해 가야 한다. 그러나 NSA가 사이버사령부의 변화발전을 너무 강하게 통제해 왔다. 사이버전쟁은 당연히 군사행동이며, 군인이나 첩보요원이 아닌 시민이 통제하는 군대가 전쟁을 이끌어야 한다. 사이버사령부는 사이버전을 무장군대의 원리 속으로 통합시켜야 한다. 전 세계의 모든 현대 군대는 그렇게 될 것이 분명하다. 장래의 대통령은 NSA와 사이버사령부의 주도권을 분리하게 될 것이며, 이것은 강하고 책임 있는 사이버 역량을 유지하기 위해 먼 길을 가는 것이다.

사이버공간은 매우 방대하고 어디에나 존재하기 때문에 어느 한 주체가 이를 지배하거나 그 속에서의 행동 규범을 지시할 수 없다. 사이버공간을 한마디로 정의할 방법은 없다. 공유물은 아니지만 개인소유도 아니다. 우리는 물이나 전기 같은 공공재처럼 사이버공간에 의존하게 되었다. 그러나 아직은 주로 사적으로 소유한 장비들의 결합이다. 다행히 우리는 황혼의 시기가 아닌 새로운 시대의 초입에 있으며, 이와 같은 난제를 숙고할 얼마간의 시간이 있다. 이제 떼어낼 수 없게 연결된 이 공간의 특성에 관해 모든 것을 논의해야 한다.

그 시간은 빠르게 지나간다. 정부와 기업은 자신들이 지켜야 할 규칙을 만들고 있으며, 그들의 행동은 많은 사람들의 생각보다 훨씬 더 실체적인 영향을 끼친다. 이는 사이버공간에 접촉하는 누구에게나 적용되는 것으로(그래서 필연적으로 공동체적이다), 아이젠하워가 "위대한 순간의 문제들에 대한 필수적 동의, 국가의 미래를 더 나은 모습으로 만들기 위한 현명한 방안"이라 표현했던 것을 찾으려 한다. 아이젠하워는 강력하면서 파괴적이 될 수 있는 기술의 출현을 우려하며 '과학기술 엘리트'들이 자신들의 욕심을 앞세울 경우 또한 염려했다. 그들은 사람들을 자유롭게 해주는 방법을 가장 잘 안다고 주장하고 다닌다. 아이젠하워가 가장 걱정했던 문제는 군사-산업 복합체의 출현이었다. 그리고 '잘못 사용된 권력'에 대한 그의 충고는 당시와 마찬가지로 여전히 경고를 발한다. "어떤 것도 당연하게 여겨서는 안 됩니다. 깨어 있고 현명한 시민만이 거대한 군사-산업 복합 체제를 평화적 도구 및 목표와 적절하게 조화시킬 수 있으며, 그렇게 함으로써 안보와 자유는 함께 번영할 수 있을 것입니다."

후주(後註)

프롤로그

1. 전직 국방부 관료 및 기자들과의 인터뷰를 토대로 한 설명이다.

2. "Joint Strike Fighter: Strong Risk Management Essential as Program Enters Most Challenging Phase," US Government Accountability Office, GAO-09-711T, May 20, 2009, http://www.gao.gov/products/GAO-09-711T.

3. "Top 200 Contractors," *Government Executive*, August 15, 2007, http://www.govexec.com/magazine/2007/08/top-200-contractors/25086/.

4. "Computer Spies Breach Fighter-Jet Project," *Wall Street Journal*, April 21, 2009, http://online.wsj.com/news/articles/SB124027491029837401.

5. "Security Experts Admit China Stole Secret Fighter Jet Plans," Australian, March 12, 2012, http://www.theaustralian.com.au/news/world/security-experts-admit-china-stole-secret-fighter-jet-plans/story-fnb64oi6-1226296400154#mm-premium.

6. Andrea Shalal-Esa, "Pentagon Sees Risks, Progress on Lockheed's F-35 Jet," Reuters, April 24, 2013, http://www.reuters.com/article/2013/04/25/us-lockheed-fighter-idUSBRE93O00E20130425.

7. CEO들은 펜타곤이 자신들을 불러들인 이유를 알지 못했다. 저자는 DIB 프로그램에 관여한 국방부 관료뿐만 아니라 회의에 참가했던 사람들과 인터뷰했다. 2009년 국방부 차관보로 프로그램을 지휘했던 로버트 렌츠(Robert Lentz), 워싱턴 DC의 국제전략문제연구소 사이버보안전문가인 제임스 루이스, 레이시언의 정보보안솔루션 담당 부팀장인 스티브 홉킨스(Steve Hawkins) 등을 인터뷰했으며,

2013년에는 공군장성 마이클 바슬라도 인터뷰했다.

8. 2009년 4월 제임스 루이스와의 인터뷰.

9. 저자는 2009년과 2013년 기업경영자뿐만 아니라 국방부와 국토안보부의 전현직 관료들과 인터뷰했다.

10. 파네타는 2012년 10월 12일 뉴욕 인터레피드 해양·항공·우주박물관을 방문한 자리에서 이렇게 말했다. http://www.defensenews.com/article/20121012/ DEFREG02/310120001/Text-Speech-by-Defense-U-S-Secretary-Leon-Panetta.

11. "사이버공격을 심각한 위협으로 받아들여야 한다.", *Wall Street Journal*, July 19, 2012, http://online.wsj.com/news/articles/SB-1000087239639044433309045775 35492693044650.

12. 제임스 코미 국장이 2013년 11월 14일 상원 국토안보정부위원회에서 행한 증언. http://www.fbi.gov/news/testimony/homeland-threats-and-the-fbis-response.

13. 크리스 스토름(Chris Strohm)과 토드 쉴즈(Todd Shields)는 2013년 4월 11일, 블룸버그(Bloomberg.com)에 이렇게 말했다. "사이버공격이 증가하고 있는 가운데 오바마는 펜타곤의 사이버예산을 크게 늘렸다." http://www.bloomberg.com/ news/2013-04-10/lockheed-to-general-dynamicstarget-shift-to-cyber-spend.html.

14. Federal Climate Change Expenditures Report to Congress, August 2013, http:// www.whitehouse.gov/sites/default/files/omb/assets/legislative_reports/fcce- report-to-congress.pdf.

1. 사이버전쟁이 시작되다

1. 2013년 10월 저자와의 인터뷰.

2. 이 회의에 대한 설명은 당시 국가정보국장이던 마이크 맥코넬과의 2회에 걸친 긴 인터뷰뿐만 아니라, 부시 대통령의 대테러 자문위원이었던 프랜 타운센드(Fran Townsend), 그리고 퇴역 공군장성이자 국가정보국 고위관료였던 데일 메이어로즈(Dale Meyerrose)와의 인터뷰를 토대로 했다. 이라크에서 NSA와 군대가 전개한 사이버활동들의 상세한 내용은 작전에 참가했던 퇴역 군 정보장교 세 명으로부터 신원을 밝히지 않는다는 조건으로 얻었다. 이라크주둔군 사령관이었던 데이비드 퍼트레이어스와 같은 다른 군장교들도 이라크에서의 사이버작전에 관해 공개적으로 언급하며 미국의 승리에 중요한 기여를 했다고 말했다.

3. 스턱스넷 공격에 관한 정보는 전현직 관료 및 컴퓨터보안 전문가와 가진 저자

의 인터뷰 외에도 방대한 연구문헌과 뉴스기사를 참고했으며, 특히 다음과 같은 곳에서 핵심적인 상세 내용을 얻었다. Ralph Langner, "Stuxnet's Secret Twin," *Foreign Policy*, November 21, 2013, http://www.foreignpolicy.com/articles/2013/11/19/stuxnets_secret_twin_iran_nukes_cyber_attack#sthash. nq7VuMAC.8FWcquMx.dpbs ; David Sanger, "Obama Order Sped Up Wave of Cyberattacks Against Iran," *New York Times*, June 1, 2012, http://www.nytimes. com/2012/06/01/world/middleeast/obama-ordered-wave Houghton Mifflin Harcourt 06/03/2014 -of-cyberattacks-against-iran.html?pagewanted=all; James Bamford, "The Secret War," *Wired*, June 12, 2013, http://www.wired.com/threatlevel/2013/06/ general-keith-alexander-cyberwar/all/ ; and Jim Finkle, "Researchers Say Stuxnet Was Deployed Against Iran in 2007," Reuters, February 26, 2013, http://www .reuters.com/article/2013/02/26/us-cyberwar-stuxnet-idUSBRE91P0PP20130226.

4. 사망자 수 통계는 iCasualties.org에서 얻었다. http://icasualties.org/Iraq/index. aspx.

5. 위와 같다. http://www.iraqbodycount.org/database/.

6. Dana Priest, "NSA Growth Fueled by Need to Target Terrorists," *Washington Post*, July 21, 2013, http://www.washingtonpost.com/world/national-security/nsa-growth-fueled-by-need-to-targetterrorists/2013/07/21/24c93cf4-f0b1-11e2-bed3-b9b6fe264871_story.html.

7. David E. Peterson, "Surveillance Slips into Cyberspace," *Signal*, February 2005, http://www.afcea.org/content/?q=node/629.

8. 여러 자료를 종합한 설명이다. 퇴역 고위장교 한 사람과 이라크에서 활동했던 다른 군정보 요원들과의 인터뷰 등으로 다음과 같은 자료들이 포함된다. Priest, "NSA Growth"; and Joby Warrick and Robin Wright, "US Teams Weaken Insurgency in Iraq," *Washington Post*, September 6, 2008, http://articles.washingtonpost. com/2008-09-06/world/36869600_1_salim-abdallah-ashur-abu-uthman-iraqi-insurgents. See also David H. Petraeus, "How We Won in Iraq," *Foreign Policy*, October 29, 2013, http://www.foreignpolicy.com/articles/2013/10/29/david_petraeus_how_we_won_the_surge_in_iraq?page=0,3; and Stanley A. McChrystal, "It Takes a Network," *Foreign Policy*, February 22, 2011, http://www.foreignpolicy.com/articles/2011/02/22/it_takes_a_network.

9. Eric Schmitt and Thom Shanker, *Counterstrike: The Untold Story of America's Secret*

Campaign Against Al Qaeda(New York: Times Books, 2011).

10. Scott Shane, "No Morsel Too Minuscule for All-Consuming NSA," *New York Times*, November 2, 2013, http://www.nytimes.com/2013/11/03/world/no-morsel-too-minuscule-for-all-consuming-nsa.html?_r=2&pagewanted=all&&pagewanted=print.

11. Ned Parker, "Christians Chased Out of District," *Los Angeles Times*, June 27, 2007, http://articles.latimes.com/2007/jun/27/world/fg-christians27.

12. "US Launches Major Iraq Offensive," BBC News, June 19, 2007, http://news.bbc.co.uk/2/hi/middle_east/6766217.stm; and "Start of 'Arrowhead Ripper' Highlights Iraq Operations," American Forces Press Service, June 19, 2007, http://www.defense.gov/News/NewsArticle.aspx?ID=46459.

13. Warrick and Wright, "US Teams Weaken Insurgency." *There were 28 bombings:* Ibid.

14. National Security Agency statement on surveillance programs, August 9, 2013, http://cryptome.org/2013/08/nsa-13-0809.pdf.

2. 국가정보력이 막강한 전쟁무기인 시대

1. *60 Years of Defending Our Nation*(NSA 연감, 2012). http://www.nsa.gov/about/cryptologic_heritage/60th/book/NSA_60th_Anniversary.pdf.

2. 소위 대통령의 감시프로그램과 스텔라 윈드에 대한 설명은 전직 정부관료들과의 수차례에 걸친 인터뷰뿐만 아니라, 스노든이 폭로한 NSA 감사관의 보고서(ST-09-002 Working Draft, March 24, 2009)도 참고했다. 이 문서는 http://www.theguardian.com/world/interactive/2013/jun/27/nsa-inspector-general-report-document-data—collection에서 얻을 수 있다. 저자가 쓴 다른 책인 *The Watchers: The Rise of America's Surveillance State*(New York: Penguin Press, 2010)에도 상세한 내용이 실려 있다.

3 NSA가 암호명을 정하는 방법은 아직 수수께끼다. 1960년대에는 NSA 직원 한 사람이 암호명 책정을 담당했는데, 프로그램이 실제로 수행하는 임무와는 아무런 상관이 없이 무작위로 설정되는 것처럼 보였다. 자세한 내용은 톰 바우먼(Tom Bowman)의 다음과 같은 글을 참고하라. "Why Does the NSA Keep an EGOTISTICALGIRAFFE? It's Top Secret," NPR News, November 10, 2013, http://www.npr.org/2013/11/10/244240199/why-does-the-nsa-keep-an-egotisticalgiraffe-its-top-secret.

4. Matt Schudel, "Pedro Luis Rustan, 65, "Pedro Luis Rustan, 65, Aerospace and Surveillance Innovator," Obituaries, *Washington Post*, July 7, 2012, http://articles. washingtonpost.com/2012-07-07/local/35486174_1_nro-spy-satellites-national-reconnaissance-office.

5. "Change Agent," *C4ISR Journal*, October 8, 2010, http://www.defensenews.com/article/20101008/C4ISR01/10080311/.

6. David H. Petraeus, "How We Won in Iraq," *Foreign Policy*, October 29, 2013, http://www.foreignpolicy.com/articles/2013/10/29/david_petraeus_how_we_won_the_surge_in_iraq?page=0,3.

7. Craig Whitlock and Barton Gellman, "To Hunt Osama bin Laden, Satellites Watched over Abbottabad, Pakistan, and Navy SEALs," *Washington Post*, August 29, 2013, http://articles.washingtonpost.com/2013-08-29/world/41712137_1_laden-s-osama-bin-laden.

3. 사이버 군대가 만들어지다

1. 퇴역 군정보장교와의 인터뷰.

2. 저자는 2009년 맥코넬과 여러 차례 인터뷰를 가졌다.

3. 프리즘 감시 프로그램의 대상 기업 목록은 에드워드 스노든이 폭로한 문서에 실렸다. 〈워싱턴포스트〉와 〈가디언〉이 가장 먼저 공개했으며 이어서 여러 언론 사들이 다루었다. 프리즘 감시 프로그램과 관련된 상세한 사항은 저자가 전현 직 정보관료들과의 인터뷰에서 얻었다.

4. 맥코넬과의 인터뷰.

5. David Sanger, *Confront and Conceal: Obama's Secret Wars and Surprising Use of American Power*(New York: Crown, 2012)를 참고하라.

6. 슈라이버 워게임 2010에 대한 설명과 이를 통해 군이 얻은 교훈은 다음 세 가지 자료에서 나왔다. 저자가 마이클 바슬라 장군 및 공군의 정보부 책임자와 행한 인터뷰; *High Frontier: The Journal for Space and Cyberspace Professionals* 7, no. 1. 여기에 는 그 워게임에 대한 설명과 분석만 실려 있다. http://www.afspc.af.mil/shared/media/document/AFD-101116-028.pdf; Robert S. Dudney, "Hard Lessons at the Schriever Wargame," *Air Force Magazine* 94, no. 2 (February 2011), http://www.airforcemag.com/MagazineArchive/Pages/2011/February%202011/0211wargame.

aspx.

7. 정부 관료 및 산업계 전문가, 그리고 기업경영자들과 행한 저자의 인터뷰. 중국의 사이버 역량에 대한 인터뷰에는 사이버보안산업연합(CSIA)의 전직 총재 팀 베넷(Tim Bennett), Cybrinth의 전 CEO 스티븐 스푸나모어(Stephen Spoonamore), 국가정보국 산하 정보대응팀장 조엘 브레너(Joel Brenner) 등과의 인터뷰가 포함된다. Shane Harris, "China's Cyber-Militia," *National Journal*, May 31, 2008, http://www.nationaljournal.com/magazine/china-s-cyber-militia-20080531. 참고.

8. 저자와의 인터뷰.

9. 의회 직원 및 수사관과의 인터뷰 외에도, 하원의 보안전문가들이 신뢰성 있게 준비한 브리핑을 입수하였다. Shane Harris가 쓴 "Hacking the Hill," *National Journal*, December 20, 2008, http://www.nationaljournal.com/magazine/hacking-the-hill-20081220 참고하라.

10. 미국 상공회의소는 이와 관련해서 많은 의견을 제시했다. 다음 웹사이트 참고하라. http://www.pcworld.com/article/260267/senate _delays_maybe_kills_cybersecurity_bill.html.

11. 오바마 대통령이 발표한 명령은 다음 웹사이트에서 찾아볼 수 있다. http://www.fas.org/irp/offdocs/ppd/. PDD-20은 군대의 사이버작전과 관련된 명령으로 전직 NSA 협력업자인 에드워드 스노든에 의해 유출되어 2013년 6월 전체가 공개되었다.

12. 존 데이비스 장군이 AFCEA(The Armed Forces Communications and Electronics Association) 국제 사이버 심포지엄(2013)에서 행한 연설, http://www.dvidshub.net/video/294716/mg-davis-afcea#.UpSILmQ6Ve6#ixzz2lkc87oRy.

13. Scott Shane, "No Morsel Too Minuscule for All-Consuming N.S.A.," *New York Times*, November 2, 2013, http://www.nytimes.com/2013/11/03/world/no-morsel-too-minuscule-for-all-consuming-nsa.html.

14. 다음을 참고하라. Chairman of the Joint Chiefs of Staff, *Joint Targeting*, Joint Publication 3-60, January 31, 2013, http://cfr.org/content/publications/attachments/Joint_Chiefs_of_Staff-Joint_Targeting_31_January_2013.pdf.

15. 공군의 작전참모회의 부의장이던 허버트 칼라일 장군이 2012년 워싱턴에서 중국의 전술에 대한 국방컨퍼런스에서 한 말이다. 다음을 참고하라. David Fulghum, "China, US Chase Air-to-Air Cyberweapon," *Aviation Week*, March 9, 2012.

16. Dune Lawrence and Michael Riley, "A Chinese Hacker's Identity Unmasked," *Bloomberg Businessweek*, February 14, 2013, http://www.businessweek.com/

articles/2013-02-14/a-chinese-hackers-identity-unmasked.

17. 존 데이비스 장군의 연설.

18. Jason Koebler, "NSA Built Stuxnet, but Real Trick Is Building Crew of Hackers," *US News & World Report*, June 8, 2012, http://www.usnews.com/news/articles/2012/06/08/nsa-built-stuxnet-but-real-trick-is-building-crew-of-hackers.

4. 인터넷이라는 이름의 전쟁터

1. TAO에 대한 더 상세한 정보는 정보사학자이자 언론인인 매튜 에이드의 다음과 같은 연구를 참고하라. "The NSA's New Code Breakers," *Foreign Policy*, October 16, 2013, http://www.foreignpolicy.com/articles/2013/10/15/the_nsa_s_new_codebreakers?page=0%2C1#sthash.jyc1d12P.dpbs.

2. Lana Lam, "NSA Targeted China's Tsinghua University in Extensive Hacking Attacks, Says Snowden," *South China Morning Post*, June 22, 2013, http://www.scmp.com/news/china/article/1266892/exclusive-nsa-targeted-chinas-tsinghua-university-extensive-hacking?page=all.

3. QS World University Rankings, 2013, http://www.topuniversities.com/university-rankings/university-subject-rankings/2013/computer-science-and-information-systems.

4. Matthew Aid, *Secret Sentry: The Untold History of the National Security Agency*(New York: Bloomsbury Press, 2009), http://www.amazon.com/The-Secret-Sentry-National-Security/dp/B003L1ZX4S.

5. Matthew Aid, "Inside the NSA's Ultra-Secret China Hacking Group," *Foreign Policy*, October 15, 2013, http://www.foreignpolicy.com/articles/2013/06/10/inside_the_nsa_s_ultra_secret_china_hacking_group.

6. 하와이센터에서 작전에 참가했던 한 전직 직원이 전한 말이다.

7. 플랫리퀴드 작전은 에드워드 스노든이 제공한 문서를 토대로 데르 스피겔이 최초로 보고했다. 다음을 참고하라. Jens Glusing et al., "Fresh Leak on US Spying: NSA Accessed Mexican President's Email," *Spiegel Online*, International edition, October 20, 2013, http://www.spiegel.de/international/world/nsa-hacked-e-mail-account-of-mexican-president-a-928817.html.

8. Matthew Aid, "The CIA's New Black Bag Is Digital," *Foreign Policy*, August 18, 2013,

http://www.foreignpolicy.com/articles/2013/07/16/the_cias_new_black_bag_is_digital_nsa_cooperation#sthash.XUr4mt5h.dpbs.

9. Barton Gellman and Ellen Nakashima, "US Spy Agencies Mounted 231 Offensive Cyber-Operations in 2011, Documents Show," *Washington Post*, August 30, 2013, http://articles.washingtonpost.com/2013-08-30/world/41620705_1_computer-worm-former-u-s-officials-obama-administration.

10. 다음을 참고하라. Siobhan Gorman, Adam Entous, and Andrew Dowell, "Technology Emboldened the NSA," *Wall Street Journal*, June 9, 2013, http://online.wsj.com/news/articles/SB10001424127887323495604578535290627442964; and Noah Shachtman, "Inside DARPA's Secret Afghan Spy Machine," Danger Room, *Wired*, July 21, 2011, http://www.wired.com/dangerroom/2011/07/darpas-secret-spy-machine/.

11. John Reed, "An Enlisted Airman Deciphered al-Qaeda's 'Conference Call' of Doom," *Foreign Policy*, September 18, 2013.

12. Eli Lake and Josh Rogin, "US Intercepted al-Qaeda's 'Legion of Doom' Conference Call," *Daily Beast*, August 7, 2013, http://www.thedailybeast.com/articles/2013/08/07/al-qaeda-conference-callintercepted-by-u-s-officials-sparked-alerts.html; and Eli Lake, "Courier Led US to al-Qaeda Internet Conference," *Daily Beast*, August 20, 2013, http://www.thedailybeast.com/articles/2013/08/20/exclusive-courier-led-u-s-to-al-qaeda-internet-conference.html.

13. 2013년 10월 14일 밥 스타지오와의 인터뷰.

5. 우리 내부의 파괴자들

1. Siobhan Gorman, "Costly NSA Initiative Has a Shaky Takeoff," *Baltimore Sun*, February 11, 2007, http://articles.baltimoresun.com/2007-02-11/news/0702110034_1_turbulence-cyberspace-nsa.

2. NSA 토르 파괴공작의 상세한 내용은 다음을 참고하라. Shane Harris and John Hudson, "Not Even the NSA Can Crack the State Department's Favorite Anonymous Network," *Foreign Policy*, October 7, 2013, http://thecable.foreignpolicy.com/posts/2013/10/04/not_even_the_nsa_can_crack_the_state_departments_online_anonymity_tool#sthash.1H45fNxT.dpbs; Barton Gellman, Craig Timberg,

and Steven Rich, "Secret NSA Documents Show Campaign Against Tor Encrypted Network," *Washington Post*, October 4, 2013, http://articles.washingtonpost.com/2013-10-04/world/42704326_1_nsa-officials-national-security-agency-edward-snowden; and James Ball, Bruce Schneir, and Glenn Greenwald, "NSA and GCHQ Target Tor Newtork That Protects Anonymity of Web Users," *Guardian*, October 4, 2013, http://www.theguardian.com/world/2013/oct/04/nsa-gchq-attack-tor-network-encryption.

3. 다음 사이트에서 프레젠테이션 자료를 얻을 수 있다. **http://www.theguardian.com/world/interactive/2013/oct/04/tor-stinks-nsa-**presentation-document.

4. IT기업 직원 및 전문가들과의 인터뷰. <뉴욕타임스>에서 공개한 기밀 예산문서를 보면 프로젝터에 대해 좀 더 상세히 알 수 있다. http://www.nytimes.com/interactive/2013/09/05/us/documents-reveal-nsa-campaign-against-encryption.html?ref=us.

5. Glenn Greenwald et al., "Microsoft Handed the NSA Access to Encrypted Messages," Guardian, July 11, 2013, http://www.theguardian.com/world/2013/jul/11/microsoft-nsa-collaboration-user-data.

6. Nicole Perlroth, Jeff Larson, and Scott Shane, "NSA Able to Foil Basic Safeguards of Privacy on the Web," *New York Times*, September 5, 2013, http://www.nytimes.com/2013/09/06/us/nsa-foils-much-internet-encryption.html?pagewanted=all.

7. Bruce Schneier, "Did NSA Put a Secret Backdoor in New Encryption Standard?" *Wired*, November 15, 2007, http://www.wired.com/politics/security/commentary/securitymatters/2007/11/securitymatters_1115.

8. Joseph Menn, "Secret Contract Tied NSA and Security Industry Pioneer," Reuters, http://mobile.reuters.com/article/idUSBRE9BJ1C220131220?irpc=932.

9. 노이버거 인터뷰 전체는 다음 사이트에서 볼 수 있다. http://www.lawfareblog.com/2013/12/lawfare-podcast-episode-55-inside-nsa-part-iv-we-speak-with-anne-neuberger-the-woman-on-front-lines-of-nsas-relations-with-industry/.

10. EPIC의 조사 내용은 다음 사이트에 요약되어 있다. http://epic.org/crypto/dss/new_nist_nsa_revelations.html.

11. *Journal of Technical Health* 23, no. 1(Spring 1997), http://cryptome.org/2013/03/nsa-cyber-think.pdf.

12. 제로데이 회색시장에 대한 정보는 전현직 미국 관료들 및 IT 전문가들과의 인터뷰에서 얻었다.

13. Tadayoshi Kohno, Andre Broido, and k. c. claffy, "Remote Physical Device Fingerprinting," http://www.caida.org/publications/papers/2005/fingerprinting/KohnoBroidoClaffy05-devicefingerprinting.pdf.

14. Steven J. Murdoch, "Hot or Not: Revealing Hidden Services by Their Clock Skew," http://www.cl.cam.ac.uk/~sjm217/papers/ccs06hotornot.pdf. 다음을 참고해도 좋다. Quinn Norton, "Computer Warming a Privacy Risk," *Wired*, December 29, 2006, http://www.wired.com/science/discoveries/news/2006/12/72375.

15. Joseph Menn, "US Cyberwar Strategy Stokes Fear of Blowback," Reuters, May 10, 2013, http://www.reuters.com/article/2013/05/10/us-usa-cyberweapons-specialreport-idUSBRE9490EL20130510.

16. Barton Gellman and Ellen Nakashima, "US Spy Agencies Mounted 231 Offensive Cyber-Operations in 2011, Documents Show," *Washington Post*, August 30, 2013, http://articles.washingtonpost.com/2013-08-30/world/41620705_1_computer-worm-former-u-s-officials-obamaadministration.

17. "About the Program," Systems and Network Interdisciplinary Program, http://www.nsa.gov/careers/_files/SNIP.pdf.

18. John Markoff, "Cyber Attack on Google Said to Hit Password System," *New York Times*, April 19, 2010.

6. 목적에 따라 따라 특화된 사이버 용병들

1. Aram Roston, "Nathaniel Fick, Former CNAS Chief, to Head Cyber Targeting Firm," *C4ISR Journal*, January.February 2013, http://www.defensenews.com/article/20130115/C4ISR01/301150007/Nathaniel-Fick-Former-CNAS-Chief-Heads-Cyber-Targeting-Firm.

2. Michael Riley and Ashlee Vance, "Cyber Weapons: The New Arms Race," *Bloomberg Businessweek*, July 20, 2011, http://www.businessweek.com/magazine/cyber-weapons-the-new-arms-race-07212011.html#p4.

3. Andy Greenberg, "Founder of Stealthy Security Firm Endgame to Lawmakers: Let US Companies 'Hack Back,' " *Forbes*, September 20, 2013, http://www.forbes.com/sites/andygreenberg/2013/09/20/founder-of-stealthy-security-firm-endgame-to-lawmakers-let-u-s-companies-hack-back/.

4. Joseph Menn, "US Cyberwar Strategy Stokes Fear of Blowback," Reuters, May 10, 2013, http://www.reuters.com/article/2013/05/10/us-usa-cyberweapons-specialreport-idUSBRE9490EL20130510.

5. 클라우드스트라이크의 기술과 관련된 정보는 회사 감사관인 스티브 차빈스키 및 전직 FBI 고위관료와 2013년 7월과 8월에 행한 인터뷰를 토대로 했다. 회사 웹사이트에서도 추가정보를 얻었다.

6. John Seabrook, "Network Insecurity: Are We Losing the Battle Against Cyber Crime?" *New Yorker,* May 20, 2013.

7. Jennifer Valentino-Devries, "Surveillance Company Says It Sent Fake iTunes, Flash Updates," *Wall Street Journal*, November 21, 2011, http://blogs.wsj.com/digits/2011/11/21/surveillance-company-says-it-sent-fake-itunes-flash-updates-documents-show/.

8. Vernon Silver, "Cyber Attacks on Activists Traced to FinFisher Spyware of Gamma," Bloomberg.com, July 25, 2012, http://www.bloomberg.com/news/2012-07-25/cyber-attacks-on-activists-traced-to-finfisher-spyware-of-gamma.html.

9. Vernon Silver, "Spyware Leaves Trail to Beaten Activist Through Microsoft Flaw," Bloomberg.com, October 12, 2012, http://www.bloomberg.com/news/2012-10-10/spyware-leaves-trail-to-beaten-activist-through-microsoft-flaw.html.

10. Adrianne Jeffries, "Meet Hacking Team, the Company That Helps the Police Hack You," *The Verge*, September 13, 2013, http://www.theverge.com/2013/9/13/4723610/meet-hacking-team-the-company-that-helps-police-hack-into-computers.

11. Shane Harris, "Killer App: Have a Bunch of Silicon Valley Geeks at Palantir Technologies Figured Out How to Stop Terrorists?" *Washingtonian*, January 31, 2012, http://www.washingtonian.com/articles/people/killer-app/.

12. Sindhu Sundar, "LabMD Says Gov't Funded the Data Breach at Probe's Center," Law360, http://www.law360.com/articles/488953/labmd-says-gov-t-funded-the-data-breach-at-probe-s-center.

13. https://www.courtlistener.com/ca11/5cG6/labmd-inc-v-tiversa-inc/?q=%22computer+fraud +and+abuse+act%22&refine=new&sort=dateFiled+desc.

14. 저자와의 인터뷰.

15. Jim Finkle, "Microsoft, FBI Take Aim at Global Cyber Crime Ring," *Reuters*, June 5, 2013, http://www.reuters.com/article/2013/06/05/net-us-citadel-botnet-

idUSBRE9541KO20130605.

16. Jennifer Warnick, "Digital Detectives: Inside Microsoft's Headquarters for the Fight Against Cybercrime" Microsoft/Stories, http://www.microsoft.com/en-us/news/stories/cybercrime/index.html.

17. nCirle, Black Hat Survey, *BusinessWire*, July 2012, http://www.businesswire.com/news/home/20120726006045/en/Black-Hat-Survey-36-Information-Security-Professionals#.UtMp8WRDtYo.

18. 2013년 8월 저자와의 인터뷰

7. 경찰, 해커로 변신하다

1. 이 팀과 관련된 정보는 전현직 법집행기관 관료와 IT 업 대표자, 법률전문가 등과 2013년 11월에 행한 인터뷰뿐만 아니라 FBI 웹사이트 정보 등에서도 얻었다. 매직랜턴에 대한 더 상세한 내용은 다음을 참고하라. Bob Sullivan, "FBI Software Cracks Encryption Wall," MSNBC, November 20, 2001, http://www.nbcnews.com/id/3341694/ns/technology_and_science-security/t/fbi-sftware-cracks-encryption-wall/#.UsWEOmRDtYo. Ted Bridis, "FBI Develops Eavesdropping Tools," Associated Press, November 21, 2001, http://globalresearch.ca/articles/BRI111A.html.

2. 2013년 10월 저자와의 인터뷰.

3. G. W. Shulz, "FBI Agents Dedicated to Terror Doubled in Eight Years," Center for Investigative Reporting, April 26, 2010, http://cironline.org/blog/post/fbi-agents-dedicated-terror-doubled-eight-years-671.

4. 2013년 11월 저자와의 인터뷰.

5. 프리드먼의 설명은 다음 웹사이트에서 볼 수 있다. http://www.stratfor.com/weekly/hack-stratfor.

6. Vivien Lesnik Weisman, "A Conversation with Jeremy Hammond, American Political Prisoner Sentenced to 10 Years," *Huffington Post*, November 19, 2013, http://www.huffingtonpost.com/vivien-lesnik-weisman/jeremy-hammond-q-and-a_b_4298969.html.

7. Nicole Perlroth, "Inside the Stratfor Attack," Bits, *New York Times*, March 12, 2012, http://bits.blogs.nytimes.com/2012/03/12/inside-the-stratfor-attack/?_r=0.

8. 위와 같다.

9. Basil Katz, "Stratfor to Settle Class Action Suit Over Hack," *Reuters*, June 27, 2012, http://www.reuters.com/article/2012/06/28/us-stratfor-hack-lawsuit-idUSBRE85R03720120628.

10. Matthew J. Schwartz, "Anonymous Hacker Claims FBI Directed LulzSec Hacks," Dark Reading, *Information Week*, August 27, 2013, http://www.informationweek.com/security/risk-management/anonymous-hacker-claims-fbi-directed-lulzsec-hacks/d/d-id/1111306?.

11. 하몬드의 이 말은 다음 웹사이트에서 볼 수 있다. http://freejeremy.net/yours-in-struggle/statement-by-jeremy-hammond-on-sabus-sentencing/.

8. 또 하나의 맨해튼 프로젝트

1. 그 회의에 대한 설명은 당시 국가정보국장이었던 마이크 맥코넬과의 두 차례에 걸친 긴 인터뷰와 부시의 대테러 자문관이었던 프랜 타운센드와 퇴역 공군장성 데일 메이어로즈, 그리고 국가정보국장실 고위관료와 2009년과 2010년에 가진 인터뷰를 토대로 했다.

2. 무기와 기술 목록은 the Defense Science Board, *Resilient Military Systems and the Advanced Cyber Threat*에서 2013년 1월에 발행한 보고서에 실린 것이다. http://www.acq.osd.mil/dsb/reports/ResilientMilitarySystems.CyberThreat.pdf. 그 목록 자체는 공개되지 않았지만 〈워싱턴포스트〉에서 입수하여 다음 사이트에 게시했다. http://www.washingtonpost.com/world/national-security/a-list-of-the-us-weapons-designs-and-technologies-compromised-by-hackers/2013/05/27/a95b2b12-c483-11e2-9fe2-6ee52d0eb7c1_story.html.

3. David Petraeus, "How We Won in Iraq," *Foreign Policy*, October 29, 2013, http://www.foreignpolicy.com/articles/2013/10/29/david_petraeus_how_we_won_the_surge_in_iraq?page=0,3.

4. William J. Lynn III, "Defending a New Domain: The Pentagon's Cyberstrategy," *Foreign Affairs*, September/October 2010, http://www.foreignaffairs.com/articles/66552/william-j-lynn-iii/defending-a-new-domain.

9. 사상 최대의 사이버 작전 벅샷양키 작전

1. 벅샷양키 작전에 관한 상세한 내용은 저자가 군장교 및 정보관료들과의 인터뷰에서 얻었다. 마이클 바슬라 장군과의 2013년 6월 인터뷰, 프로그램에 참가했던 국방부 분석요원과의 2013년 11월 인터뷰 등이다. 그 외에 다음과 같은 곳에서도 자료를 얻었다. Ellen Nakashima, "Cyber-Intruder Sparks Massive Cyber Response . and Debate Over Dealing with Threats," *Washington Post*, December 8, 2011, http://www.washingtonpost.com/national/national-security/cyber-intruder-sparks-response-debate/2011/12/06/gIQAxLuFgO_story.html; Jason Healey, ed., *A Fierce Domain: Conflict in Cyberspace 1986 to 2012*(Vienna, VA: Cyber Conflict Studies Association, 2013); William J. Lynn III, "Defending a New Domain: The Pentagon's Cyberstrategy," *Foreign Affairs*, September/October 2010, http://www.foreignaffairs.com/articles/66552/william-j-lynn-iii/defending-a-new-domain.
2. 2013년 6월 저자와의 인터뷰.
3. 2013년 6월 저자와의 인터뷰.
4. 2013년 11월 저자와의 인터뷰.
5. Noah Shachtman, "Insiders Doubt 2008 Pentagon Hack Was Foreign Spy Attack," Danger Room, *Wired*, August 25, 2010, http://www.wired.com/dangerroom/2010/08/insiders-doubt-2008-pentagon-hack-was-foreign-spy-attack/.
6. 백악관에서 알렉산더와 함께 사이버안보 분야 일을 했던 전직 행정관료를 2013년 8월 저자가 인터뷰했다.
7. 2012년 3월 저자와의 인터뷰.

10. 누구에게도 알려줄 수 없는 비밀의 소스

1. Michael Isikoff, "Chinese Hacked Obama, McCain Campaigns, Took Internal Documents, Officials Say," NBC News, June 6, 2013, http://investigations.nbcnews.com/_news/2013/06/06/18807056-chinese-hacked-obama-mccain-campaigns-took-internal-documents-officials-say.
2. "Securing Cyberspace for the 44th Presidency," Center for Strategic and International Studies, December 2008, http://csis.org/files/media/csis/pubs/081208_securingcyberspace_44.pdf.

3. 저자는 2008년 5월, 중국 스파이웨어를 분석했던 IT 전문가들과 전현직 미국 관료들을 인터뷰했다.

4. 2013년 저자와의 인터뷰.

5. 스피어피싱에 대한 설명은 위키리크스가 공표한 미국 국무부 서류에 포함되어 있다. 저자가 쓴 다음 글도 참고하라. "Chinese Spies May Have Tried to Impersonate Journalist Bruce Stokes," *Washingtonian*, February 2, 2011, http://www.washingtonian.com/blogs/capitalcomment/washingtonian/chinese-spies-may-have-tried-to-impersonate-journalist-bruce-stokes.php.

6. 2012~13년 전현직 국무부 관료들과의 인터뷰.

7. 2014년 1월 저자와의 인터뷰.

8. 2009년 11월 6일, CBS뉴스 〈60분〉이 최초로 브라질에서 발생했던 블랙아웃이 해커와 관련 있다고 보도했다. http://www.cbsnews.com/news/cyber-war-sabotaging-the-system-06-11-2009/. 2008년 1월에는, CIA 사이버보안 책임자인 톰 도나휴(Tom Donahue)가 미국 밖에서는 해커가 공익시설 기업들의 컴퓨터 시스템을 뚫고 들어가서 돈을 요구하는 일이 발생하고 있다고 공개적으로 말했다. 도나휴는 뉴올리언스에서 개최된 한 보안 컨퍼런스에서 이렇게 말했다. "인터넷에 연결된 곳이면 어디에든 해커가 침입할 수 있습니다." 그러나 그는 특정 국가나 도시를 거명하지 않았다.

9. Shane Harris, "China's Cyber-Militia," *National Journal*, May 31, 2008, http://www.nationaljournal.com/magazine/china-s-cyber-militia-20080531

10. 2013년에 저자가 전직 미국 관료들을 인터뷰했다.

11. 2011~13년 사이, 저자는 전직 행정부 및 정보관련 관료들과 인터뷰했다.

12. 2013년 8월 저자는 알렉산더와 만났던 의원보좌관 두 명과 인터뷰했으며, 사이버보안 문제와 관련하여 백악관 및 알렉산더와 함께 일했던 전직 행정부 관료와도 인터뷰했다.

13. 2013년 10월, 저자는 그 방에 있었던 전직 의원보좌관과 인터뷰했다.

14. 국토안보부에서의 류트에 대한 정보는 안보부에서 그녀와 함께 일했던 전직 관료로부터 얻었다. 여러 기관에서 사이버보안 문제를 다루었던 고위 공안관료, 그리고 국토안보부 업무를 감독하는 의회위원회의 의원보좌관 등도 정보를 제공해주었다.

15. Richard L. Skinner, "Einstein Presents Big Challenge to U.S.-CERT," GovInfo Security, June 22, 2010, http://www.govinfosecurity.com/einstein-presents-big-challenge-to-us-cert-a-2677/op-1.

16. 〈월스트리트 저널〉에 백스트롬의 사직서가 실렸다. http://online.wsj.com/public/resources/documents/BeckstromResignation.pdf.

17. 2012년 9월 8일 저자와의 인터뷰.

18. 2013년 9월과 10월에 전직 행정부 관료 두 명과의 인터뷰.

19. 2013년 9월 전직 법집행기관 고위 관료와의 인터뷰.

20. 2013년 10월 전직 고위 보안 관료와의 인터뷰.

21. 2013년 8월, 사이버보안 문제와 관련하여 백악관 및 알렉산더와 함께 일했던 전직 행정부 관료와의 인터뷰.

22. 2011년 2월 9일 AFCEA 미국의 사이버공간 방어 심포지엄에서 케이스 알렉산더가 한 말. http://www.soteradefense.com/media/events/afcea-defending-america-cyberspace-symposium-2011/. 법집행기관 고위 관료 한 명도 류트와 알렉산더 사이의 말싸움과 신문투고에 대해 설명해주었다.

23. Jane Holl Lute and Bruce McConnell, "A Civil Perspective on Cybersecurity," Threat Level, *Wired*, February 14, 2011, http://www.wired.com/threatlevel/2011/02/dhs-op-ed/.

24. Declan McCullagh, "NSA Chief Wants to Protect 'Critical' Private Networks," CNET, February 17, 2011, http://news.cnet.com/8301-31921_3-20033126-281.html.

25. 2011년 2월 22일 케이스 알렉산더가 the AFCEA Homeland Security Conference in Washington, DC.에서 한 말. "CyberCom Commander Calls for Government Protection of Critical Infrastructure," *Homeland Security News Wire*, February 23, 2011, http://www.homelandsecuritynewswire.com/cybercom-commander-calls-government-protection-critical-infrastructure. 알렉산더의 연설 전문은 다음 사이트에서 볼 수 있다. http://www.youtube.com/watch?v=Z_lLSP_1Ng0.

26. Ellen Nakashima, "Cyber Defense Effort Is Mixed, Study Finds," *Washington Post*, January 12, 2012, http://www.washingtonpost.com/world/national-security/cyber-defense-effort-is-mixed-study-finds/2012/01/11/gIQAAu0YtP_story.html.

27. 2013년 8월 저자와의 인터뷰.

28. 2013년 7월 스티브 차빈스키와의 인터뷰.

29. 2013년 10월 고위 법집행 관료와의 인터뷰.

30. http://www.politico.com/events/cyber-7-the-seven-key-questions/.

11. 반격을 위해 힘을 모으다

1. David Drummond, "A New Approach to China," Google blog, January 12, 2010, http://googleblog.blogspot.com/2010/01/new-approach-to-china.html.

2. John Markoff, "Cyberattack on Google Said to Hit Password System," *New York Times*, April 19, 2010, http://www.nytimes.com/2010/04/20/technology/20google. html?_r=0.

3. 2013년 2월 저자와 한 전직 관료의 대화 도중에.

4. 구글의 수사에 대해서는 다음을 참고하라. David E. Sanger and John Markoff, "After Google's Stand on China, US Treads Lightly," *New York Times*, January 14, 2010, http://www.nytimes.com/2010/01/15/world/asia/15diplo.html?_r=0.

5. 2010년 10월, 정보기관 자문관으로 그 대화에 대해 알고 있던 사람과의 인터뷰. 2013년 10월에 있었던 스타인버그와의 별도 인터뷰에서 그는 칵테일파티에서 그 뉴스를 들었는지 기억하지 못한다고 말했다. 그러나 그는 구글이 공식적으로 발표하기 전에 그날 밤 국무부와 먼저 접촉해서 관료들에게 자신들의 생각을 전한 것이 맞다고 확인했다.

6. 저자와의 인터뷰.

7. Siobhan Gorman and Jessica E. Vascarellaro, "Google Working with NSA to Investigate Cyber Attack," *Wall Street Journal*, February 4, 2010, http://online.wsj. com/news/articles/SB10001424052748704041504575044920905689954?mod=W SJ_latestheadlines. NSA와 구글 사이의 협정과 관련된 뉴스는 〈워싱턴포스트〉에서 가장 먼저 보도했다. Ellen Nakashima, "Google to Enlist NSA to Help It Ward Off Cyberattacks," February 4, 2010, http://www.washingtonpost.com/wp-dyn/content/article/2010/02/03/AR2010020304057.html.

8. 다음 사이트에서 NSA의 프리즘 프로그램 개괄 프레젠테이션을 볼 수 있다. http://s3.documentcloud.org/documents/807036/prism-entier.pdf.

9. Michael Riley, "US Agencies Said to Swap Data with Thousands of Firms," Bloomberg.com, June 15, 2013, http://www.bloomberg.com/news/2013-06-14/u-s-agencies-said-to-swap-data-with-thousands-of-firms.html.

10. Kim Zetter, "Google Hackers Targeted Source Code of More Than 30 Companies," Threat Level, *Wired*, January 13, 2010, http://www.wired.com/threatlevel/2010/01/google-hack-attack/.

11. Kim Zetter, "Report Details Hacks Targeting Google, Others," Threat Level, *Wired*,

February 3, 2010, http://www.wired.com/threatlevel/2010/02/apt-hacks/.

12. 2013년 8월 저자와의 인터뷰.

13. Tom Gjelten, "Cyber Briefings 'Scare the Bejeezus' Out of CEOs," NPR, May 9, 2012, http://www.npr.org/2012/05/09/152296621/cyber-briefings-scare-the-bejeezus-out-of-ceos.

14. 전현직 정보관료 및 보안전문가들과의 인터뷰. 다음을 참조하라. Riley, "US Agencies Said to Swap Data."

15. Glenn Greenwald et al., "Microsoft Handed the NSA Access to Encrypted Messages," *Guardian*, July 11, 2013, http://www.theguardian.com/world/2013/jul/11/microsoft-nsa-collaboration-user-data

16. 저자와의 인터뷰.

17. Riley, "US Agencies Said to Swap."

18. Andy Greenberg, "Cisco's Backdoor for Hackers," *Forbes*, February 3, 2010, http://www.forbes.com/2010/02/03/hackers-networking-equipment-technology-security-cisco.html?partner=relatedstoriesbox.

19. 회의에서 다루는 주제는 다음 사이트에서 확인할 수 있다. http://www.dhs.gov/cross-sector-working-groups.

20. 미국의 사례는 다음을 참고하라. v. Nacchio, in particular "Exhibit 1 to Mr. Nacchio's Reply to SEC. 5 Submission." 여기에는 전직 퀘스트 CEO인 페인의 인터뷰가 실려 있다. 그리고 다음도 참고할 수 있다. Shane Harris, *The Watchers: The Rise of America's Surveillance State*(New York: Penguin Press, 2010), p. 16. 여기에서는 퀘스트와 NSA 사이에 이루어진 계약을 상세히 다룬다.

21. 국토안보부 웹사이트의 다음을 참고하라. "What Is Critical Infrastructure?" http://www.dhs.gov/what-critical-infrastructure.

22. 2013년 6월 25일, 존 데이비스 장군이 Armed Forces Communications and Electronics Association (AFCEA) International Cyber Symposium, Baltimore Convention Center에서 행한 연설. http://www.dvidshub.net/video/294716/mg-davis-afcea#.UpSILmQ6Ve6#ixzz2lkc87oRy.

12. 사이버전쟁의 눈을 뜨다

1. 2012년 5월, 저자는 국토안보부 대변인 등 전현직 행정부 관료 및 보안전문가들

과 인터뷰했다. 그 이후 2013년 10월에는 사건을 담당했던 전직 FBI 고위관료와도 인터뷰했다. 천연가스회사에 대한 해킹을 처음 보도한 곳은 다음과 같다. Mark Clayton, "Alert: Major Cyber Attack Aimed at Natural Gas Pipeline Companies," *Christian Science Monitor*, May 5, 2012, http://www.csmonitor.com/USA/2012/0505/Alert-Major-cyber-attack-aimed-at-natural-gas-pipeline-companies.

2. Thomas Reed, *At the Abyss: An Insider's History of the Cold War*(New York: Presidio Press, 2004).

3. 2013년 10월 저자와의 인터뷰.

4. 2012년 5월 국토안보부 관료와의 인터뷰.

5. 의회에 제출한 연례보고서 Information Sharing Environment 2013, http://www.ise.gov/annual-report/section1.html#section-4.

6. Department of Homeland Security Industrial Control Systems Cyber Emergency Response Team, *Monthly Monitor*(ICS . MM201310), July. September 2013, released October 31, 2013, http://ics-cert.us-cert.gov/sites/default/files/Monitors/NCCIC_ICS-CERT_Monitor_Jul-Sep2013.pdf.

7. Zain Shauk, "Phishing Still Hooks Energy Workers," *FuelFix*, December 22, 2013, http://fuelfix.com/blog/2013/12/22/phishing-still-hooks-energy-workers/.

8. 2013년 5월 22일 찰스 베를린이 워싱턴 박물관에서 개최된 사이버보안 컨퍼런스에서 행한 연설.

9. Brian Krebs, "Chinese Hackers Blamed for Intrusion at Energy industry Giant Telvent," *KrebsonSecurity*, September 26, 2012, http://krebsonsecurity.com/2012/09/chinese-hackers-blamed-for-intrusion-at-energy-industry-giant-telvent/.

10. World Bank, "GDP Growth," http://data.worldbank.org/indicator/NY.GDP.MKTP.KD.ZG

11. US Energy Information Administration, http://www.eia.gov/countries/country-data.cfm?fips=CH.

12. Michael Riley and Dune Lawrence, "Hackers Linked to China's Army Seen from E.U. to D.C.," Bloomberg.com, July 26, 2012, http://www.bloomberg.com/news/2012-07-26/china-hackers-hit-eu-point-man-and-d-c-with-byzantine-**candor.html.**

13. Ryan Dezember and James T. Areddy, "China Foothold in US Energy," *Wall Street Journal*, March 6, 2012, http://online.wsj.com/news/articles/SB10001424052970204 88330457722308306776.

14. Nicole Perlroth and Quentin Hardy, "Bank Hacking Was the Work of Iranians,

Officials Say," *New York Times*, January 8, 2013, http://www.nytimes.com/2013/01/09/technology/online-banking-attacks-were-work-of-iran-us-officials-say.html?pagewanted=all&_r=3&.

15. 2013년 8월 마크 웨더포드와의 인터뷰.

16. 위와 같다.

17. Yaakov Katz, "Iran Embarks on $1b. Cyber-Warfare Program," *Jerusalem Post*, December 18, 2011, http://www.jpost.com/Defense/Iran-embarks-on-1b-cyber-warfare-program.

18. 2013년 11월 회의에 참석했던 금융기관 고위경영자와의 인터뷰.

13. 사이버방어는 새로운 블루오션

1. 2014년 1월 에릭 허친스와의 인터뷰.

2. 2014년 1월 찰리 크룸과의 인터뷰.

3. 2013년 7월 전직 군정보장교와의 인터뷰.

4. 2013년 12월 사이버보안 전문가와의 인터뷰.

5. 2013년 8월 마크 웨더포드와의 인터뷰.

6. Mandiant, *APT1: Exposing One of China's Cyber Espionage Units,* http://intelreport.mandiant.com/Mandiant_APT1_Report.pdf.

7. 2013년 3월 11일에 아시아 소사이어티에서 행한 도닐런의 연설 전문은 다음 사이트에서 확인할 수 있다. http://asiasociety.org/video/policy/national-security-advisor-thomas-donilon-complete.

8. 2013년 2월 댄 맥호터와의 인터뷰.

9. Nicole Perlroth, "Hackers in China Attacked the Times for Last 4 Months," *New York Times*, January 30, 2013, http://www.nytimes.com/2013/01/31/technology/chinese-hackers-infiltrate-new-york-timescomputers.html?pagewanted=all&_r=0.

10. Hannah Kuchler and Richard Waters, "Cyber Security Deal Highlights Threats from Spying," *Financial Times*, January 3, 2014, http://www.ft.com/intl/cms/s/0/e69ebfdc-73d0-11e3-beeb-00144feabdc0.html?siteedition=intl#axzz2pM7S3G9e.

11. 위와 같다.

12. 2014년 1월, 저자는 스노든의 여행에 대해 상세히 알고 있는 사람들과 학교관계자들과 인터뷰했다.

13. President's Review Group on Intelligence and Communications Technologies, *Liberty and Security in a Changing World*, December 12, 2013, http://www.whitehouse.gov/sites/default/files/docs/2013-12-12_rg_final_report.pdf.

14. John Reed, "The Air Force Still Has No Idea How Vulnerable It Is to Cyber Attack," *Foreign Policy*, September 20, 2013, http://killerapps.foreignpolicy.com/posts/2013/09/20/the_air_force_still_has_no_idea_how_vulnerable_it_is_to_cyber_attack.

15. Siobhan Gorman, August Cole, and Yochi Dreazen, "Computer Spies Breach Fighter-Jet Project," *Wall Street Journal*, April 21, 2009, http://online.wsj.com/article/SB124027491029837401.html.

16. Aliya Sternstein, "IG: Government Has No Digital Cyber Warning System," Nextgov, November 5, 2013, http://www.nextgov.com/cybersecurity/2013/11/ig-government-has-no-digital-cyberwarning-system/73199/.

17. Nicole Perlroth, "Electrical Grid Is Called Vulnerable to Power Shutdown," Bits, *New York Times*, October 18, 2013, http://bits.blogs.nytimes.com/2013/10/18/electrical-grid-called-vulnerable-to-power-shutdown/.

18. 2013년 10월 30일, 워싱턴DC에서 블룸버그의 후원으로 열린 사이버보안 컨퍼런스에서 맥코넬이 행한 연설 중에서.

19. Brian Krebs, "Target Hackers Broke in Via HVAC Company," *KrebsonSecurity*, February 5, 2014, http://krebsonsecurity.com/2014/02/target-hackers-broke-in-via-hvac-company/.

20. Craig Timberg and Lisa Rein, "Senate Cybersecurity Report Finds Agencies Often Fail to Take Basic Preventative Measures," *Washington Post*, February 4, 2013, http://www.washingtonpost.com/business/technology/senate-cybersecurity-report-finds-agencies-often-fail-to-take-basic-preventive-measures/2014/02/03/493390c2-8ab6-11e3-833c-33098f9e5267_story.html.

21. 2013년 10월 8일, 알렉산더의 연설 중에서. http://www.youtube.com/watch?v=7huYYic_Yis.

14. 군사–인터넷 복합체 시대가 열리다

1. 2014년 1월 행정부 고위관료와의 인터뷰.

2. Olivier Knox, "Obama NSA Speech on Anniversary of Eisenhower Warning," Yahoo News, January 16, 2014, http://news.yahoo.com/obama-nsa-speech-on-anniversary-of-eisenhower-warning-025532326.html. 백악관 보좌진은 녹스에게 타이밍이 우연이었다고 말했다.

3. "Moniz Cyber Warning," *EnergyBiz*, January 5, 2014, http://www.energybiz.com/article/14/01/moniz-cyber-warning.

4. 2014년 3월 4일 조지타운대학에서 행한 연설에서 케이스 알렉산더 장군은 그 숫자를 밝혔다.

5. 2014년 2월 12일 행정부 고위관료의 언론 브리핑.

6. 사이버공간의 안전을 확보하기 위해 인터넷서비스 공급자들을 어떻게 활용하는지 상세히 알아보기 위해 다음을 참고할 수 있다. Noah Shachtman, "Pirates of the ISPs: Tactics for Turning Online Crooks into International Pariahs," Brookings Institution, July 2011, http://www.brookings.edu/~/media/research/files/papers/2011/7/25%20cybersecurity%20shachtman/0725_cybersecurity_shachtman.pdf.

7. 위와 같으며, 다음을 참고해도 좋다. Jordan Chandler Hirsch and Sam Adelsberg, "An Elizabethan Cyberwar," *New York Times*, May 31, 2013, http://www.nytimes.com/2013/06/01/opinion/an-elizabethan-cyberwar.html.

8. Brandon Butler, "Amazon Hints at Details on Its CIA Franken-cloud," *Network World*, November 14, 2013, http://www.networkworld.com/news/2013/111413-amazon-franken-cloud-275960.html.

옮긴이의 글

이 책은 미국의 저명한 저널리스트이자 작가인 셰인 해리스(Shane Harris)가 2014년 11월에 펴낸 *@ War: The Rise of the Military Internet Complex*를 번역한 것이다. 해리스는 안보 분야, 특히 최근에는 사이버안보 분야에서 맹렬히 활약하고 있으며 보도 부분의 저명한 상인 제럴드 포드(Gerald R. Ford) 상을 수상한 바 있다. 저자의 또 다른 저서 《감시자들: 미국 감시체계의 등장*The Watchers: The Rise of America's Surveillance State*》은 2010년 《이코노미스트》에서 베스트북의 하나로 선정되었으며, 뉴욕 공공도서관의 '헬렌 번스타인 북 어워드(Helen Bernstein Book Award)'를 수상하였다.

《감시자들》의 업그레이드 버전이라 할 수 있는 이 책은 지난 10여 년 동안 벌어졌던, 그리고 앞으로 벌어질 수 있는 사이버전쟁과 관련하여 중요하고도 광범위한 정보들을 우리에게 들려준다. 무엇보다 미국이 전 세계에서 수행하고 있는 사이버전쟁 이야기를 국가안보국(National Security Agency, NSA)과 그 수장인 케이스 알렉산더(Keith Alexander) 장군에게 초점을 맞추어 풀어놓는다. 미국은 군이 중심이 된 사이버사령부 및 사이버 첩보전에 깊이 발을 담근 거대 IT기업들이 군사－인터넷 복합체를 형성하고 있다. 저자는 이러한 현실이 1961년 아이젠하워 대통령이 퇴임연설에서 언급했던 군사－산업 복합체의 현대적 버전으로 아이젠하워가 우려한 것보다 우리 실생활의 훨씬 더 가까운 곳에서 더 큰 위협이 되고 있다고 주장한다.

정부에 소속된 정보기관과 군대, 그리고 그들과 군사－인터넷 복합체를 형성한 거대 IT기업뿐만 아니라, 이른바 스타트업 기업들과 과거 거대제국 로마의 게르만 용병들처럼 자신의 기술을 팔며 활약하는 해커들도 이 전쟁에서 큰 부분을 담당하고 있다.

이 책을 번역하는 동안에도 소니영화사 해킹 사건이 일어났고, 농협전산망이 다운되었다. 국가정보원이 이탈리아의 '해킹팀'(이 책에서도 거론되는 스타트업 기업이다)이라는 보안업체에서 해킹툴을 구입한 사실이 폭로되어, 국민을 상대로 해킹한 것이 아니냐는 야당의 비판이 이어지기도 했다. 사이버전쟁은 현재 진행 중이며 바로 우리 옆에서 벌어지고 있는 현실이다.

이 책을 번역하다보니 이제 어디에서 블랙아웃 같은 대규모 정전사태가 벌어지거나 은행 전산망이 다운되고, 전철이나 원자력발전소가 멈췄다는 뉴스를 보면 맨 먼저 해킹과 사이버전쟁을 의심하게 되었다. 이 책을 읽은 독자들 중에도 나처럼 생각하는 사람들이 있을 것이다.

인터넷이 생활의 일부가 된 현대사회에서 사이버공간의 안전과 개인정보의 보호는 도저히 함께하기 어려운 것일까? 이 책을 통해 풀리기 어려울 것 같은 이러한 문제를 다시금 생각해 보고, 모두가 사이버 공간 및 그와 연결된 우리 사회의 안전과 개인들의 프라이버시 보호를 위해 지혜를 모으는 데 기여할 수 있기를 바라는 마음이다.

2015년 9월 23일

진 선 미

찾아보기

보이지 않는 전쟁 @ WAR
−사이버공간에서 벌어지는 해킹과 테러, 그리고 미래

초판 찍은 날 2015년 10월 15일
초판 펴낸 날 2015년 10월 22일

지은이 셰인 해리스
옮긴이 진선미

펴낸이 김현중
편집장 옥두석 | 책임편집 이선미 | 디자인 이호진 | 관리 위영희

펴낸 곳 (주)양문 | 주소 서울시 도봉구 노해로 341, 902호(창동 신원리베르텔)
전화 02. 742-2563-2565 | 팩스 02. 742-2566 | 이메일 ymbook@nate.com
출판등록 1996년 8월 17일(제1-1975호)

ISBN 978-89-94025-41-4 03300   잘못된 책은 교환해 드립니다.